教育部高校国别和区域研究高水平建设单位
华南理工大学印度洋岛国研究中心　学术译丛

马尔代夫
可持续发展研究

亚洲开发银行（Asian Development Bank）　著

刘喜琴　徐　玲　主译

袁　瑀　尹　婷　陈思宇　程　斯　黄永程　参译

Maldives
Overcoming the Challenges of a Small Island State

·广州·

图书在版编目（CIP）数据

马尔代夫可持续发展研究/亚洲开发银行著；刘喜琴，徐玲主译． —广州：华南理工大学出版社，2022.12

书名原文：Maldives: Overcoming the Challenges of a Small Island State

ISBN 978-7-5623-6622-5

Ⅰ.①马… Ⅱ.①亚… ②刘… ③徐… Ⅲ.①经济发展-研究-马尔代夫 Ⅳ.①F135.9

中国版本图书馆 CIP 数据核字（2021）第 028547 号

Originally published by Asian Development Bank in English under the title:
Maldives: *Overcoming the Challenges of a Small Island State* © 2015 Asian Development Bank.
All rights reserved. CC BY 3.0 IGO. Available at https://www.adb.org/sites/default/files/publication/172704/maldives-overcoming-challenges-small-island-state.pdf.

Translation © South China University of Technology Press for this Chinese edition, 2022.

The quality of the Chinese translation and its coherence with the original text is the sole responsibility of the South China University of Technology Press. The English original of this work is the only official version.
本书中文版译本质量及其与原文的一致性由华南理工大学出版社全权负责。本书英文原版是唯一的官方版本。

马尔代夫可持续发展研究

亚洲开发银行（Asian Development Bank） 著；刘喜琴 徐 玲 主译

出 版 人：柯 宁
出版发行：华南理工大学出版社
　　　　　（广州五山华南理工大学17号楼，邮编510640）
　　　　　http://hg.cb.scut.edu.cn　　E-mail: scutc13@scut.edu.cn
　　　　　营销部电话：020-87113487　87111048（传真）
责任编辑：唐燕池
责任校对：李 桢
印 刷 者：佛山家联印刷有限公司
开　　本：787mm×1092mm　1/16　印张：11.75　字数：237千
版　　次：2022年12月第1版　印次：2022年12月第1次印刷
定　　价：68.00元

版权所有　盗版必究　印装差错　负责调换

译丛编译委员会

主　任：钟书能　朱献珑

委　员（按姓氏拼音排序）：

陈一楠　程　杰　崔　岭　邓　锐

杜可君　金苏扬　雷　霄　李英垣

刘喜琴　欧　剑　荣　榕　夏晶晶

肖锦银　谢宝霞　谢　洪　徐　玲

薛荷仙　袁　瑀　战双鹃　张黎黎

张琳琳　朱　丹　朱　琳

译者序

本书分析了马尔代夫小岛屿经济体在实现和维持经济增长以及解决不平等问题上所面临的特殊挑战,阐明了实现持续增长、包容性增长和区域平衡的制约因素,建议优先改革和选择政策,以便促进私人投资。对该国经济发展的具体建议包括:提供充足的基础设施,加强交通互联互通,增加商业机会和社会服务机会;增加普通教育和职业培训机会,提升教育质量,打破技能短缺壁垒;为必要的基础设施和社会支出创造足够的财政空间。

在"一带一路"背景下,本书的出版旨在助力国别与区域研究工作,一方面通过译介可以增进学界对马尔代夫的了解,另一方面将对相关智库的建设提供重要数据与资料支撑。本书面向的读者群是国别与区域研究领域的学者、对小岛屿国家经济发展感兴趣的商务人士、外交人员以及相关决策者等。

本书特色鲜明,主要表现在以下四个方面。首先,本书研究内容深刻而丰富,论证合理,观点鲜明。其次,论据有说服力,数据详实可靠。原著提供了马尔代夫国民经济方面的丰富数据,这些最新数据来自亚洲开发银行、联合国统计司、马尔代夫官方部门等,增强了研究结果的可信度。再次,图表科学规范,丰富多彩,可读性强。本书含88幅图、46个表格,充分利用多模态资源呈现重要信息,一目了然,减轻了读者的认知负担。最后,行文流畅,表达准确清晰,语言精炼浅近,深入浅出。本书不像一些学术著作一样晦涩难懂,因此读者覆盖面很广。

本书的学术价值和应用价值是显而易见的。首先,对小岛经济研究具有重要指导作用。本书在马尔代夫小岛屿经济体的视域下,结合最新的实证数据,为小岛屿经济发展提出了合理建议,其研究结果具有较大的创新性和推广价值。此外,本书不但根据马尔代夫先前的发展经验,就如何塑造其目前的增长道路提出了重要见解,还为政府提供了中期规划的政策建议。其次，本书对我国的对外经济合作具有深刻启示。本书结合马尔代夫的政治、社会、文化等方面因素，综合分析了制约其经济发展的因素，为我国企业在该国投资指出了明确方向，特别是与旅游业相关的服务业，以及基础设施建设等方面。再次，本书对国际关系研究具有一定参考价值。经济基础决定上层建筑，本书重点分析马尔代夫的经济命脉和发展出路，涉及其周边国家的政治经济等因素，这些背景是国际关系研究的基础。本书强调，马尔代夫打破了小岛屿经济体所面临的地理限制和常规挑战，迈入中等收入国家行列，这对国际战略研究具有参考意义。最后，本书为我国教育国际合作提供了新的思路。马尔代夫高中与大学教育力量薄弱，这是制约其经济发展的重要因素之一。中国高校可与该国有关部门合作，加快孔子学院建设步伐，促进两国经济文化交流。

为避免争议，原著中部分专有名词未译为汉语。译著中出现的政府机构名称，如上下文未予以说明，一般指马尔代夫国内机构。正如英国诗人 Alexander Pope（亚历山大·蒲柏）所言："To err is human; to forgive, divine（凡人多舛误，唯神能见宥）。"因译者水平有限，译文难免出现错漏，敬请读者批评指正！

刘喜琴

2020 年 7 月 1 日于广州五山

序一

2013年11月，马尔代夫成功举行了总统大选，为解决政治动荡问题迈出了第一步。过去几年里，本国经济因政局不稳而受到了牵连。一直以来，人民都为国家的独立和主权感到自豪，国家的愿景、原则和政策都以伊斯兰教信仰为指导。新政府承诺，未来我们将迎来长期的和平、和谐与稳定，这有助于国家实现高度持续的包容性经济增长。在人口不断增长的现状下，政府的重中之重就是确保政治稳定，为人民创造经济发展机会。

有报告指出，尽管在2004年遭受了海啸和全球金融危机造成的灾难性影响，但马尔代夫仍能利用旅游业优势，在2001—2014年，国内生产总值平均每年增长了约6.4%。政府希望通过扩大除旅游业和渔业之外的经济领域基础，进一步提高经济效益。行政当局致力于整顿财政和调整优先支出，以实现其发展目标，尤其是提升互联互通和社会安全网等基本服务。

尽管马尔代夫已于2011年迈入了中等收入国家行列，但仍然面临着严峻的挑战，特别是在增强经济对内外冲击的抵御力和包容性方面。过去的增长未能为日益庞大的青年群体创造足够的就业机会，也未能为首都以外的民众提供优质的高等教育，创造接受高等教育的机会。因此，加剧了各收入群体之间和各环礁岛之间的不平等现象。国家只有通过果断与及时的政策和结构改革，才能成功应对这些挑战。

本书根据马尔代夫先前的发展经验，就如何开辟目前经济增长途径提供了重要见解。同时，还为政府提供了中期发展政策建议。本书中的研究课题采用了协商合作方式，许多利益攸关方参与了研究，丰富了研究内容。希望该成果能够促进政府与我国发展伙伴之间的合作。马尔代夫政府感谢亚洲开发银行的支持和相关研究人员所付出的努力。

阿卜杜拉·吉哈德（Abdulla Jihad）
马尔代夫财政部部长

序二

马尔代夫虽然在地理环境上受限,面临小岛屿经济体常见的挑战,但仍迈入了中等收入国家的行列。过去 5 年中,马尔代夫年均经济增长率为 4.5%,主要归功于旅游业的增长,同时包括交通、通信和建筑业的发展。然而,该国经济要保持持续增长必须更具包容性和平衡性。马尔代夫是南亚贫困率最低的国家之一,但令人担忧的是,该国贫困率存在巨大的区域差异,收入不平等现象也比较严重。另外,作为小岛屿发展中国家,马尔代夫如果不解决气候变化和环境退化带来的问题,其经济发展和人民生活质量将受到严重影响。

本书确定了四个制约马尔代夫经济包容性增长的因素:①海上基础设施不足且质量低劣,这制约了互联互通,限制了基本货物和服务的提供,导致运输和物流成本高企;②缺乏专业人才和高技能的人力资源,全国劳动者受教育程度和技能水平较低;③公共债务高企,财政空间狭窄,限制了公共基础设施和社会服务投资;④金融中介薄弱,阻碍了微型、小型和中型企业的发展和扩张,此类企业对创造生产性就业机会至关重要。

那么,马尔代夫如何才能保持经济增长,加快减贫步伐?第一,扩大和升级船舶等海上运输基础设施,实现港口设施现代化,加强互联互通,改善经济发展机会和社会服务,提高人员流动性和货物服务可及性,降低企业运输和物流成本。第二,提供额外的高等中学基础设施、财政激励和奖学金,丰富人们接受教育和获得职业培训的途径。定期评估不同教育水平的学习成果,使教学和培训内容与劳动力市场的要求相一致,解决技能短缺问题,提高马尔代夫劳动力的质量。第三,增加收入来源,实施优先支出计划,可为优先发展的基础设施和社会支出创造财政空间。第四,建立信用担保机制、保险产品、清算风险等业务发展服务支持体系,降低中小微型企业和金融机构的融资成本。还可以尝试通过岛屿社区和农村合作社提供小额信贷,以增加中小微型企业获得融资的机会。最后,考虑到该国应对自然灾害的经验和气候变化对经济可预见的影响，完善减灾救灾的协调机制可以增强国家应对能力。

我们期待继续与马尔代夫政府和其他利益攸关方进行富有成效的对话和接触，努力推动该国经济进一步增长，改善马尔代夫人民的生活。

魏尚进（Shang-Jin Wei）
亚洲开发银行经济研究和区域合作局
首席经济学家兼总干事

目 录

绪论 1

第1章 马尔代夫发展概况 5
1.1 引言 5
1.2 小型经济 8
1.3 生产资源增长 8
1.4 宏观经济环境 12
1.4.1 外部经济环境 12
1.4.2 通货膨胀、汇率及货币政策 13
1.4.3 财政政策 15
1.5 贫困与不平等 18
1.6 未来的挑战 20

第2章 制约经济增长的关键因素 22
2.1 经济活动回报率低 25
2.1.1 地域连通性差：交通基础设施薄弱 25
2.1.2 技能短缺 38
2.1.3 宏观经济短板 48
2.2 融资成本高，融资渠道有限 52
2.3 中长期关键风险 68
2.3.1 能源、水电、卫生基础设施 68
2.3.2 制度风险 75
2.3.3 出口产品多样化程度低 81
2.4 结论 85

第3章 制约包容性的关键因素 87
3.1 贫穷与不平等诊断框架 87
3.2 生产性就业机会 88
3.3 机会不平等 97
3.3.1 教育机会不均 97
3.3.2 公共卫生服务机会不均 105
3.4 基础建设、土地与金融 111
3.5 社会安全网络 114

3.6 结论 ……………………………………………………………… 119

第4章 马尔代夫及其他小岛屿国家面临的挑战 …………………… 121
4.1 引言 ……………………………………………………………… 121
4.2 小岛屿发展中国家特点 ………………………………………… 122
4.3 马尔代夫的独特性及其面临的挑战 …………………………… 125
   4.3.1 人口稀少 …………………………………………………… 125
   4.3.2 经济与环境挑战 …………………………………………… 129
4.4 结论与展望 ……………………………………………………… 139

第5章 政策建议 ……………………………………………………… 142
5.1 制约包容性发展的主要因素 …………………………………… 142
5.2 实现包容性发展 ………………………………………………… 144
   5.2.1 配备充足的海运交通网 …………………………………… 144
   5.2.2 提高高中、大学和职业技术教育质量，增加教育机会 … 145
   5.2.3 宏观经济风险：降低财政赤字及改善债务管理 ………… 146
   5.2.4 增加融资信贷渠道，重视中小微型企业 ………………… 148
5.3 应对关键的挑战 ………………………………………………… 149
   5.3.1 加强整顿与法治 …………………………………………… 150
   5.3.2 加强行政部门服务 ………………………………………… 151
   5.3.3 制止违规交易，增强政府效能 …………………………… 151
5.4 应对小岛屿发展中国家的典型挑战 …………………………… 152
5.5 结论 ……………………………………………………………… 153

参考文献 ………………………………………………………………… 154
缩略语表 ………………………………………………………………… 163
部分地名汉英对照表 …………………………………………………… 164
马尔代夫概况图 ………………………………………………………… 167
致谢 ……………………………………………………………………… 168

表目录

表1.1　总体社会经济指标 ·· 6
表1.2　各支出部分占GDP的平均份额和对GDP增长的贡献（1996—2012年） ·· 11
表1.3　国际收支摘要（2007—2014年） ·· 13
表1.4　南亚国家以贫困线划分的贫困发生率 ·· 18
表1.5　马尔代夫的优势、劣势以及面临的机遇与威胁 ·· 20
表2.1　基础设施质量（2010、2012和2014年） ·· 25
表2.2　综合运输网络下的渡轮航次和费用 ·· 29
表2.3　每TEU的货物装卸时间和成本（2014年） ·· 31
表2.4　港口信息（不含马累） ·· 32
表2.5　预计货运量（2007—2032年） ·· 34
表2.6　机场概况（2015年6月） ·· 35
表2.7　马尔代夫空运成本与频率（截至2013年11月） ·· 36
表2.8　马尔代夫企业面临的五大制约因素（2006年） ·· 38
表2.9　就业人员受教育程度（2010年） ·· 39
表2.10　马尔代夫高等教育学生入学率和毕业率（2011年） ·· 42
表2.11　四年级英语和数学学习成果评估（2008年） ·· 43
表2.12　中学生英语和数学及格率（2003—2013年） ·· 43
表2.13　按培训类型和性别划分的技术教育学生入学情况（2012年） ·· 45
表2.14　贷款和预付款利率（2007—2014年，年终年利率） ·· 54
表2.15　马尔代夫银行概览（2015年5月） ·· 55
表2.16　按经济类别划分的其他存款公司私营部门贷款和贷款流向（2007—2014年，年终数据） ·· 57
表2.17　在马尔代夫获得信贷的便利程度 ·· 61
表2.18　银行服务发展状况 ·· 64
表2.19　马尔代夫近期金融业改革 ·· 65
表2.20　岛屿电力系统情况 ·· 72
表2.21　部分岛屿电价（2015年5月） ·· 73
表2.22　经商难易度排名（2013—2015年） ·· 75
表2.23　贪腐印象指数得分（2007—2011年） ·· 77
表2.24　经济增长的制约因素诊断总结 ·· 85

表3.1	15周岁以上的劳动力就业和失业情况（2006年和2010年）	89
表3.2	本地及外籍雇员情况（2010年）	90
表3.3	不同行业与性别的就业情况	90
表3.4	按户主性别、教育程度及就业情况划分的贫困发生率（2010年）	97
表3.5	部分南亚国家卫生调查数据	108
表3.6	按地理位置划分的医疗人员分配情况（2010年）	110
表3.7	12个月内海外求医发生率	111
表3.8	家庭电话、手机以及互联网使用率（2010年）	112
表3.9	马尔代夫社会保障计划	114
表3.10	社会保护指标（2008年和2010年）	118
表3.11	制约减贫与平等的因素诊断	119
表4.1	马尔代夫的人口与发展巩固计划	122
表4.2	每项医疗服务的人均每月支出（2010年）	130
表4.3	贸易依赖指数（2010—2013年）	131
表4.4	出口集中度（1980—2013年）	131
表4.5	成本劣势汇总：成本与平均经济成本的百分比偏差	133
表4.6	部分小岛屿发展中国家的进出口成本（2014年）	133

图目录

图1.1 人均GDP及其增长率 6
图1.2 主要行业对GDP增长的平均贡献（1986—2014年） 9
图1.3 旅游业和其他行业的实际GDP增长率（1985—2014年） 10
图1.4 南亚各国各项支出贡献的GDP比例（2012年） 11
图1.5 马尔代夫进口构成（1995—2013年） 12
图1.6 通货膨胀变化情况（2000—2014年） 14
图1.7 财政指标（2007—2014年） 16
图1.8 政府各项支出对GDP增长的平均贡献（1986—2014年） 17
图1.9 各地区贫困发生率（2010年） 19
图1.10 2003年和2010年各级家庭支出份额 20
图2.1 2006年和2012年部分国家投资率 22
图2.2 1990—2013年外国直接投资净流入及其占GDP的百分比 23
图2.3 增长诊断框架 24
图2.4 基础设施占政府支出总额的百分比（1990—2013年） 26
图2.5 马尔代夫港口和机场 27
图2.6 马累商业港的实际和预计集装箱货物量（1995—2015年） 31
图2.7 从马累商业港到区域港口的货物运输流程 32
图2.8 国际机场运营量（1991—2013年） 37
图2.9 教育支出（2008年） 41
图2.10 净入学率（2000—2014年） 41
图2.11 2014年教师素质 44
图2.12 外籍人员就业情况（2003—2011年） 46
图2.13 按经济活动划分的外籍人员就业类型（2011年） 46
图2.14 按经济活动划分的当地和外籍人口就业人数（2006年和2010年） 47
图2.15 按职业划分的当地和外籍人口就业人数（2006年和2010年） 47
图2.16 外债和内债（2008—2014年） 48
图2.17 存款性公司对中央政府和私营部门的债权增长（2003—2013年） 49
图2.18 经常账户余额（2001—2014年） 51
图2.19 财务账户（2000—2014年） 52

图 2.20	贷款利率（1996—2013 年）	53
图 2.21	利差情况（1996—2013 年）	56
图 2.22	提供给私营部门的国内信贷（1990—2013 年）	56
图 2.23	私营部门贷款和预付款占总额的平均份额（2007—2014 年）	57
图 2.24	马尔代夫和部分南亚国家中"获得信贷便利程度"国家排名	60
图 2.25	资本充足率和杠杆比例（2001—2012 年）	67
图 2.26	不良贷款和准备金（2008—2014 年）	68
图 2.27	部分南亚国家的电气化率（占总人口的百分比）	70
图 2.28	马尔代夫人均用电量（1990—2012 年）	71
图 2.29	部分南亚国家的人均用电量（1990—2012 年）	71
图 2.30	马尔代夫平均柴油价格（2003—2013 年）	73
图 2.31	马尔代夫月度财政补贴成本（2010—2012 年）	74
图 2.32	政治稳定和无暴力情况（1996—2013 年，百分位排名）	76
图 2.33	贪腐控制情况（1996—2013 年，百分位排名）	78
图 2.34	政府效能（1996—2013 年，百分位排名）	79
图 2.35	法治情况百分位排名（1996—2013 年）	80
图 2.36	监管质量百分位排名（1996—2013 年）	81
图 2.37	出口产品构成（1980—2013 年）	82
图 2.38	南亚国家出口集中度指数（2010—2013 年）	83
图 2.39	出口商品技术复杂度（1990—2013 年）	84
图 2.40	1990—2013 年出口产品多样化一览	85
图 3.1	减少贫穷和不平等的制约因素诊断框架	88
图 3.2	就业和实际 GDP 增长（1992—2013 年）	89
图 3.3	劳动力市场概况（2006 年和 2010 年）	92
图 3.4	2010 年按区域、地区、性别、年龄群及教育程度划分的失业率	92
图 3.5	按部门划分的就业比例	93
图 3.6	按性别划分的就业比例	94
图 3.7	根据所在地区及性别划分的月平均收入	94
图 3.8	按年龄群划分的药物滥用案例（2001—2012 年）	95
图 3.9	按年龄群划分的偷窃、抢劫和毒品相关的逮捕情况（2010 年）	96
图 3.10	公共教育支出占 GDP 的比例（1986—2014 年）	98
图 3.11	15 岁以上就业和失业人口的教育程度（2010 年）	99
图 3.12	按教育程度划分的第 25、50 和 75 百分位的月收入情况（2010 年）	99
图 3.13	按教育水平划分的学校数量（2014 年）	100
图 3.14	按地区划分的 18 岁及以上人口的教育程度（2010 年）	101

图 3.15	不同性别的 18 岁及以上人口的教育程度（2010 年） …………… 101
图 3.16	按环礁岛划分的四年级英语和数学平均成绩（2008 年） …… 102
图 3.17	按环礁岛划分的七年级英语和数学平均成绩（2008 年） …… 103
图 3.18	按地区划分的普通教育证书获取情况（2009 年）…………… 104
图 3.19	不同性别的学生通过普通教育证书水平考试获得证书的比例（2007—2010 年）………………………………………………………………… 104
图 3.20	马尔代夫师资水平（2014 年）………………………………… 105
图 3.21	出生时预期寿命（2001 年、2005 年、2012 年）……………… 106
图 3.22	按地区和性别划分的婴儿死亡率（2001 年、2005 年和 2012 年）……………………………………………………………………… 106
图 3.23	按地区和性别划分的 5 岁以下儿童死亡率（2001 年、2005 年和 2012 年）……………………………………………………………… 107
图 3.24	按性别划分的 5 岁以下儿童营养不良患病率（2001 年和 2009 年）……………………………………………………………………… 107
图 3.25	产妇死亡率（2001—2012 年）………………………………… 108
图 3.26	南亚国家公共卫生支出（2000 年和 2012 年）………………… 109
图 3.27	人均社会保障和福利支出（2000—2013 年，拉菲亚）……… 118
图 4.1	小岛屿发展中国家的人口密度（2013 年）…………………… 126
图 4.2	岛屿人口（2014 年）…………………………………………… 126
图 4.3	居民点分布图…………………………………………………… 127
图 4.4	岛屿人口结构示例（2010 年）………………………………… 128
图 4.5	马尔代夫的主要出口产品（1980—2013 年）………………… 132
图 4.6	各部门就业情况（2010 年）…………………………………… 135
图 4.7	公职人员工资支出占 GDP 和总支出的比例………………… 135
图 4.8	公职人员占总人口的比例……………………………………… 136
图 4.9	各国政府支出占 GDP 的比例（2000 年和 2012 年）………… 136
图 4.10	马尔代夫政府支出情况（1994—2013 年）…………………… 137
图 4.11	各国政府支出构成（2012 年）………………………………… 137

绪　论

马尔代夫是位于印度西南部，由 26 个珊瑚环礁组成的岛链，是亚洲和太平洋人口最少且陆地面积最小的国家之一。该国人口约为 34 万人，居民广泛分布在 188 个岛屿上，群岛南北相距 800 多千米，东西横跨 130 多千米。首都马累的人口数量占全国的三分之一，但其土地面积不足 2 平方千米。

马尔代夫通过把岛屿发展成高端旅游胜地，很大程度上应对了地理方面的严峻挑战。在渔业和旅游业相关活动的支持下，该国旅游业增长势头强劲，因此在 2011 年从最不发达国家过渡到中等收入国家。尽管存在许多不利的内外部因素，但其经济增长表现不俗，1986—2014 年间平均每年增长 7.4%。2014 年马尔代夫的人均实际国内生产总值为 6,154 美元，为南亚第一。这 45 年来，马尔代夫的发展形势备受瞩目，为其他小岛屿的经济发展提供了令人振奋的启示作用。

然而，该国仍然面临巨大挑战，阻碍其向更具社会包容性和区域平衡性的方向发展。马累与其他岛屿之间，以及社会经济地位不同的群体之间，经济差距日益加剧。人口广泛分散，加上运输基础设施有限，阻碍了建立大规模的国内市场。在维持增长和提供充足公共服务方面，同样面临着严峻挑战。

海运不足，国内熟练劳动力有限，阻碍了除高端旅游以外的私营企业投资。教育程度普遍较低，使国内劳动人口缺乏技能，从而严重依赖外籍劳动力。解决该问题需要对公共部门进行大量投资，目前由于预算有限，公共部门债务负担不断增加，导致相关投资受限。

要实现更具包容性的增长，还需要更注重发展和扩大微型、小型和中型企业，它们是生产性就业的重要来源。目前，由于信贷机会极少，信贷成本高，小型企业获得长期贷款尤其困难。

本译著分析了阻碍马尔代夫实现持续高速增长、包容性增长和区域平衡的最重要因素，建议进行优先改革和政策选择，以促进马尔代夫的私人投资。主要建议如下。

（1）提供充足的基础设施，加强互联互通，增加经济发展机会和社会服务机会。

改善港口基础设施，连通马累和其他环礁岛的海运服务。这对物流和客流至关重要，有助于降低企业的运输和物流成本。

马尔代夫政府一直致力于连通马累与环礁岛，从其实施《海上运输总体计划》（*Maritime Transport Master Plan*）就可看出。该计划为海运部门的发展规划了体制和监管的改革方案，包括：①任命一个管理该部门的总机构。②建立一个独立的权威监管机构。③制定健全的法律和体制框架，以吸引私营企业参与基础设施的发展和管理，尤其是海运管理条款；同时，还包括制定明确的指导方针，确定私营企业参与区域港口基础设施建设、港口运营和管理私有化、提供海运服务的范围。总体规划还确立了基础设施投资的特别优先权。

政府不仅需要拨出足够的资金，以确保这些规划得以实施，还需要确定港口运营和服务的税收筹集方案，以增加有限的政府资源。

（2）提高普通教育和职业培训的质量，增加教育机会，解决技能短缺问题。

政府已经通过迅速扩大小学招生规模，普及了基础教育，并进一步提高了教育质量。但是，在环礁岛上，获得高质量的中等、高等和职业教育的机会仍然有限。尽管马尔代夫的失业率很高，特别是年轻劳动力的失业率很高，却需要广泛雇用外籍工人，这反映出国内缺乏合格的熟练劳动力。

在加强初等教育的基础上，目前的重点应该是提高高中、高等教育和职业培训质量，增加教育机会。这需要定期审查课程，使之符合国际惯例。教学和培训内容也应更紧密地与劳动力市场的预期技能要求相结合。继续实施2014年开始的全面教师培训和发展计划，提高教师，尤其是外部环礁岛的教师的职业能力。定期对不同教育水平的国民实施评估，考查其学习进展情况，也有助于提高教育质量。

政府需要进一步投资，升级和扩大高中基础设施及其规模，着重解决环礁岛交通不便的问题。针对这些环礁岛上资质良好的贫困生提供奖学金和其他资金奖励，有助于培养更多训练有素的劳动力，并提升包容性。与私营企业合作，建立实习和在职培训制度，有助于为离校生和其他毕业生做好未来就业准备。

（3）为所需的基础设施和社会支出创造充足的财政空间。

增加交通基础设施方面的投资和改善社会服务，创造更多的财政空间。事实上，马尔代夫政府在2014年缩小了预算赤字，并实施了税收改革以提高税收。政府致力于进一步巩固财政，改革公共财政管理，以实现较长期的财政可持续性发展，并使宏观经济更稳定。

然而，目前的公共支出模式并不能完全支持中长期的财政计划。可限制公务员加薪的速度,以更好地控制经常性预算支出。此外,通过精准定位,最大限度地发挥补贴的作用和减少浪费,能更有效地筹划用于帮助穷人的补贴和现金转移。

政府可以考虑采用中期预算机制,帮助改善资源分配并预测支出。这包括为总预算确定关键参数,指导各部委进行支出审查,使他们能更好地确定支出项目的优先顺序,以便经济有效地提供公共产品和服务。该框架还必须为监测和管理中期财政风险提供指导方针,以免破坏正在进行的财政巩固工作。通过实施2014年颁布的《财政责任法》(*Fiscal Responsibility Law*),可借助审慎的政策来支持长期的财政目标。例如,这些政策有助于确保债务和赤字符合预算限制,并在中期内实现有针对性的基本平衡。

提高公共部门支出需要更有力地调用国内收入。2011年以来,马尔代夫政府在税收改革方面取得了很大进展,扩大税基、完善税收管理工作势在必行。2014年5月生效的旅游商品服务税、营业利润税和一般商品服务税的实施情况应严格监控。与此同时,可以考虑对航空燃油、汽油和汽车征收消费税等新税,作为额外的收入来源。

此外,也可以探索非税收收入的来源,例如对指定政府服务收费或提高相关费用,有选择性地将国有企业私有化(尽管主要是出于提高效率而不是提高收入的原因)。

(4)增加微型、小型和中型企业的融资渠道。

根据世界银行《营商便利调查》(*Ease of Doing Business Survey*),马尔代夫在51个中上等收入经济体中,因容易获得信贷而排名第36位。要改善融资渠道,就必须加强银行体系建设。

尽管如此,该国地理环境的严峻形势一直妨碍着环礁岛建立银行分行。虽然信息和通信技术能创新性地应用到移动银行上,但以保护消费者为中心的必要体制和监管框架尚未建立。政府可考虑优先通过适当的法律和监管机制,帮助人们更安全地进行银行交易。

马尔代夫货币管理局已经在金融部门推行了重大改革,其中包括设立信贷信息局。还需要建立后续的支助体系,如信贷担保机制、保险产品、流动性资金储备池和其他商业发展服务,这些都有助于降低中小企业和金融机构的融资成本。

同样,扩大信贷信息系统的覆盖范围,以收集有关中小微型企业的信息,并促进信息共享,可以提高信息质量,降低信贷风险,并有助于建立一个担保交易机制。

此外,可以探讨如何将小额信贷的范围扩大到储蓄协会、岛屿社区和农村合作社,如何加强现有小额信贷制度。为中小微型企业,特别是外环礁的中小微型企业,举办金融扫盲活动和培训课程,帮助它们申请贷款和进行财务规划,从而有助于其获得融资机会。

（5）应对小岛屿发展中国家面临的挑战。

马尔代夫与其他小岛屿经济体在实现和维持经济增长以及解决不平等问题上面临着特殊挑战。由于容易遭受经济和气候影响，保持稳定，并形成对这些冲击的复原能力尤为重要。

实现宏观经济弹性是首要任务。为此，政府需要平衡财政整顿与发展支出，创造必要的财政空间，以应对潜在的经济冲击和自然灾害。提高政府机构有效规划预算和审慎实施宏观经济政策的能力，也至关重要。

实施结构性改革以提高长期的经济抗冲击能力也很重要。有效的结构性政策旨在创造一个友好的商业环境，有助于增强投资者信心，鼓励私营企业投资。在金融业的发展中，着眼于促进普惠金融将有助于促进小型、微型及私营企业的发展。

确定潜在的小众（利基）市场，往往有助于小岛屿发展中国家克服其特殊挑战并增加出口收入。例如，斐济成功地将水资源高价出售到发达国家市场中。小众市场是否能成功，取决于各种因素，如融资的可用性和信息流的有效性，以及监管环境是否有利，基础设施是否充足，营销网络是否能促进交易。政府政策能助力推进市场进程，例如与主要贸易伙伴保持一致的贸易政策、关税和监管行为，有助于降低交易成本并提高竞争力。

最后，政府可能希望将降低风险和防范未来的自然灾害放在首位。那就必须加强政府、捐助伙伴、民间社会和私营部门之间的救灾协调机制，特别是在资金不足和国内行政能力有限的情况下。自然灾害的预计成本需要纳入国家预算机制，使政府能在必要时立即部署所需开支，同时确保中期财政持续发展。

第1章
马尔代夫发展概况

1.1 引言

马尔代夫是亚太地区陆地面积最小、人口最少的国家之一,其居民分散在多个岛屿上。它位于印度次大陆西南边的印度洋上,是由大约1,190个低洼珊瑚礁岛组成的群岛,其海域长达800多千米,宽达130多千米。陆地区域有26个自然环礁,被划分为20个行政环礁。

据马尔代夫国家统计局2014年统计,该国人口为341,256人,广泛分布在188个岛屿上,其中125个岛屿的居民少于1,000人。据报道,一些岛屿的居民不足500人。全国有三分之一的人口居住在首都马累——一个不到2平方千米的岛屿。该国居民分散于广袤的环礁上,且交通基础设施和服务有限,因此阻碍了沟通与交流,不利于该国维持经济增长以及向人民提供公共物品和服务。

与其他小岛屿发展中国家一样,马尔代夫也面临着一些特殊的问题,这些问题是因其面积小及一些外部因素相互作用而导致的。面积小意味着各经济行业没有太多的特色,缺乏可耕地和自然资源(除了渔业以外)。岛屿分散导致了规模不经济、运输成本高、国内市场有限、严重依赖进口以及易受外生经济和金融冲击的影响。马尔代夫的经济非常开放,2012年其贸易占国内生产总值(GDP)的比例为223%[①]。马尔代夫容易遭受自然灾害,因为其岛屿海拔极低(平均海拔约为1.5米),增加了它对海啸和气候变化影响的敏感性,很容易受海啸和气候变化影响。

在过去40年中,由其他亚洲国家游客带来创收的旅游业,一直是马尔代夫经济增长的引擎,推动其成为中等收入国家。1972年以来,政府将一些岛屿转变为高端度假胜地,使得其岛屿分散这一劣势化为发展旅游业的优势。因此,尽管马尔代夫面临着严峻的地理挑战和人口分散等不利条件,但在过去几十年中,该国经济增长显著:1986—2014年,实际国内生产总值平均每年增长7.4%(见图1.1)。马尔代夫在20世纪70年代被移出了最不发达国家名单,2011年成为

---

① 贸易是指商品和服务的进出口总额,按占国内生产总值的比例衡量。资料来源于世界银行《世界发展指标》(2015年5月29日查阅)。

中等收入国家①。据该国报道,自 1995 年以来,其人均 GDP 在南亚国家中居首位。按 2005 年不变的美元价格计算,2014 年其人均 GDP 为 6,154 美元,几乎是南亚次区域平均水平的 3 倍,是不丹(2,068 美元)的 3 倍,是尼泊尔(426.3 美元)的 14 倍②(按 2011 年购买力平价国际美元计算,马尔代夫 2014 年的人均 GDP 为 14,095 美元,是南亚次区域平均水平的两倍多)。

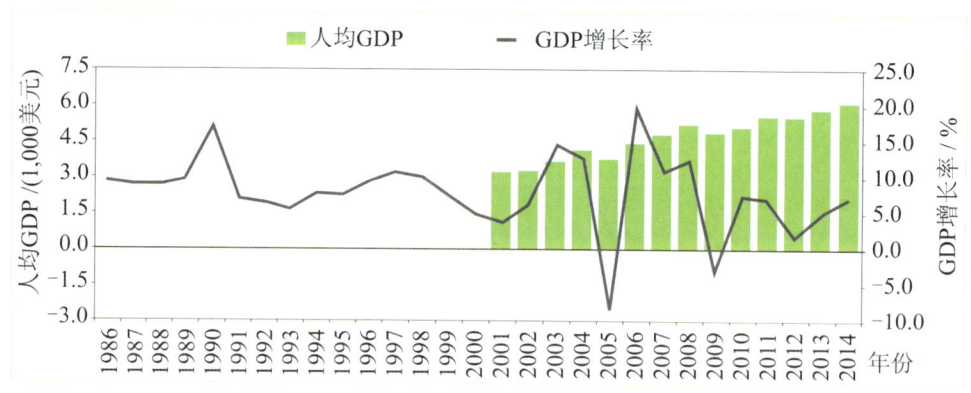

注:(1) GDP 增长按 2003 年不变的基本价格计算;而人均 GDP 增长按 2005 年不变的美元价格计算。
(2) 人均 GDP 仅有 2000 年以后的数据。
资料来源:国内生产总值增长数据来自 DNP(各年份);人均国内生产总值数据来自世界银行,《世界发展指标》(2015 年 7 月查阅)。

图 1.1 人均 GDP 及其增长率

这一增长使政府能够支持减贫倡议和实施社会发展计划。对社会发展计划的投资带来了在实现千年发展目标(Millennium Development Goals)方面的显著进展。表 1.1 简要总结了马尔代夫在过去 25 年的社会经济发展情况。

表 1.1 总体社会经济指标

指标	1986 年	1990 年	1995 年	2000 年	2005 年	2010 年	2014 年
实际 GDP/百万美元	372.8	498.8	601.7	806.2	975.7	1493.2	1497.6
GDP 增长率/%	9.4	17.0	7.4	4.8	-8.7	7.1	6.8
通货膨胀率/%	9.7	3.6	5.5	-1.2	1.3	6.1	2.4
经常账户余额/百万美元	-0.3	9.9	-18.2	-51.5	-273.0	-355.9	-191.1
财政收支平衡/百万美元	-9.1	-17.3	-25.5	-27.3	-81.6	-333.4	-102.7

---

① 资料来源:联合国开发计划署和发展政策委员会秘书处(2012 年)。
② 资料来源:世界银行,《世界发展指标》(2015 年 6 月查阅)。

续上表

指标	1986年	1990年	1995年	2000年	2005年	2010年	2014年
国际储备/百万美元	6.9	24.4	48.0	122.8	189.0	350.2	614.7
汇率/(拉菲亚/美元)	7.15	9.60	11.80	11.80	12.80	12.80	15.40
贫困发生率/%	—	—	—	21.0 (2003)		15.0 (2010)	
基尼系数	—	—	—	0.41 (2003)		0.37 (2010)	

注：(1) 年均汇率用于估计（以美元计算的）收支平衡。(2) 实际国内生产总值按基本价格计算。
资料来源：(1) 经常账户余额和国际储备：国际货币基金组织，1986—2006年国际金融统计数据（2015年3月查阅）；2010年和2014年马尔代夫货币管理局（MMA，2015b）。(2) 汇率：国际货币基金组织，1986—2010年国际金融统计数据（2015年3月查阅），2014年MMA（2015b）。(3) 财政收支平衡：亚洲开发银行，1986—2009年数据统计数据库系统（2015年3月查阅）；2010—2014年MMA（2015b）。(4) 贫困发生率和基尼系数：DNP（2012b）。(5) 其他：DNP（不同年份）。

同时，马尔代夫面积小，岛屿分散，公共服务存在巨大的困难，因此政府一直在通过整合来解决这些问题。政府认识到，要在经济活动中创造规模、提高各种服务的效率，主要途径是将人口整合到更少的岛屿上。人口和发展的整合继续被视为降低服务提供成本、解决地域连通性问题以及应对海平面上升和自然灾害威胁的一种手段。马尔代夫第七项国家发展计划指出，政府致力于推行"人口与发展整合计划"[①]。根据该计划，政府将鼓励人们从环境脆弱的岛屿和（或）人口不足1,000的岛屿迁出（MPND，2007），鼓励人们自愿移居到不那么脆弱的岛屿。然而，政府必须首先解决日益高企的公共债务问题，因为移民安置计划需要大量资源。

在政治不确定性的干扰下，政府的主要发展议程包括扩大社会福利和经济多元化。2009年11月，政府起草了一份《战略行动计划》（SAP），概述了2009—2013年的国家发展框架[②]。该计划是政府履行马尔代夫民主党联盟宣言中所述承诺和计划的主要文件。然而，2011—2013年的政治和社会动荡以及随之而来的不确定性，导致该计划推迟实施。2013年11月当选的政府，根据当选总统的竞选承诺制定了发展计划。该计划的主体内容包括为青年创造理想的工作机会、解

---

① 马尔代夫的经济增长和发展受到一系列国家发展计划的指导，这些计划阐述了政府的发展议程。其中最新的是第七项国家发展计划（2006—2010年），确定了优先发展领域、具体目标和在计划期间指导规划和投资的目标。

② 战略行动计划（SAP）的主题是善治、社会公正和经济发展，其主要目标包括：(1) 指导该国的发展进程；(2) 向各领域和政府部门分配预算和财政责任；(3) 作为向该国公民履行发展利益和环境责任承诺的机制，提升商品和服务的可及性。

决法律和秩序问题，以及解决社会福利问题，如国家提供医疗保健和住房。该计划还旨在增加经济多样性、扩大农业，以减少对粮食进口的依赖。在2013年总统选举和2014年议会选举之后，马尔代夫的政治恢复稳定，改善了商业投资环境。

1.2 小型经济

马尔代夫的经济由于规模较小，很容易受到冲击。考虑到过去28年中出现的一些内部和外部不利因素，马尔代夫的经济增长可谓非常出色。旅游业一直是经济增长的主要驱动力，但其重要地位也给经济带来了更大的不稳定性。外部因素，如1997—1998年的亚洲金融危机、2004年的印度洋海啸和2007—2008年的全球金融危机，表明马尔代夫对旅游业这一单一产业的严重依赖造成了潜在的漏洞。

2004年海啸的影响尤为严重。海啸造成的经济损失约为4.7亿美元（占该国2004年国内生产总值的44%），且这一损失不包括环境成本，即被冲入海中的表土和被冲毁的开垦土地的价值（World Bank，2005）。第二年，旅游业受到严重影响，收缩了34%，整体经济收缩了8.7%。2006—2008年，马尔代夫的经济从海啸中恢复，实现了两位数的增长率。然而，海啸后公共支出的大幅增加对财政状况造成了严重打击。

2007—2008年全球金融危机之后，随着世界经济衰退，马尔代夫在接下来的几年再次遭受冲击。2009年，由于旅游收入、资本流入和出口下降，经济萎缩了3.6%。随着美元严重短缺和储备下降，财政状况急剧恶化，而财政赤字的货币化又加剧了通货膨胀。

马尔代夫经济的脆弱性仍然显而易见。随着全球经济复苏的不确定性持续，受旅游业复苏推动的2010—2011年经济反弹相对较弱。预计2015年的实际GDP增长率为6.3%，比2014年6.8%的增长率低0.5个百分点。该国继续面临严重的财政和外部失衡，债务危机的风险很高。

1.3 生产资源增长

马尔代夫的群岛结构限制了该国的经济活动范围。作为一个典型的由分散岛屿组成的国家，马尔代夫的服务业（旅游业份额最大）在近30年来一直是经济增长的主要驱动力。受耕地短缺制约的农业和制造业，以及有限的工业，在经济中发挥了次要作用（图1.2）。

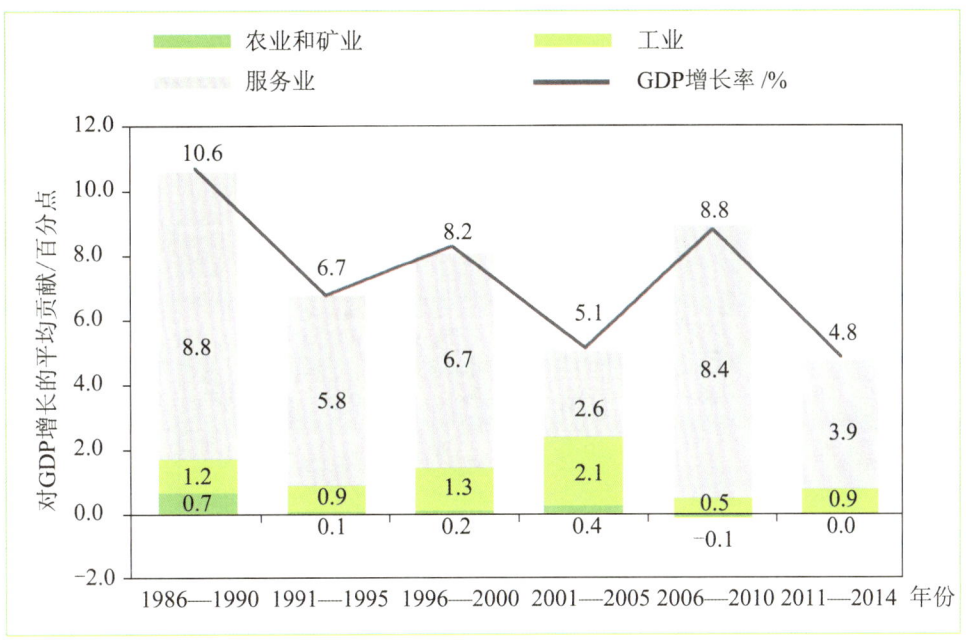

资料来源：基于 DNP 的计算（不同年份）。

图 1.2 主要行业对 GDP 增长的平均贡献（1986—2014 年）

1986—2014 年，马尔代夫的服务业平均占 GDP 的 82.8%，是过去 30 年来对 GDP 贡献最大的行业。但 2004—2005 年例外，2004 年的海啸导致 GDP 大幅下降，服务业只贡献了 2.6%。自 2007 年经济衰退以来，服务业的增长相对而言更为重要，因为全球金融危机后，其他行业的增长与复苏乏力。由于经常性支出的大幅增加，导致 2008 年公共部门产出的突然增加，在一定程度上抵消了旅游业活动的急剧下降。自从旅游业成为主要增长动力之一并蓬勃发展以来，服务业的实际总增长额一直呈上升趋势。

旅游业仍然是经济支柱，在 2001—2014 年期间，服务业在 GDP 中的份额平均为 35%。自 1972 年第一个旅游胜地开业以来，2014 年底，全国旅游业已有的 104 个度假岛屿上，床位达到了 26,891 个。旅游业也是该国的主要外汇来源。此外，鉴于旅游业在 GDP 中所占份额较大，旅游业的发展趋势是经济活动中的主要波动因素。图 1.3 显示了在 2004 年海啸后，2005 年旅游业是如何下降 34% 并导致 GDP 萎缩的。随着第二年旅游业的复苏和 44% 的强劲增长，经济也得到了近 20% 的强劲增长。2009 年，全球经济危机导致 GDP 再次萎缩，下降了 3.6%，旅游业也下降了 5.4%。

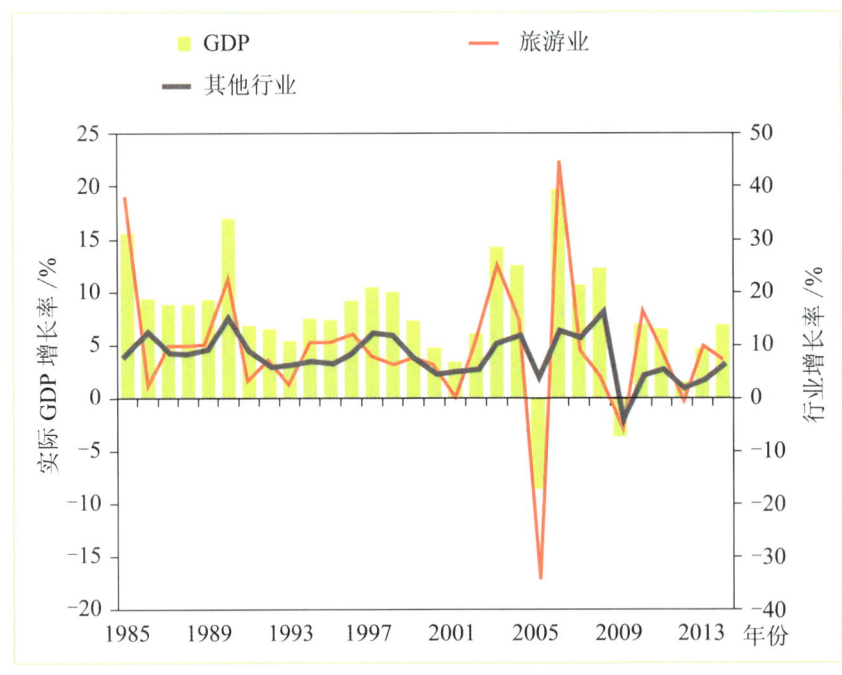

资料来源：基于 DNP 的计算（不同年份）。

图 1.3　旅游业和其他行业的实际 GDP 增长率（1985—2014 年）

服装业是马尔代夫唯一的主要制造业，占 GDP 的比例不到 9%。随着 2005 年 1 月 "多纤维协定" 的配额取消，外国投资者，主要是斯里兰卡服装制造商（之前利用马尔代夫的低配额利用率，在该国建立了业务）关闭了在马尔代夫的工厂，搬迁到那些提供了政策激励以保持竞争力和盈利的国家。

农业（包括渔业和采矿业）在 GDP 中的份额一直在下降，从 1986 年的约 9% 下降到 2011 年至 2014 年的 3.6%，主要原因是生产率低下以及捕捞量减少。虽然渔业是马尔代夫仅次于旅游业的第二大外汇收入来源，也是该国劳工的主要职业，但由于欧洲（金枪鱼出口的主要市场）经济放缓，捕捞量减少，加剧了这一下降趋势。与此同时，农业生产还受制于耕地和土壤的可利用程度，影响了农作物的全面耕种。

按各项支出计算的 GDP 增长情况（见图 1.4）表明政府在经济中的重要性日益增加。在需求方面，经济受强劲的家庭消费和投资（公共和私人）推动，在 1996—2012 年期间，分别平均对 GDP 增长贡献了 46% 和 38%[①]。净出口对 GDP 的贡献则为负值，1996—2012 年增长率为 -20.6%，反映了进口需求增加和出口增长放缓（见表 1.2）。私人家庭消费相对低于该次区域（即 "南亚次区域"，下同）的其他国家，平均占 GDP 的 46%，而政府消费占 GDP 的 24% 以上，按照次

---

① 2013 年和 2014 年的支出组成部分没有细分（截至 2015 年 6 月）。

区域标准，这一比例很高。事实上，政府国内消费在 GDP 中的份额从 1995 年的 14% 增加到 2012 年的 24%，这主要是以降低家庭消费为代价的。

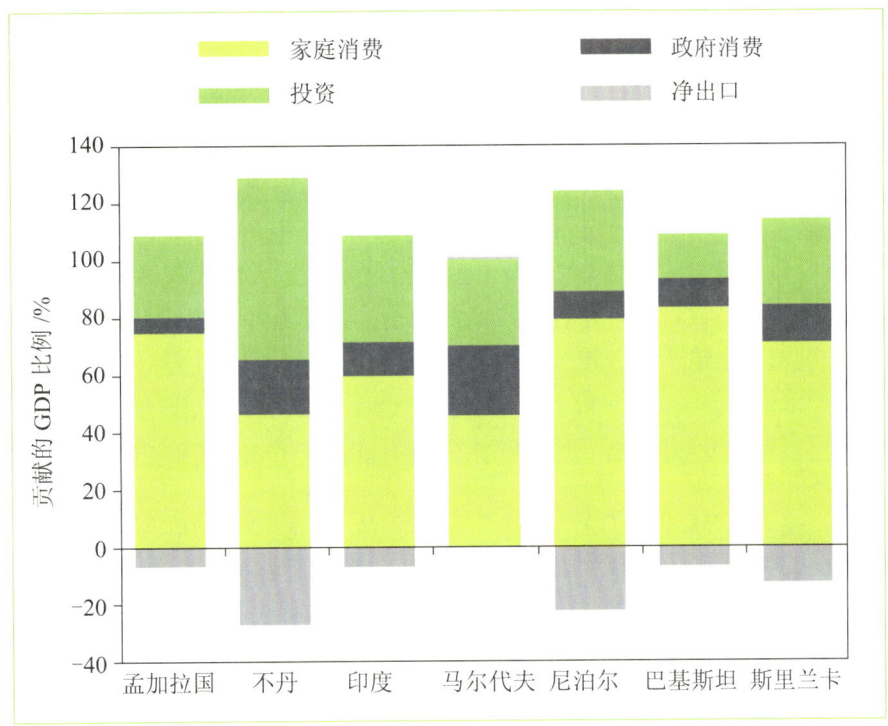

资料来源：根据联合国统计司国民账户官方国家数据（2015 年 3 月查阅）计算。

图 1.4　南亚各国各项支出贡献的 GDP 比例（2012 年）

表 1.2　各支出部分占 GDP 的平均份额和对 GDP 增长的贡献（1996—2012 年）

单位:%

年份	消费			政府			投资			出口增长率	进口增长率	净出口	
	增长率	GDP比例	对GDP增长率的贡献	增长率	GDP比例	对GDP增长率的贡献	增长率	GDP比例	对GDP增长率的贡献			GDP比例	对GDP增长率的贡献
1996—2000	4.2	47.0	25.2	13.8	15.8	31.9	7.8	21.6	18.6	9.0	8.5	15.6	24.3
2001—2005	6.8	40.7	60.1	8.2	19.5	36.9	19.8	25.3	99.1	3.1	10.5	14.4	-96.0
2006—2012	3.9	36.6	54.0	5.4	22.8	41.3	0.5	29.0	5.3	13.1	12.4	11.6	-0.7
1996—2012	4.9	39.5	46.1	8.6	22.1	36.8	8.0	26.1	37.7	8.9	10.7	12.3	-20.6

注：所用数据为 2005 年不变市场价。
资料来源：根据联合国统计司国民账户官方国家数据（2015 年 3 月查阅）计算。

1.4 宏观经济环境

1.4.1 外部经济环境

马尔代夫出口产品非常少,但进口大量消费品。这反映了该国农业产量有限,制造业基础薄弱。马尔代夫的对外商品贸易通常会出现巨额赤字。国内非旅游出口产品主要包括鱼类产品(新鲜、冷藏或冷冻金枪鱼是主要出口产品,其次是干腌金枪鱼、罐装或袋装金枪鱼)。出售给航空承运人的喷气燃料再出口也有所增加。进口产品数量通常超过出口产品数倍,且种类各不相同,包括食品、电子产品、机械和运输产品、建筑材料和设备、石油和石化产品等(见图1.5)。

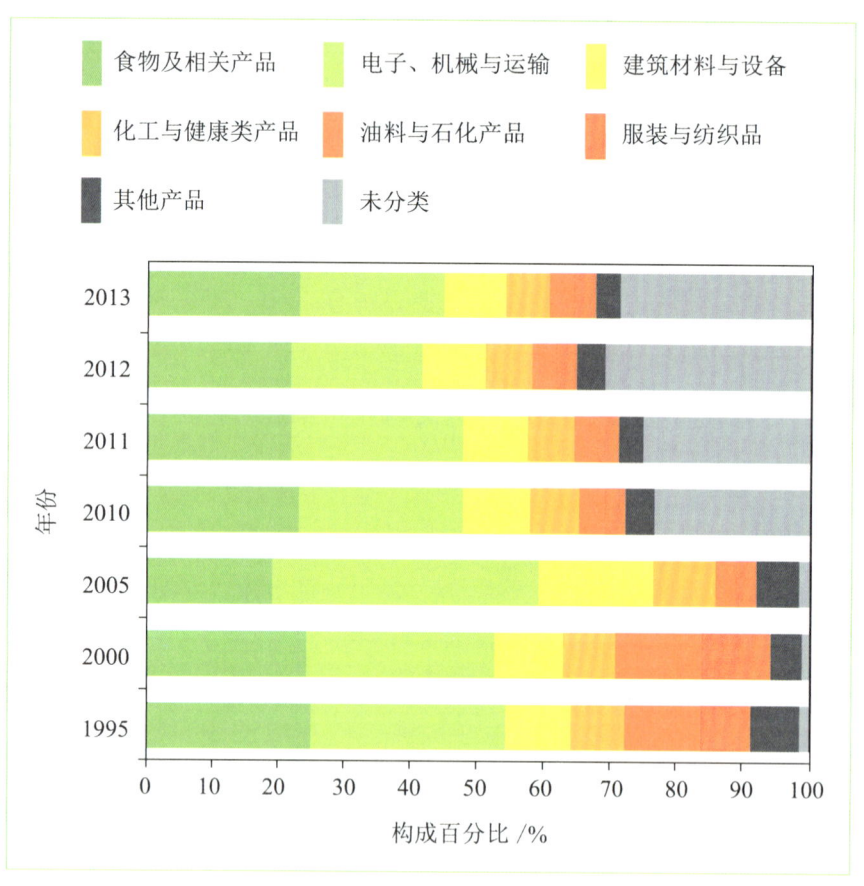

资料来源:基于联合国统计司商品贸易统计数据库的计算(2015年4月查阅)
图1.5 马尔代夫进口构成(1995—2013年)

经常账户赤字一直居高不下，反映出小岛屿经济体普遍依赖进口的情况①。从过去7—8年的两位数水平来看，外部环境自2011年以来有所改善，汇率更加有利，旅游收入得到增长。因此，2012年赤字趋于下降，直至个位数水平（见表1.3）。与此同时，马尔代夫的国际储备总量水平一直处于波动之中，只能满足3.7个月的商品及服务进口。

表1.3 国际收支摘要（2007—2014年） 单位：百万美元

年份	2007	2008	2009	2010	2011	2012	2013	2014
经常账户余额	-266.6	-673.2	-276.0	-355.9	-393.4	-186.1	-119.8	-191.1
基本价格GDP百分比/%	-14.8	-35.6	-13.9	-16.7	-18.1	-8.4	-5.2	-7.5
市场价格GDP百分比/%	-15.0	-31.7	-12.7	-15.3	-16.0	-7.4	-4.4	-6.3
货物余额	-1,077.8	-1,317.6	-912.7	-1,059.4	-1,370.5	-1,261.4	-1,372.0	-1,660.0
服务余额	1,248.4	1,178.4	1,117.3	1,224.0	1,527.5	1,613.4	1,909.1	2,211.7
收入余额	-280.6	-319.6	-300.4	-323.3	-308.7	-278.9	-369.7	-394.2
经常转账余额	-156.5	-214.4	-180.3	-197.3	-241.8	-259.2	-287.2	-348.7
总余额	76.9	-67.8	20.4	89.2	-15.3	-30.4	63.8	246.4
官方储备总额	308.5	240.6	261.0	350.2	334.9	304.5	368.3	614.7
总进口月数/月	3.0	2.1	3.3	3.9	2.7	2.4	2.5	3.7

资料来源：马尔代夫货币管理局每月统计数据。

1.4.2 通货膨胀、汇率及货币政策

由于进口商品价格上涨，尤其是食品和燃料价格上涨，马尔代夫的通货膨胀率一直非常不稳定，部分原因在于高度依赖进口，经济上无法控制价格的浮动。通货膨胀率在2001—2006年平均每年增长1.8%后，2007年飙升至6.8%，2008年飙升至12.0%。物价上涨的部分原因是全球食品和燃料价格高企，需求方因素加剧了通货膨胀，货币供应迅速增长，为政府支出提供资金。2009年和2010年通货膨胀有所缓解，但由于2011年该国货币拉菲亚（rufiyaa, Rf）贬值，2011年和2012年的通货膨胀率再次突破两位数。拉菲亚对美元贬值20%，导致局势更加恶化（见图1.6）。2014年，通货膨胀率降至2.4%，原因是鱼类、石油、

---

① 该部分的一些讨论因测量和覆盖范围方面的数据缺口而受到限制，马尔代夫政府仍在努力解决这一问题。例如，马尔代夫货币管理局（MMA）发布了自2002年以来报告的资本和金融账户中的主要数据缺陷，包括正误差和遗漏等。但是，这些误差和遗漏在2008年和2010—2012年期间超过了1亿美元，在2008、2011和2012年共计3亿美元，超过了这些年每年记录的商品出口值。因此，这些数据表明，未记录的外汇净流入意味着存在相当大的并行货币市场，在讨论中并未考虑。

住房和消费品价格下跌。通胀压力得到抑制，也归功于2012年年中以来全球能源价格相对稳定。

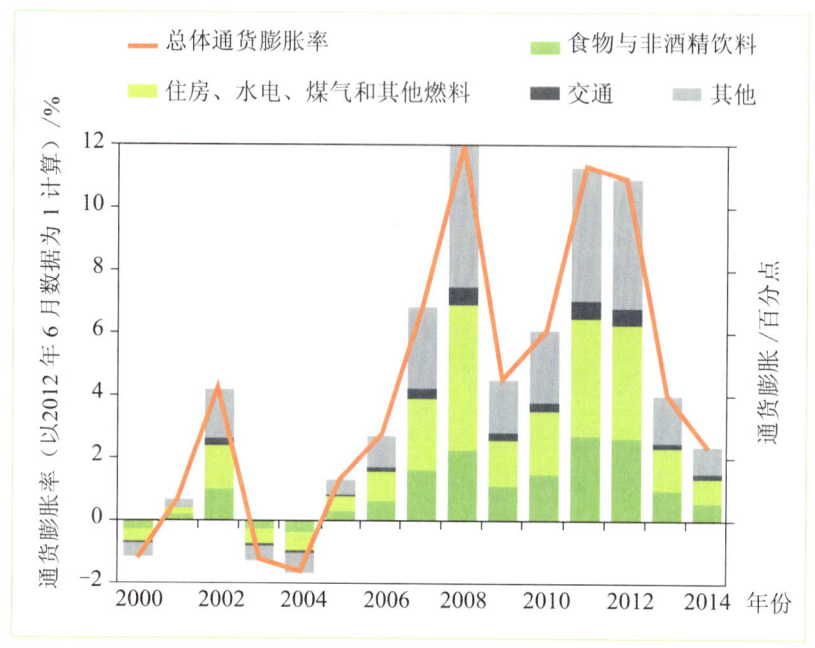

资料来源：DNP（不同年份）。

图1.6 通货膨胀变化情况（2000—2014年）

通货膨胀与物价上涨的主要原因为少数家庭用品和服务价格变化以及汇率变化。食品、住房、水电力和燃料在国内消费中占据很大比重，是马尔代夫通货膨胀的主要推动因素，而食品和燃料价格又与国际商品价格密切相关。因此，各环礁和岛屿之间的通货膨胀可能有很大差异。此外，相对于其他国家来说，马尔代夫的消费通货膨胀率的绝对值非常高。换句话说，名义有效汇率的变化往往会对消费者和生产者价格产生直接和巨大的影响，而且这些变化比较持久（Masha & Park，2012）。

在汇率方面，该国的国际储备状况进一步恶化，于2011年取消固定汇率制度，使货币政策更具挑战性。自1994年以来，马尔代夫的汇率仅变动了两次。第一次是2001年贬值8.8%；第二次是2011年4月，当时采取了更灵活的汇率制度来缓解外汇市场的压力，允许马尔代夫货币拉菲亚（rufiyaa，Rf）在中间价1美元＝Rf 12.85上下20%的范围内波动，这对当年的生产者和消费者价格产生了重要的一次性上行影响。在此之前的3年里，实际有效汇率跟着美元走势普遍升值。但自从引入汇率浮动区间以来，拉菲亚兑美元贬值了20%，达到了区间的下限。为将利率维持在该范围内，中央银行一直在向商业银行配给外汇。在接下来几年，由于国际储备水平仍然较低以及对进口的需求较高，需要进一步使其货币贬值，导致经常账户赤字。这可能会立即对价格和消费者购买力产生影响，尤其是对依赖进口的偏远地区居民而言影响更深。截至2014年12月，其汇率为1美元 = Rf 15.4。

马尔代夫货币管理局继续推出新的货币政策工具，其主要目标为通过价格稳定确保宏观经济稳定，并保持稳定的外汇水平（MMA，2012a）。目前的货币政策框架以汇率为主要支柱，通过货币操作应对银行系统整体流动性过剩的情况。使用的主要货币政策工具包括：公开市场操作；MMA常设设施，包括隔夜存款设施和伦巴第（Lombard）隔夜设施；最低准备金要求。

为了使马尔代夫货币管理局继续履行其职责，政府对货币政策框架进行了若干修改，目的是提高框架的有效性并发展该国的银行间市场。2014年马尔代夫货币管理局的举措包括：①将最低准备金要求从25%降至20%，以促进私营部门贷款，并降低商业银行的借贷成本；②暂时停止公开市场操作，帮助政府通过市场筹集资金；③降低隔夜存款工具和伦巴第隔夜设施的利率，降低指示性政策利率，使银行体系整体利率结构合理化。2013年启动的变更包括：①通过将隔夜存款设施从0.25%增加至3.00%来降低利率；②将伦巴第隔夜设施从16.0%减少至12.0%；③重新界定指示性政策利率，作为公开市场操作的指示性利率，而不是仅将其用作截限利率。

2009年，由于全球金融危机和不可持续的财政扩张，经济面临巨大的外部失衡，这增加了通胀压力并导致储备损失。货币政策收紧是国际货币基金组织2009—2011年计划中经济政策措施的一部分。积极的公开市场操作和终止赤字货币化成功地减少了过多的流动性。然而，由于经济放缓，马尔代夫货币管理局实施新的审慎监管措施，又产生了大量不良贷款，银行在新的贷款活动中变得更加谨慎，转而选择投资国库券等无风险的项目。因此，2012年私营部门的信贷有所下降。与此同时，政府净信贷大幅增加，挤占了私营部门的信贷。私营部门信贷在2013年恢复增长，同年公共部门信贷也开始增长，因为政府不得不依靠国内资源来满足该年的其他融资需求（MMA，2014b）。

1.4.3 财政政策

财政整顿仍然是宏观经济议程上的主要议题，持续的财政赤字导致公共债务水平居高不下。财政收入的缩减和支出削减的延迟继续导致财政赤字高于政府目标。在支出方面，尽管近年来努力遏制工资和薪水支出，但财政赤字意味着较低的资本支出。因此，政府债务总额自2007年以来持续上升，尤其是国内债务。截至2014年底，公共债务占国内生产总值的89.0%，而2007年仅为45.3%。2014年外债从2007年的45.3%下降到32.6%。

2008年全球金融危机对财政平衡产生了重大负面影响（图1.7）。国内生产总值萎缩，旅游业下滑，影响一般税收，同时国际贸易税收因进口需求降低而减少。因为原计划支持 2008 年预算的新收入措施没有实现①，总财政收入和补助在国内生产总值中的比例下降，也导致了赤字。政府财政状况已经在 2004 年开始恶化，开支迅速增长，2008 年占 GDP 的 43%，主要是由于补贴支付和其他经常性支出的增加。

注：GDP 以基本价格计算，资料来源于 MMA（2015b）。

图 1.7　财政指标（2007—2014 年）

为应对严重的财政和外部失衡，国际货币基金组织支持的综合调整方案②于 2009 年开始实施。政府在 2009 年下半年启动了若干减少支出的措施，以遏制日益严重的财政赤字。2009 年第四季度实施了公务员临时减薪计划，将 2012—2014 年度政府总支出中的工资比例降至约 22%，而 2009 年为 27%（见图 1.8）。2010 年的临时降薪减缓了政府支出，但因财政赤字要限制在可控水平，政府无法投资急需的基础设施。

---

① 新措施涉及的资金包括开发 Gulhifalhu 的预付租金，以及 Hulhumale 开发第二阶段和在北 Ihavandhipolhu 开发转运港和经济区的资金。

② 2009 年 12 月 4 日批准了 4920 万美元的特别提款权和 820 万美元的外生冲击基金特别提款权，以强有力的财政调整为核心，使公共财政重回可持续的中期发展轨道，同时辅之以货币紧缩和加强银行业的措施。

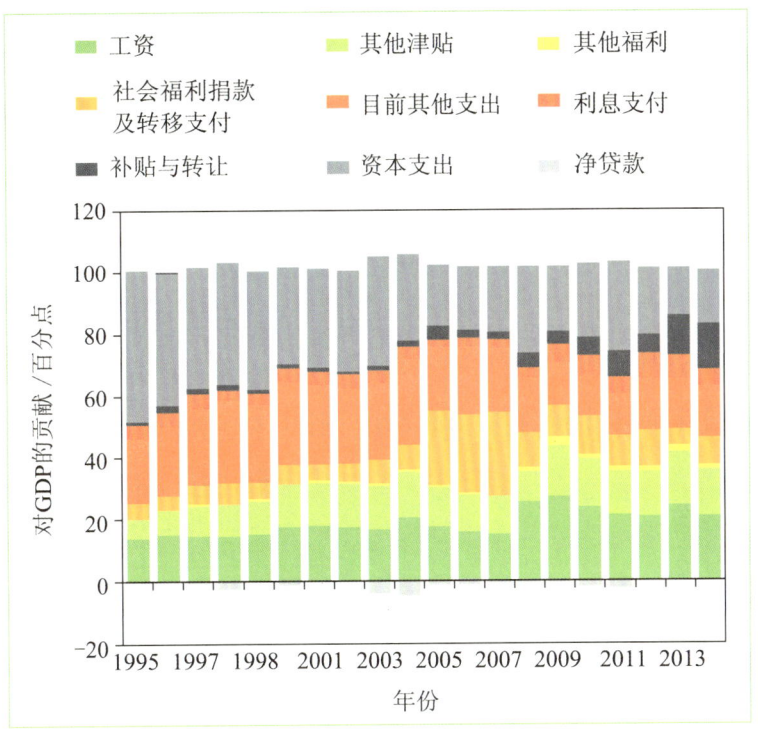

图1.8　政府各项支出对GDP增长的平均贡献（1986—2014年）

在实施这些财政措施后，政府将财政赤字从2010年占GDP的15.6%降为2011年占GDP的7.5%，但效果却是短暂的①。旅游业有关的收入增加、政府特许政策促使利润增长，以及旅游商品和服务税生效，都有助于减少赤字。然而，由于关税减少，非税收入不足，收入水平远低于预算水平，2012年赤字又回升到8.7%。各种补贴和社会福利金增加，又把压力转移到国有企业，导致支出高于预算，使得赤字情况更加恶化。2013年，由于收入增加，支出减少，财政赤字下降至GDP的5.0%。在大部分主要税收政策顺利实施的情况下，2013年政府总收入较上年增加约18%，但与预期目标还相差约4%。随着经济增长，预算赤字在2014年缩至GDP的4.0%；但与前一年相比，政府支出仍在增加。

财政整顿的成效仍然值得怀疑，因为自2007年以来，遏制工资和薪金支出以及其他当前支出，是以公共养老金转移增加和资本支出下降为代价的。社会福利捐款和转移支付（来自政府雇员养老金计划）已成为一个庞大的支出项目，自2005年以来显著增加。2010年，虽然薪酬下降了16%，但根据《马尔代夫养老金法案》(*Maldives Pension Act*)，补贴和转移到员工养老金的比例增长了近

---

① 减少支出的措施包括削减公务员的名义工资，增加电费，取消普遍补贴，启动公共就业改革方案以减少官僚作风，提高某些服务的关税，并征收新的税收，例如旅游商品和服务税以及营业税。

52%。2014 年,补贴、社会福利缴款、养老金和其他福利占经常账户支出的 33%。政府社会福利捐款的最大份额用于全民健康保险计划 Aasandha;经常账户支出上升的第二大份额用于补贴和转移支付,因为随着 2014 年 2 月引入老年人津贴,养老金显著增加。

1.5 贫困与不平等

在马尔代夫强劲的经济增长表现和政府的区域发展政策下,公平分配经济和社会基础设施的建设有助于降低该国的贫困程度。尽管海啸和全球金融危机导致资产大量流失和人均收入下降,但该国还是顺利将国家贫困率从 2003 年的 21% 左右降至 2010 年的 15%。最新数据显示,马尔代夫是南亚贫困率最低的国家之一(表 1.4)。

表 1.4 南亚国家以贫困线划分的贫困发生率 单位:%

国家	国家贫困线		每日 1.25 美元贫困线		每日 2 美元贫困线	
	以前	最近	以前	最近	以前	最近
孟加拉国	48.9(2000)	31.5(2010)	58.6(2000)	43.3(2010)	84.4(2000)	76.5(2010)
不丹	31.7(2003)	12.0(2012)	24.0(2003)	2.4(2012)	46.9(2003)	15.5(2012)
印度	37.2(2004)	21.9(2010)	41.6(2004)	23.6(2011)	75.6(2004)	59.2(2011)
马尔代夫	21.0(2003)	15.0(2010)	9.0(2003)	8.0(2010)	31.0(2003)	24.0(2010)
尼泊尔	—	25.2(2010)	3.1(2003)	23.7(2010)	77.3(2003)	56.0(2010)
巴基斯坦	34.5(2001)	22.3(2005)	22.6(2004)	12.7(2010)	60.3(2004)	50.7(2010)
斯里兰卡	22.7(2002)	8.9(2009)	4.0(2002)	4.1(2009)	39.7(2002)	23.9(2009)

注:马尔代夫资料来源于 DNP(2012b),其他国家资料来源于世界银行,WDI(2015 年 6 月查阅)。表中括号内数值为年份。

2013 年的《人类发展报告》(Human Development Report)将马尔代夫列为中等人类发展水平国家(UNDP 2013)。马尔代夫的人类发展指数为 0.688,在 187 个国家中排名第 104 位,在南亚排名第 2,仅次于斯里兰卡。该指数基于四个标准来衡量贫困的非收入维度:出生时的预期寿命、平均受教育年限、预期受教育年限和人均国民总收入。

马尔代夫的发展仍然存在广泛的地区差异。尽管该国政府通过《区域化和权力下放计划》(Regionalization and Decentralization Programme),继续致力于全国均衡发展,该举措在《战略行动计划》(SAP)(2009—2013)中得以强化,但马累与环礁之间以及马累各地区之间的收入差距和贫困发生率差异仍然存在,这些问题都值得关注。马累的贫困发生率在 2003—2010 年期间呈上升状态(从 4% 升至 12%),主要原因是民众从农村环礁迁移到马累以寻求就业机会。马累无法创造足够数量的工作岗位并提供足够的基础设施来满足迅速增加的移民，因而遇到了这些社会问题。在区级层面，根据政府最新的家庭收入和支出调查（HIES），贫困率的差异也很明显（DNP，2012b），其中二区（北区）、六区（上南区）和五区（中南区）的贫困发生率较高（图1.9）。

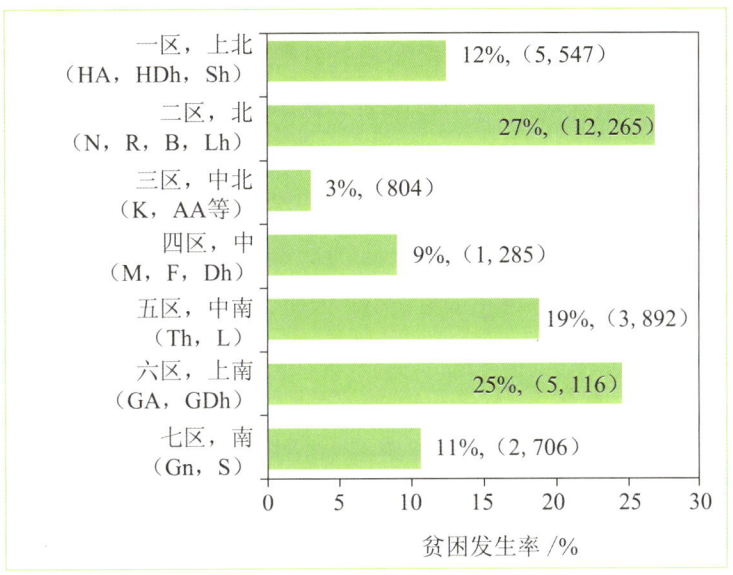

注：区域分类为一区（上北区）：Haa Alifu（HA），Haa Dhaalu（HDh）和 Shaviyani（Sh）；二区（北）：Noonu（N），Raa（R），Baa（B）和 Lhaviyani（Lh）；三区（中北区）：Kaafu（K）和 Alifu Alifu（AA）；四区（中区）：Dhaalu（Dh），Mulakatholhu（M）和 Faafu（F）；五区（中南区）：Thaa（Th）和 Laamu（L）；六区（上南区）：Gaafu Alifu（GA）和 Gaafu Dhaalu（GDh）；七区（南）：Gnaviyani（Gn）和 Seenu（S）。括号内数字为总贫困人口。

资料来源：基于 DNP 的计算（2012a）。

图1.9 各地区贫困发生率（2010年）

虽然马尔代夫是南亚人均收入最高的国家，但按照次区域标准，收入不平等程度相对较高，而且是南亚基尼系数最高的国家之一。近年来，整个国家的基尼系数略有下降（从2003年的0.41降为2010年的0.37）。然而，马累收入不平等程度仍略有上升，从2003年的0.35增加到2010年的0.38，因为对于一些寻求就业机会的新移民来说环境已经恶化，城市的房价已经上涨[①]。图1.10将贫富程度分为五级，分别显示各级家庭的支出份额。

---

① 在马累，最富有的五分之一人口增加了支出份额，而最贫穷的五分之二的人口减少了其支出，从而加剧了2003年至2010年间的经济不平等。

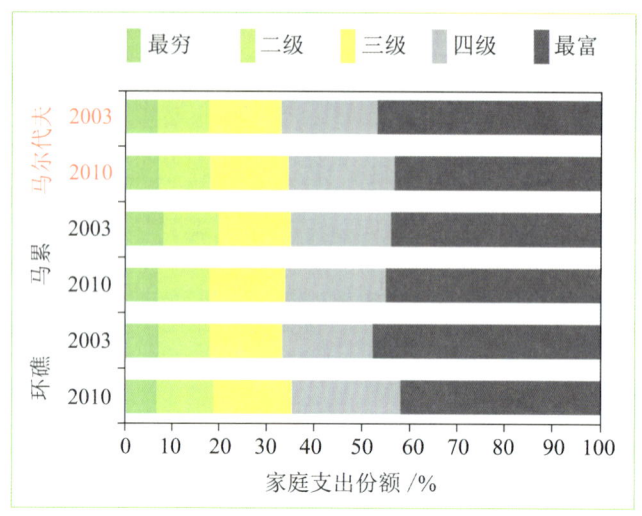

资料来源：DNP（2012b）。

图1.10　2003年和2010年各级家庭支出份额

1.6　未来的挑战

马尔代夫在过去45年中的发展经验表明，小岛屿经济可以推动自身成为一个中等收入国家，尽管存在一些限制和风险。马尔代夫可以继续发挥自身优势，特别是原始的自然环境，这有助于其在全球旅游业中建立稳固的立足点，以维持强劲的增长业绩。然而，该国依然面临一系列发展挑战，各种内部和外部因素威胁着这种增长。表1.5简要介绍了马尔代夫的优势和劣势，以及面临的机遇和威胁。如果不解决或减轻这些短板问题，可能会危及该国实现包容性增长和发展目标的能力。

表1.5　马尔代夫的优势、劣势以及面临的机遇与威胁

优　势	劣　势
• 原始环境和丰富的海洋资源 • 充满活力的旅游业 • 人均国内生产总值相对较高，贫困发生率较低 • 在千年发展目标的实现上，大多数记录良好 • 良好的英语语言能力	• 薄弱的经济基础 • 分散环礁岛众多，收入不平等，获得基本社会服务的机会很少 • 分散的人口 • 有限的收入来源 • 缺乏足够的人力资源 • 机构薄弱 • 庞大且不可持续的政府规模 • 重度补贴的社会服务 • 缺乏物质和社会基础设施 • 高度依赖进口 • 区域不平等和不公平 • 缺乏就业机会（青年失业和严重依赖外籍劳工）

续上表

机　遇	威　胁
• 地方产业的多元化和发展 • 可再生能源的潜力 • 开发无人居住的岛屿，用于旅游或其他经济活动 • 通过与旅游业更紧密地联系，发展服务业	• 易受气候变化和自然灾害的影响 • 应对外部冲击的脆弱性（石油价格上涨，全球金融危机） • 政治格局动荡不安 • 高额且不可持续的债务 • 日益严重的社会问题（吸毒成瘾，犯罪）

资料来源：亚洲开发银行。

地理位置在决定马尔代夫的增长可能性和经济的制约因素方面是非常重要的。群岛经济和环境脆弱性对其稀少的人口而言，是一个挑战。人口的分散还导致了许多社会经济和治理问题，水运不足是遇到的关键瓶颈。因劳动力的技能短缺，不可能发展大型农业，运输成本高昂也使得经济多样化变得困难。需要大量开支来抵御气候脆弱性和改善水运环节，这给政府有限的资本预算带来了沉重的负担。此外，为了满足持续进口石油产品的需求和保护消费者免受油价上涨的严重影响，需要对公用事业，特别是电力进行补贴。这些要求均给政府预算紧张带来了额外的压力，并导致预算赤字问题长期未能得到解决。这种赤字的国内资金反过来又影响了私营部门的借贷成本和融资的可用性，特别是用于投资目的的资金。新当选政府主政下的政治形势如何演变也将是影响经济增长的主要因素。

本书其余章节安排如下。第2章分析了制约增长的主要障碍，侧重于诊断可能导致投资回报率低或妨碍充分获得融资的限制因素。第3章讨论贫困和不平等，通过对贫穷和不平等现象的分析报告，研究了在获得生产性就业机会、获得机会和提供充分的社会安全网方面的制约因素。第4章讨论马尔代夫等小岛屿发展中国家面临的共同问题和挑战。第5章总结调查结果，并分析了维持经济收益和提升包容性的政策含义。

第 2 章
制约经济增长的关键因素

如第 1 章所述,在过去 20 年中,马尔代夫经济迅速增长。其推动力主要来自与旅游业发展相关的大量投资。投资者大部分来自国外,他们被该国的自然环境和激励性政策所吸引。马尔代夫的投资率相对较高,约占其 GDP 的 31%,与图 2.1 中的南亚和东南亚国家投资率相当。

资料来源:根据联合国统计司、国家账户官方国家数据计算(2015 年 5 月查阅)。

图 2.1　2006 年和 2012 年部分国家投资率

以旅游业为龙头的外国投资很成功,这归功于马尔代夫开放自由的经济环境。根据《马尔代夫共和国外国投资法》(*Law on Foreign Investment in the Republic of Maldives*)的要求①,外国投资者登记投资的程序相对简单直接。政府提供

---

① 外商投资受第 79 号法律第 25 条管辖(关于马尔代夫共和国的外国投资),法律由议会于 1989 年 2 月 1 日修订(Government of Maldives,1989)。

了各种激励措施，包括免除在马尔代夫应征收的所得税、公司税或财产税，保障100%外资所有权；还有为投资担保书、海外争端仲裁条款、长期合同协议和土地租赁提供法律支持；允许投资者使用外国的管理、技术人员，或雇佣不熟练工人，对他们无外汇限制等。因此，外商直接投资总额从1990年的600万美元左右上升到2013年的3.61亿美元，约占GDP的16%（图2.2）。

尽管如此，外商投资的行业范围仍然比较有限。在政府对外国投资者的激励下，大批国际连锁酒店涌入了马尔代夫。该国以白色海滩、无与伦比的水下风光和清澈碧蓝的海水著称，适合发展旅游业。然而，这些激励因素未能吸引投资者在其他行业进行大量投资。外国服务投资局指出，一些其他行业也有外资投入，如运输和电信、自来水生产分配以及金融行业，但它们只占外资总额的一小部分。

资料来源：世界银行，《世界发展指标》（World Development Indicators）（2015年5月查阅）。

图2.2 1990—2013年外国直接投资净流入及其占GDP的百分比

渔业是马尔代夫经济的一个重要组成部分，带来的经济效益在1984—2012年间占GDP的1.5%～6.5%，但在过去的20年中，没有获得大量的国内外投资。虽然也有一些投资，比如使渔船队现代化，将渔业有关的基础设施升级为世界一流的鱼类加工和销售设施，但马尔代夫和印度洋的鱼类捕捞量下降，加上2013年9月马尔代夫总统选举前政治局势不稳定，对投资捕鱼的私营经济造成了不利影响。

在未来的发展中，除了旅游业以外，实现经济基础多样化，提高就业率，及时实施结构性改革，是政府面临的关键挑战。之前的发展计划强调了鼓励私营企业不仅在旅游业，而且在建筑业、渔业、海水养殖和其他行业投资的重要性，以实现政府"消除贫困，所有马尔代夫人的福祉不下降"的目标（MPND，2007）。然而，为了能够吸引投资，该国必须确定哪些因素会阻碍私人投资，哪些因素能促进经济增长来源多样化，并为当地人口提供更多就业机会。

本章旨在厘清目前有哪些因素阻碍了私人投资，因为这些私人投资领域具有高回报潜力，可以使经济增长来源多样化，并有助于实现基础广泛、包容性强的增长。我们在意的是，该国经济能够在多大程度上实现多样化，从而摆脱对旅游业的依赖。为了提高讨论效率，本章使用了前人研究的"增长诊断框架"（Hausmann et al.，2005）。该框架（图2.3）有助于确定有哪些重要因素导致投资回报率较低、阻碍私人投资，分析融资渠道是否限制了私人投资。

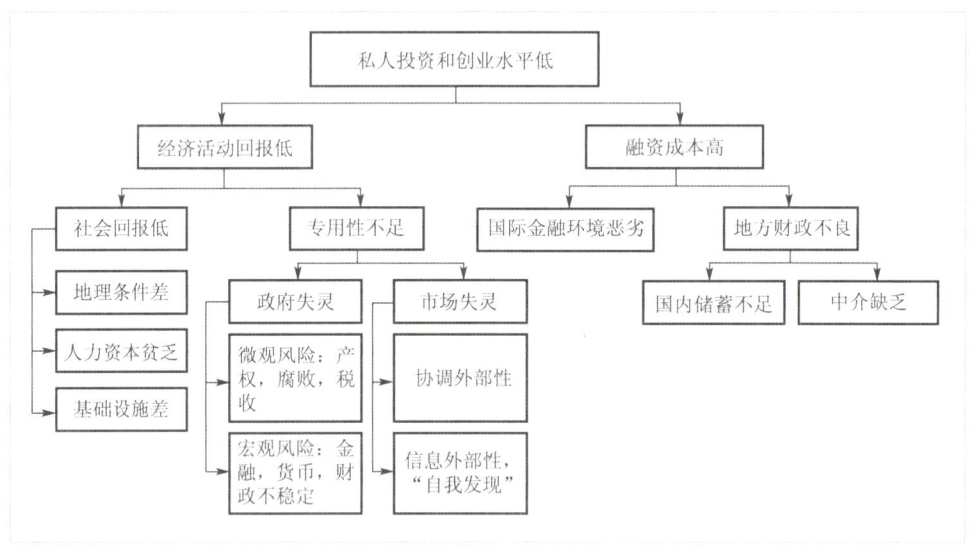

资料来源：Hausmann，Rodrik and Velasco（2005）。

图2.3　增长诊断框架

在马尔代夫，除旅游业外，新投资要获得回报，会遇到一系列障碍，如地域连通性差、交通基础设施缺乏、国民技能短缺、国民教育程度低等。马尔代夫难以连接岛屿并提供坚实的教育和技能基础，与后两个约束条件的形成脱不了干系。长期的预算赤字和不断增加的债务负担等宏观经济因素，使问题变得更加复杂，这些因素使政府财政的作用受到了制约。与此同时，由于金融中介实力薄弱且金融部门效率低下，融资渠道狭窄仍然是一个关键瓶颈，尤其是中小投资者融资更加困难。

其他已确定的潜在性问题或风险还包括政府治理方面，如制度和监管质量方面存在不足、政治上不稳定，以及电力、供水和卫生服务等非交通基础设施效率低下且成本高昂。尽管这些问题现在并不急需处理，但将来可能会出现，并限制投资的多样化发展。

2.1 经济活动回报率低

2.1.1 地域连通性差：交通基础设施薄弱

1. 部门结构

由于马尔代夫拥有许多分布广泛的岛屿，高效的交通网络对于增加私人投资至关重要。世界银行最新物流绩效指数表明，马尔代夫的基础设施质量仍然低于印度和巴基斯坦，但相对而言，要优于南亚其他国家。2014 年的指数显示，马尔代夫在 160 个国家中排名第 82 位，在南亚排名第 3。根据过去三年的调查，马尔代夫的得分和排名都有所提高，2014 年甚至超过了斯里兰卡，但环礁之间的连通性仍然是大多数人所面临的一个巨大问题（表 2.1）。

表 2.1 基础设施质量（2010、2012 和 2014 年）

国家	年份									
	2010		2012 vs 2010		2012		2014 vs 2012		2014	
	分数	排名	分数	排名	分数	排名	分数	排名	分数	排名
印度	2.91	47	↓	↓	2.87	56	↑	↓	2.88	58
巴基斯坦	2.08	120	↑	↑	2.69	71	↓	↑	2.67	69
马尔代夫	2.16	111	↑	↑	2.47	93	↑	↑	2.56	82
尼泊尔	1.80	143	↑	↓	1.87	149	↑	↑	2.26	122
斯里兰卡	1.88	138	↑	↑	2.50	89	↓	↓	2.23	126
不丹	1.83	140	↑	↑	2.29	117	↓	↓	2.18	132
孟加拉国	2.49	72	—	—	—	—	—	—	2.11	138
阿富汗	1.87	139	↑	↓	2.00	141	↓	↓	1.82	158

注：基础设施质量得分为 1 到 5，其中 1 为最低。2010 年和 2012 年的排名包括 155 个经济体，2014 年包括 160 个经济体。
资料来源：世界银行《物流绩效指数》（各年）。

按照次区域标准，马尔代夫用于基础设施的政府支出份额相对较小，而且还呈大幅下降状态。2004—2013 年间，基础设施占总支出的平均份额为 6.1%，而

1995—2003 年间的平均份额为 13.7%（图 2.4）。基础设施占比减少的主要原因是相关资本支出从 1995—2003 年的平均 38% 下降到 2004—2013 年的 23%[①]左右。其中部分原因是赤字控制不到位。

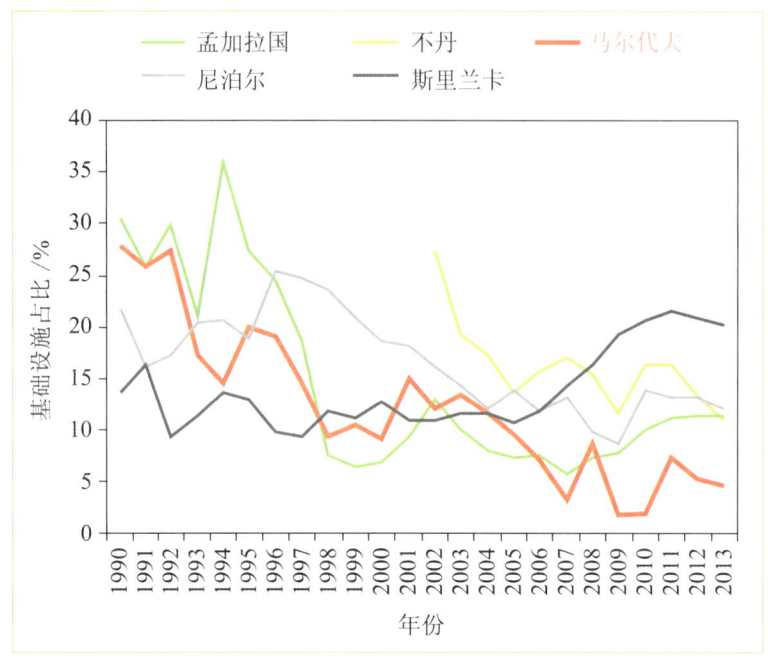

注：基础设施支出包括"电力，燃气和水"以及"交通运输"方面的支出。
资料来源：亚洲开发银行统计数据库系统（2015 年 5 月 5 日查阅）。

图 2.4　基础设施占政府支出总额的百分比（1990—2013 年）

运输业的发展已进入特殊时期。由于没有全面的总体规划，所实施的项目只是为了应对特定地区的瓶颈，并且属于不同的政府项目。2013 年 11 月，政府批准了与亚洲开发银行共同起草的第一份《海上运输总体计划》。图 2.5 描绘了现有港口、机场和其他主要交通基础设施。

在 2014 年 6 月交通与通信部取消之前，该机构负责与交通运输有关的所有事务，包括制定政策、土地和海陆空运输规划。此后实施的机构重组内容包括：①将地方机场的管理权移交给旅游部；②原交通与通信部的交通局归入经济发展部；③原交通与通信部的通信局现隶属于内政部。交通局是陆地运输的监管机构，该局与马尔代夫港口有限公司协调管理海运。港口管理由多个机构和私人实体负责，包括住房和基础设施部、住房开发公司、机场公司、马尔代夫港口有限公司和其他私人公司。

马尔代夫民航局于 2012 年成立，旨在制定和实施政策和法规，以确保航空

---

① 指中央政府资本支出总额占中央政府支出总额的百分比。

运输部门安全有序地运作。虽然机构重组举措已经实施,但由于公共机构能力有限和人员流动率高,交通部门的发展仍然受到制约,这就导致规划不周,项目实施被迫延迟等情况发生。

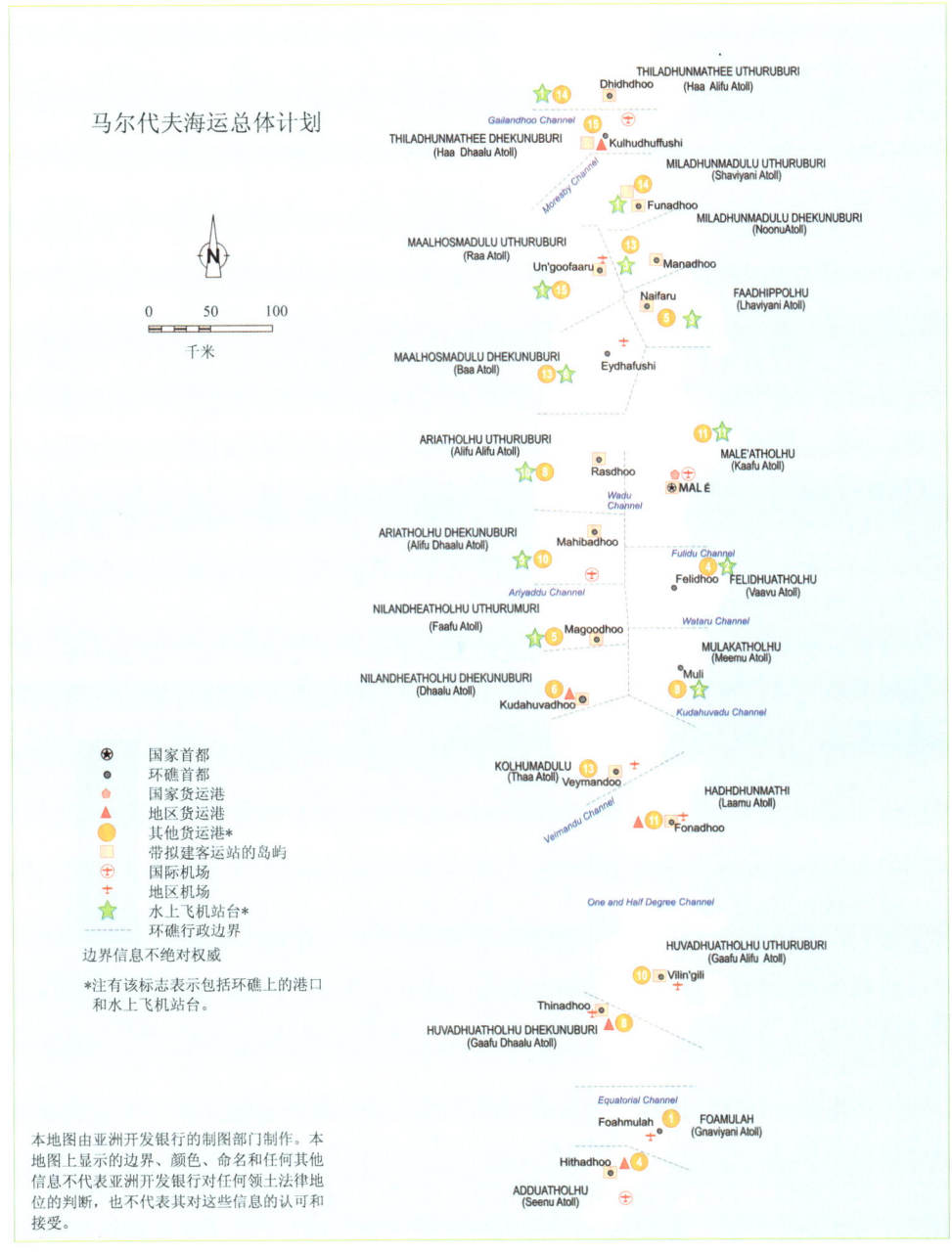

图2.5 马尔代夫的港口和机场

2. 海上运输

海上运输服务和港口设施发展的不足降低了地域连通性，限制了人员流动，还增加了经营成本。马尔代夫有许多环礁散布在印度洋广阔的区域，其基础设施的开发主要包括民用航空航运。然而，环礁之间还没有建立一个高效、常规的海上综合公共交通网络。马尔代夫的港口网络包括国际和区域港口、主要用于水泥和石油产品的专用码头、度假岛屿上的私人码头和外岛上的公共码头。岛间交通设施有限。此外，由于资金有限，政府港口、码头和防波堤结构工程的定期维修和维护也不足。

尽管岛屿发展委员会负责港口及其设施的日常运营和维护，但其无权收取费用，因此为了支撑港口的运营和维护，该委员会需要更多资金。港口的开发主要集中在马累，这导致首都非常拥堵。

交通基础设施薄弱和地域连通性差仍然是制约投资的主要因素。由于岛屿和环礁之间的距离遥远，在关键的海上运输基础设施中的投资不足，严重依赖进口燃料，所以运输成本很高。有人居住的岛屿中，近一半的岛屿没有适宜的港口和进出港口的设施（ADB，2011a），25个岛屿根本没有港口[①]。这些没有港口设施的岛屿都是人口较少的偏远岛屿，其中有9个岛不足500人，11个岛只有500～1,000人。由于岛上人口有限，外加燃料的高运营成本，定期渡轮服务也没有利润，岛上贸易活动量较小。

旅游胜地的交通不成问题。因为政府提供了主要的基础设施（国际机场、码头和相关的交通设施），酒店公司也在自己的度假村建设了必要的基础设施，并使用快艇在国际机场和度假村之间接送游客。

然而，交通基础设施建设不足，对环礁上的微型、小型、中型企业（MSME）和私人企业来说是一个严重的制约因素。为了克服这一制约因素，一些中小企业在必要时租用私人渡船，但这增加了公司的运营成本。2011年，包租一艘渡轮的费用约为1,000拉菲亚，约合65美元（Nazeer，2011）。国内高昂货运成本一直困扰着在环礁上投资的企业家。据2006年的一项研究估计，从一个岛屿到另一个岛屿的集装箱运输成本为1,000～1,100美元。这几乎与国际货物运输成本相同，例如从新加坡到马累，集装箱的运输费用是1200美元/箱（World Bank，2006）。

国内海运主要在马累和其他岛屿之间进行。由于市场规模有限，基础设施建设不足，只有50～250吨的小型船舶能为外岛提供服务。岛屿间航运几乎完全由私人船只提供。为了提升运输服务能力，促进开发中心和外岛之间的物流发展，并改善公共设施，政府建立了综合交通运输网（ITN）。该网为所有环状珊瑚岛提供低成本的渡轮服务，往返于该岛首府或最近的商业中心，往返一次价格

---

① 数据基于MNPD（2011年）。

为 5～25 拉菲亚（0.32～1.62 美元）。

综合交通运输网于 2009 年开始运营。一直以来，它的建立都旨在吸引私人资本，以便发展交通节点，提供交通服务。在运输网的带动下，一些私人运输公司已经踏入这个行业。马尔代夫运输与承包公司是一家国有企业，自 2007 年以来（甚至在综合交通运输网建立之前）一直是中北部地区的运输供应商，是唯一的重型货物运输供应商。2010 年，威米利国际私人有限公司获得了在中部地区经营的特许权。其他特许权持有者还包括特鲁斯 CAE 控股公司、迪埃巴哈控股公司、马尔代夫迪奥尼服务公司和马尔代夫 MVK 公司。政府继续实施相关措施来激励私营运输服务提供商，例如免除燃油税，以将运输服务扩大到外部环礁。

尽管政府做出了这些努力，渡轮航班仍然很少。大多数岛屿每天只有一到两班船前往马累，而且在综合交通运输网下运营的渡船数量有限。海运服务不足，往往会延误货物运输，不利于群岛企业数量增长和盈利能力提升，并阻碍了对潜在盈利领域的新投资（表 2.2）。

表 2.2 综合运输网络下的渡轮航次和费用

环礁	人口/人	首府	票价/(Rf/人)	前往环礁首府的航班		备注
				小岛出发	大岛出发	
北蒂拉杜马蒂	13,175	迪德杜	25	每周 3～4 次	每周 3～4 次	
南蒂拉杜马蒂	18,300	库卢杜福希	25	每周 2 次	每周 2～4 次	
北米拉杜马杜卢	12,310	米兰杜	25	——	——	航班无可用数据
南米拉杜马杜卢	11,100	马纳杜	5～20	每日 1 次	每日 1 次	
北马洛斯马杜卢	15,120	乌恩法法鲁	5～20	每日 1 次	每日 1 次	
南马洛斯马杜卢	9,990	埃达富希	5～20	多数小岛每周 2 次	每周 1～4 次	
法迪福卢	8,725	奈法鲁	5～20	每日 2 次	每日 2 次	
卡夫	16,908	马累	20	无小岛	多数每日 1 次	卡斯杜岛和鲁卡夫环礁每周提供 3 班次
北阿里夫	6,474	拉斯杜	20	每日 1 次	每日 1～3 次	从小岛经乌库拉斯去首府每日提供 3 班次
南阿里夫	10,127	马希巴杜	20	每日 1 次	每日 1～2 次	只有马米基里岛每日提供 2 班次
费利杜	1,635	费利杜	20	每日 1 次	每日 1 次	
穆拉库	4,814	穆林	25	每周 3～6 次	每周 3～6 次	威瓦、纳阿拉福希、穆拉每周提供 6 班次

续上表

环礁	人口/人	首府	票价/(Rf/人)	前往环礁首府的航班		备注
				小岛出发	大岛出发	
北尼兰杜	4,089	尼兰杜	25	每日1次	每日1次	
南尼兰杜	5,908	库达胡瓦杜	25	每周3次	每周3次	
科卢马杜卢	9,012	韦曼杜	10	每日1次	每日2次	
哈杜马蒂	12,075	富纳杜	10	每日1次	每日1次	
北苏瓦迪瓦	8,868	维林吉利	20	每日1次	每日2次	
南苏瓦迪瓦	11,765	蒂纳杜	20	每日1次	每日5次	
福阿穆拉库	8,055	福阿穆拉	20	每日1次	每日1次	目的地是马拉杜
阿杜	19,787	马珊杜	20	无小岛	每日1次	

注：(1) 对于卡福环礁，渡轮旅行主要去马累，但其首府是图卢斯杜；(2) 少于500人的岛屿是小岛，其他岛屿是大岛；(3) 星期五没有班次。

资料来源：渡轮时间表是马尔代夫交通管理局网站、马尔代夫运输和承包公司PLC网站、维尔万交通于2014年8月分别发布的；人口数据来自国家统计局（2014年）。

马尔代夫的三个国际港口分别位于马累、库卢杜福希和希塔杜。尽管马累是大多数商贸交易之地，但此地中转运输成本很高，因为马累商业港（MCH）只有一个集装箱泊位，且存储空间有限。这会造成交通拥塞，延长运输时间，继而造成港口和码头费用高昂。进出口商家至少需支付500美元每20英尺当量单位的港口入境费和港口相关费用，如锚地费、泊位费和拖船服务费。这是该分区收费最高的一项，至少占进出口总费用的30%。进出港口和码头装卸过程中，进港需要8天，出港需要6天。这个过程的耗时长于各分区的平均值（表2.3），即进港5.25天，出港4.25天。集装箱船目前只能停靠在马累（货物量如图2.6所示），库卢杜福希和希塔杜国际港口主要处理建度假村用的进口建筑材料。

除了马累商业港外，马累还有马累北港（MNH）、马累市议会港和西南港，它们的用途不一。马累北港可容纳大型岛屿间的客货船。到达马累商业港的进口货物约有40%运至外环礁，90%通过马累北港。同样，90%来自外部环礁的货物也通过马累北港，但这类货物是用于马累消费和出口的。出口货物运至马累商业港，随后输送到国外市场。马累市议会港口负责与渔业有关的、度假村所有的、马累内部的船只，以及到机场和哈休玛莱岛的渡轮；西南港口则停靠废物管理船只、至微陵姬丽岛和斯拉夫士岛的渡轮、政府拥有的船只，以及长度在20米以内的小型船只。

表2.3 每TEU的货物装卸时间和成本（2014年）

	进口总天数	进口总成本	进口港口和货柜码头处理		内陆运输和进口处理		出口总天数	出口总成本	出口港口和码头处理		内陆运输和出口处理	
	天数	*成本	天数	*成本	天数	*成本	天数	*成本	天数	*成本	天数	*成本
阿富汗	91	5,680	5	200	30	4,500	86	5,045	4	175	30	4,000
孟加拉国（达卡）	34	1,570	7	650	3	400	29	1,325	5	6,000	4	350
不丹	37	2,330	6	350	11	1,350	38	2,230	6	350	13	1,350
印度（新德里）	28	1,158	6	200	7	650	25	1,077	3	175	4	608
马尔代夫	22	1,610	8	550	1	400	21	1,625	6	500	2	550
尼泊尔	39	2,650	6	300	14	1,800	40	2,545	4	300	18	1,650
巴基斯坦（卡拉奇）	17	725	3	150	2	200	20	660	3	150	4	200
斯里兰卡	13	690	2	150	2	115	16	560	3	150	2	115

注：*指每TEU成本。TEU = 20英尺当量单位，成本单位为美元。
资料来源：世界银行，《世界发展指标》（2015年5月查阅）。

注：（1）TEU = 20英尺当量单位。（2）2013—2015年数据是集装箱货物的预计数量。
资料来源：马尔代夫港口有限公司网站（2015年3月）提供2000—2012年数据；Adam（2009）提供其他年份数据。

图2.6 马累商业港的实际和预计集装箱货物量（1995—2015年）

目前的转运设施不足以有效促进货物运输。效率低下的货物装卸不仅延误了货物运输，还耽误了旅客出行。旅客和货物的混合运输也使人们对运输安全问题忧心忡忡，因为有些船舶运输的是易燃物品，如液化石油气和柴油。图2.7描绘了从马累港到环礁的物流情况。

图片来源：亚洲开发银行图片库。资料来源：2016年联合国开发计划署的资料。

图2.7 从马累商业港到区域港口的货物运输流程

为了缓解马累港口的拥堵状况，政府在瑚湖尔岛、哈休玛莱岛、斯拉夫士岛和微陵姬丽岛及其附近岛屿都建造了港口。2005年还建立了两个区域港口。一个是库卢杜福希区域港口，负责处理南蒂拉杜马蒂环礁与北部环礁之间的货物交换。另一个是希塔杜区域港口，该港口可容纳往返西努环礁和南部环礁之间的船只。除马累以外的大多数港口由于设施有限，交通量较少，因此无法充分解决马累港口的拥堵问题。表2.4总结了马累以外港口的现状。

表2.4 港口信息（不含马累）

港口	设施	使用者	管理部门
维林吉利港（旧）	码头：长164米，宽65米 深度：2.7米	乘客和游船	住房和基础设施部门

续上表

港口	设施	使用者	管理部门
维林吉利港（新）	码头：464 米，宽 60 米 深度：2.7 米	乘客与游船	住房和基础设施部门
哈休玛莱岛港	深度：3 米	旅行探险船，在马累和哈休玛莱岛之间运营的客船	住房开发公司
瑚湖尔港	码头：长 1000 米，宽 150 米 深度：3.5 米，2.5 米	马累和易卜拉欣纳西尔国际机场之间的客货运渡轮，度假村所有的小船	机场公司
斯拉夫士官方港口	—	工业公司私人渡轮、废物处理渡轮、马尔代夫运输与承包公司（MTCC）所有渡轮	废物管理部和私营公司
斯拉夫士商业港口	码头：长 110 米 深度：3 米		
度假村卸货港	码头：长 30 米 深度：5 米		
私人码头	深度：30 米		
库卢杜福希区域港口	深度：5 米	南蒂拉杜马蒂环礁和北环礁运营的渡轮	马尔代夫港口有限公司
希塔杜地区港口	货物装卸设施：150 吨移动式起重机、25 吨叉车、4 吨叉车	与货物和渔业有关的渡船	

资料来源：ADB，AusAID 和 DFAT（2013）。

由于近期海上运输活动逐渐频繁，马尔代夫政府认识到有必要制订海上运输计划，寻求亚洲开发银行的技术援助，起草了《海上运输总体计划》（MTMP）。该计划于 2013 年最终定稿，其中一项内容是，根据人口增长、GDP、游客数量等指标，对 2032 年前的客运和货运量进行预测。该计划指出，从 2012 年到 2032 年，马累客运量预计增加 181%。南阿里夫、哈杜马蒂、北马洛斯马杜卢、北米拉杜马杜卢和科卢马杜卢的客流量预计为 5%～16%；同期，其他环礁降幅将达到 4%～21%。同时，货运量将大幅增加（表 2.5）。

Maldives: Overcoming the Challenges of a Small Island State
马尔代夫可持续发展研究

表2.5 预计货运量（2017—2032年） 单位：吨

年份		2017年	2022年	2027年	2032年
入境货物	低预期	1,366,280	1,675,390	2,055,090	2,521,510
	中等预期	1,473,430	1,949,040	2,579,530	3,415,340
	高预期	1,594,600	2,283,620	3,272,800	4,692,890
出境货物		52,240	63,90	77,400	94,190

资料来源：亚洲开发银行、澳大利亚国际开发署和外交贸易部（2013）。

 参考资料

《海上运输总体计划》总览

愿景宣言：最大限度地发挥马尔代夫的国际作用和提高其海上地位，同时发展支持经济增长、社会发展和环境友好型的国家客运和货运网络和设施。

七大战略要素

（1）提高海事网络的承载能力。改善港口设施，包括码头的深度、货物装卸空间和设施、为北港货船装卸货物提供的停机坪空间以及为游猎船提供的锚地。

（2）实施枢纽辐条网络（马累或区域货物港口、客运网络终端岛屿）。主要的国家货运枢纽将位于马累（蒂拉福希新港口），有六个区域性港口，即丰纳杜港、欣纳瓦鲁港、希塔杜港、库达胡瓦杜港、库卢杜福希港和蒂纳杜港。为了提高客运便利性，将建造终端岛屿。

（3）客货分开。为了缓解拥堵，将开发蒂拉福希港，以便使国际货物装卸转移到该港，从而将马累的货运和客运分开。

（4）提高乘客可达性。除了运用枢纽和辐条网络外，应当增加轮渡服务的班次。在绝大多数环礁确保提供两次往返轮渡班次。

（5）保障海上安全。提高船舶的作业能力。提高操作和导航的安全性。开发港口和助航设备的操作和维护系统。

（6）环境保护。实施环境管理战略。

（7）加强制度建设和能力建设。完善法律法规框架。

《海上运输总体规划》列出了实现上述战略的子项目和干预措施，分为四个部分：分类基础设施、战略、环境保护和体制。然后评估子项目，并将其分类为低、中或高优先级。

高优先级子项目

（1）基础设施项目：①将马累商业港口运营转移至蒂拉福希港；②开发维护助航设备的运作；③建造一个新的渡轮码头，以服务于马累和哈休玛莱岛

渡轮。

（2）战略项目：①引入新的国家航运线；②实施枢纽辐条运输系统进行客货运输；③将物流中心转移到蒂拉福希港；④合理化港口和航运，包括滚装泊位建设和滚装船舶部署。

（3）环境管理：无高优先级子项目。

（4）加强制度建设：①建立港口维护经营制度；②建立港口管理体制和马尔代夫港口和海事局；③扩大机构和监管措施的范围。

资料来源：亚洲开发银行、澳大利亚国际发展署和外交贸易部（2013年）。

3. 空运和陆运

尽管空陆运中出现的问题并不是地域连通性的核心问题，但航空运输设施的升级非常重要，能吸引更多游客，有助于增强各岛屿之间的流动性。大多数国际游客会抵达易卜拉欣·纳西尔国际机场（INIA），该机场只有一条跑道，运营量已接近甚至达到极限。另一个国际机场位于甘岛，但很少投入使用。马尔代夫还有7个区域机场，出于战略需要，设在该国北部、中部和南部地区，另外还有几个国内机场（表2.6）。国内航班主要用于搭乘游客前往度假村，而货物是通过海运运输的。从马累到较大的环礁岛，航班供应不是问题，因为国内航空公司有飞往国内机场的定期航班，但是机票价格远高于海上交通费用（表2.7）。

表2.6 机场概况（2015年6月）

环礁	岛屿	机场	运营商	跑道长度/m	当前使用最大机型	状态
卡夫	瑚湖尔岛	易卜拉欣·纳西尔国际机场	马尔代夫机场有限公司	3,200	波音747	2010年认证
阿杜	甘岛	甘岛国际机场	阿杜国际机场私人有限公司	2,650	波音777	2007年认证
北阿里	玛米吉利岛	玛米吉利国际别墅机场	别墅航运贸易有限公司	1,200	ATR-42	2011年认证
南蒂拉杜马蒂	哈达卢岛	哈达卢国际机场	区域机场/交通运输部	1,200	Dash 8	已认证
南马洛斯马杜卢	达拉万杜岛	达拉万机场	岛航空服务有限公司	1,200	Dash 8	已认证
北苏瓦迪瓦	卡道杜岛	卡道杜机场	区域机场/交通运输部	1,200	Dash 8	未认证
哈杜马蒂	卡德胡岛	卡德胡机场	区域机场/交通运输部	1,200	Dash 8	未认证

续上表

环礁	岛屿	机场	运营商	跑道长度/m	当前使用最大机型	状态
福阿穆拉库	富瓦赫穆拉岛	富瓦赫穆拉机场	国营贸易组织	1,200	Dash 8	2011年认证
南苏瓦迪瓦	库多岛	库多岛机场	科宏建筑私人有限公司	1,200	Dash 8	2012年9月开放
科卢马杜卢	蒂马拉福岛	蒂马拉福岛机场	岛航空服务有限公司	1,200	—	未认证
北马洛斯马杜卢	伊福鲁岛	伊福鲁机场	岛航空服务有限公司	1,200	—	2015年5月开放

注：所有机场跑道均为沥青跑道。
资料来源：亚洲开发银行，澳大利亚国际发展署，外交贸易部（ADB, AusAID & DFAT, 2013）；马尔代夫民航局网站（2015年6月）；交通和通信部（Minstry of Transport and Communication, 2013）；Zahuva（2015）。

表2.7 马尔代夫空运成本与频率（截至2013年11月）

区间	成本 美元	成本 拉菲亚	耗时/min	频率
马累－甘岛	150	1,150	95	每日5～8次
马累－富瓦赫穆拉岛	145	1,090	80	每日1次
马累－卡道杜岛	130	975	70	每日5～6次
马累－库多岛	130	975	50	每日3次
马累－哈达卢岛	110	800	50	每日5～10次
马累－卡德胡岛	110	800	50	每日5次
卡道杜岛－富瓦赫穆拉岛	60	495	—	—
卡德胡岛－富瓦赫穆拉岛	90	705	—	—
甘岛－富瓦赫穆拉岛	50	300	—	—
卡德胡岛－卡道杜岛	70	535	—	每日2次（夏季）
卡道杜岛－甘岛	60	495	35	每周3～7次
卡德胡岛－甘岛	90	705	—	—

资料来源：马尔代夫航空公司网站（2013年11月查阅）。

过去20年中，受旅游业的推动，机场业务更加繁忙（图2.8）。易卜拉欣·纳西尔国际机场的客运和货运量大幅增加。旅游业发展势头良好，但政府担心现有基础设施跟不上。2011年的一项预测显示，到2015年，易卜拉欣·纳西尔国际机场的客运量将达到320万人次，到2025年将达到440万人次，到2035年将达到520万人次，远高于目前每年300万人次的客运能力。2005年至2035年期间，货运量也将大幅增加，从2015年的3,900万千克增加到2025年的5,600万千克，而2035年预期增加到7,600万千克。

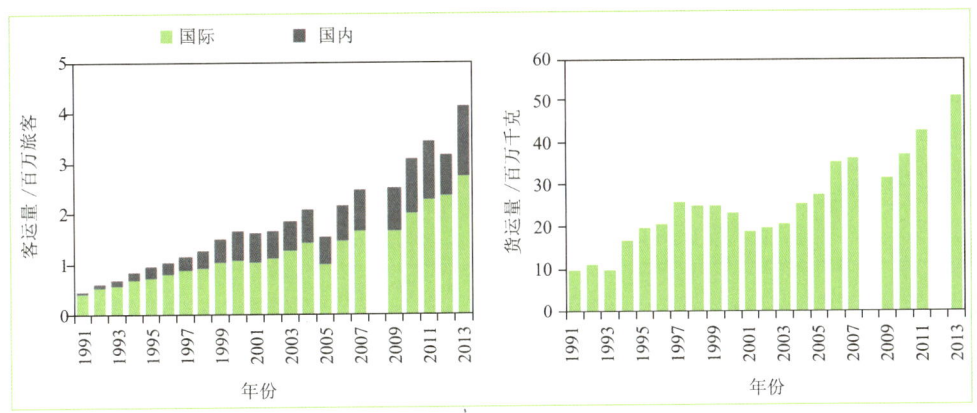

注：空白处表示无相关数据。资料来源：DNP（各年）。

图2.8　国际机场运营量（1991—2013年）

易卜拉欣·纳西尔国际机场设施的发展主要受到土地和资本供应的限制。为解决资本限制，政府于2010年将机场私有化。然而，在2012年政府更替后，机场与印度GMR集团和马来西亚机场有限公司的25年特许经营协议宣告终止。政府于2012年11月27日重新获得对易卜拉欣·纳西尔国际机场的管理权。尽管移交进展顺利，但国际仲裁庭决定支持基础设施开发商，并裁定特许权有效，仲裁庭裁定政府有责任支付损害赔偿，这项决议使政府大为受挫。因此，原计划的机场建设被迫延迟。更严重的是，合同终止对潜在投资者发出了负面信号，他们开始质疑合同的神圣性和法治的权威性。而大规模的私人投资对该国基础设施相关的发展而言，是至关重要的。

马尔代夫陆路运输的可用性非常有限，道路安全还需进一步提高，需要更好地维护首都和较大环礁的道路网。陆路运输量有限，岛上的大部分公路网甚至由珊瑚沙路组成。只有马累和几个环礁中才有铺砌的道路。

马累的道路狭窄，大型集装箱卡车无法进入。因此，进港货物需要从船舶集装箱转移到小型货车。由于车辆数量增加，道路条件恶劣，交通管理低效，道路交通拥堵，导致货物交付进一步延迟。从2003年到2009年，马尔代夫登记的车辆数每年约增加20%；从2010年到2012年，每年约增加8%[①]。卫生部发现，

---

① 2012年数据显示，登记车辆总数的83%为摩托车，约占马尔代夫车辆总数的75%。

车辆通过珊瑚沙时会增加岛屿居民呼吸系统受损的风险。改进道路和交通管理系统，显然是人心所向，人们越来越关注道路安全和环境质量。

2.1.2 技能短缺

专业人员和熟练技术人员的短缺妨碍了社会回报率提升，教育基础的薄弱使马尔代夫难以获得富有成效的结果。依据2005年和2006年进行的研究①，技术短缺是影响私人投资的主要制约因素。在2006年投资环境调查（World Bank，2006b）中，旅游业企业家是马尔代夫经济的主要推动力，他们认为熟练劳动力的短缺是影响投资决策的第三大限制因素（表2.8）。

表2.8 马尔代夫企业面临的五大制约因素（2006年）

企业类型	制约因素排名				
	第一	第二	第三	第四	第五
所有企业	融资渠道	融资成本	土地使用权	技术、教育	腐败
旅游业	融资渠道	融资成本	技术、教育和腐败	法律制度	土地使用权
制造业	融资渠道	土地使用权	融资成本	技术、教育	腐败
电信业	土地使用权	融资成本	融资渠道	技术、教育	规章模糊

资料来源：世界银行（2006b）。

同样，2005年一项有助于确定马尔代夫技能和培训需求的研究中，接受调查的238家公司表示，需要改善正规培训机构，以便向国民提供以就业为导向的技能提升培训、职业培训、技术培训和继续教育（Rober，2005）。该研究共调查了23种不同类型的公司②，发现技能短缺在以下行业最为严重：建筑业、卫生和社会工作、其他商业活动、娱乐和体育活动、酒店和餐馆、旅行社和辅助服务、鞋类制造以及食品和饮料行业。2006年开展的贸易一体化诊断性研究（UNDP，2006）同样指出，与经济需求相关的培训和技术的短缺，遏制了商业和中小型企业的发展，而中小型企业的发展对创造就业岗位至关重要。技术短缺还会阻碍部门内和部门间建立联系，且难以确保最有效地利用稀缺资源。然而，就业技能的缺乏仍然是政府公认的一个制约因素。《2004年脆弱性和贫穷评估报告Ⅱ》及《2006—2010年第七个国家发展计划》指出，越来越多的年轻人失业，因为他们缺乏劳动力市场所需的技能（MPND，2007）。2009/2010年的家庭收支调查估计，2010年青年失业率超过40%（DNP，2012a）。

---

① 资料来源：世界银行（2006b），马尔代夫人权委员会（2006）及世界银行（2011）。
② 企业按国际标准分类（ISIC）。

2009/2010 年家庭收支调查（DNP，2012a）中的就业者教育水平数据表明，只有 2% 的人接受过大学教育，近 40% 的人只获得过初中及以下教育（表 2.9）。

表 2.9 就业人员受教育程度（2010 年）

已完成教育水平	就业人数/人	占总额的百分比/%
无学历	749	0.8
小学以下学历	4,487	4.6
小学学历	19,993	19.3
初中学历	14,135	14.4
高中学历	6,362	6.5
职业培训和职业证书	22,145	22.5
大学及以上学历	2,059	2.1
其他	28,124	28.6
合计	97,072	—

注：（1）有 1321 人未回复"已完成教育水平"。（2）如第 3 章表 3.1 所示，就业人员总数为 98,393 人。
资料来源：基于 DNP 的计算（2012a）。

尽管马尔代夫为民众提供了充足的受教育机会，包括主流的技术、职业教育和培训课程，例如许多学校引入爱德思商业与技术教育委员会的课程（Edexcel BTEC）[①]，但仍然未能培养足够的专业人员和熟练劳工。提供中等教育、高等教育和职业培训的学校数量仍然有限，这种情况在环礁岛尤为突出。因此，教育机构目前无法向当地劳工提供劳动力市场所需的教育、技术和培训。

参考资料

马尔代夫教育系统简介

学前教育

正规学前教育适合 4～5 岁的儿童，学制为 2 年（分为低年级和高年级）。近年来，幼儿园已经扩展到环礁，因为越来越多的传统教育场所（孩子们聚集在私人住宅中学习阅读《古兰经》）转变为现代幼儿园，教师受到过全面或者某方面的训练。

小学教育

小学教育从 6 岁开始。政府办学机构大多使用阿拉伯语和英语教学。过去，

---

① BTEC 是英格兰、威尔士、北爱尔兰颁发给 14 岁及以上学生或成人的职业资格证书。由 ETECEL 基金会在 BTEC 旗下组织和颁发。BTEC 课程是为一系列行业（包括商业、工程、信息和通信技术）专业工作相关资质设计的。

为期5年的小学课程之后是2年的高等小学教育,然后是中学教育。而目前这两个级别已合并为学制7年(1～7年级)的综合计划(基础教育)。完成基础教育的学生可以参加一个颁发二级证书的职业课程(15周完整时间训练,相当于40学分,马尔代夫国家资格框架[MNQF]二级资格),也可参加颁发三级证书的职业课程(15周全日制培训,相当于获得40学分,MNQF三级)。

中学教育

中学教育包括两个级别:初中学制为3年(8～10年级),高中学制为2年(11和12年级)。普通教育证书(GCE O-level)和高级教育证书(A-level)课程分别在初中和高中教授。要获得国际普通中学教育证书,学生可以参加剑桥国际考试或伦敦Edexcel International考试。还有两个国家考试:1986年引入的中学证书考试(伊斯兰研究和民族语言迪维希语),以及1987年推出的高中毕业证书考试。初中毕业生可以参加职业课程,并获得四级证书(30周或1年全日制培训,相当于120学分,即MNQF四级)。

大学教育

新成立的马尔代夫国立大学(原高等教育学院)提供高等教育和大学教育。该大学在外岛设有5个校区和一些外联岗位,以及若干私人培训机构。在高等教育阶段,要完成获得文凭(MNQF五级)的课程,高中毕业生或四级资格证书持有者仅需要1年,而初中毕业生或三级资格证书持有者则需要2年。要获得高级文凭、副学士学位或基础学位(MNQF六级)通常需要2年,但拥有相关领域的MNQF五级资格持有者只需要1年;MNQF六级资格也包括15周全日制培训的专业证书。获得学士学位(MNQF七级)的课程通常要求3年的全日制学习(或350学分)和1年的课程以获得专业文凭。要获得荣誉学士学位(MNQF八级),还需要在学士学位之外再学习一年;MNQF八级提供一年的研究生文凭课程。MNQF九级水平:硕士学位需要2年的全日制学习(240学分),高级专业文凭的学制为1年。MNQF十级水平:博士学位需要2～5年的学习,更高的专业文凭需要120学分。

技术职业教育与培训

作为教育领域中的重要领域,各机构都致力于促进技术职业教育与培训的发展。教育部、教育发展中心和继续教育中心正在进行合作,通过融入正规学校系统,为不同级别或不同年级的学生做好准备,促进技能提高和职业教育的发展。青年部利用技术和职业教育和培训方案,为学习者做好就业准备,然后帮助他们在业余接受教育。马尔代夫理工学院等机构提供职业课程,长短期课程都有。

资料来源:国际教育局(2011年)。

自20世纪80年代后半叶以来,马尔代夫政府一直大力投资教育。公共教育支出占公共支出总额的比例从1986年的7.2%上升到2010年的16.0%(Biswajit et al.,2012)。公共教育支出占国内生产总值的比例从2.3%提高到8.7%,但在

2012年和2013年分别下降到6.8%和6.2%[①]。教育支出集中在中小学，以实现普及初等教育的目标，进一步提高13～15岁年龄段所接受的初级中学的教育质量（图2.9）。政府对基础教育实行的措施十分有效，2014年基础教育净入学率达到98.6%（图2.10）。

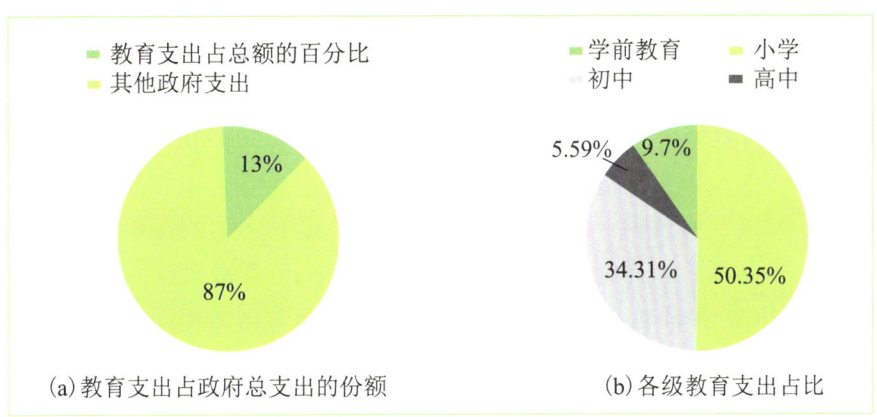

图2.9 教育支出（2008年）

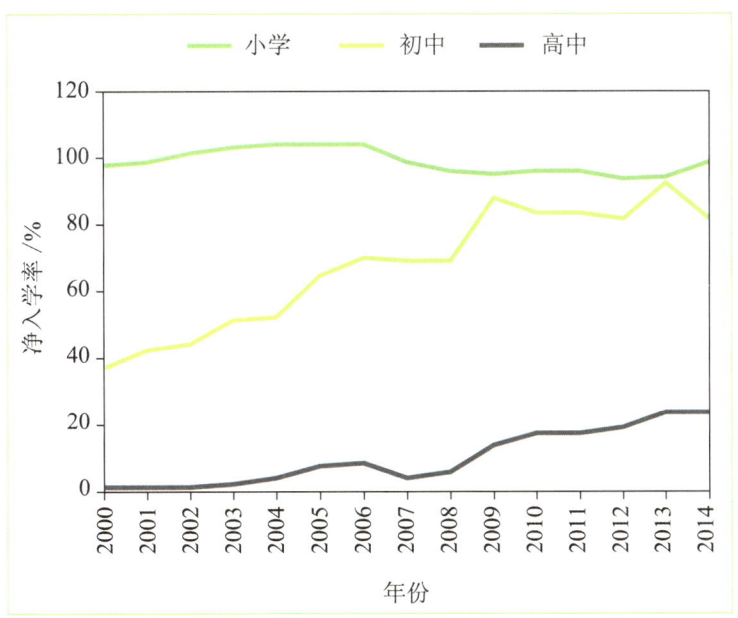

注：净入学率高于100是因为重复使用来自学校统计数据中的估算人口数据。
资料来源：教育部（MOE，2014）。

图2.10 净入学率（2000—2014年）

---

① 根据财政部（Ministry of Finance and Treasury，2014b）计算。

然而，加大基础教育投入，意味着相应地会减少高中教育和高等教育资源。根据现有数据，2008年教育预算的50%用于基础教育支出（MOE，2014）。高中（图2.10）和大学教育净入学率常年偏低。2014年，高中和大学教育入学率仅为23.6%，原因是预算只够少数学校提供教育。例如，马尔代夫249所中学里，只有56所办有高中，其中马累有8所，环礁岛有48所（MOE，2014）。虽然对基础教育的扶持很重要，因为它为建立坚固合格的人力资源基地奠定了基础，但中学、高中、技术和职业教育也同样需要扶持。

中等教育入学率偏低，导致高等教育入学人数较少，如2011年只有15,000~16,000名学生进入高等教育机构。马尔代夫国立大学共有约4,500名学生，但大多数学生入学时只有预科（证书和文凭）水平。另一个公共机构马尔代夫理工学院有700多名学生。其余1万多名学生进入私立高等教育机构学习预科和证书课程（表2.10）。马尔代夫2010/2011学年的高等教育或大学净入学率仅为3%（比孟加拉国、尼泊尔和巴基斯坦等国还低），但人均国内生产总值要高于这些国家（World Bank，2012b）。除了高等教育机构和课程数量供应有限外，能否获得大学学位，是否能负担得起学习费用，都是那些想接受高等教育者要考虑的关键因素，特别是对于外环礁居民而言，这些因素显得更加重要。

表2.10 马尔代夫高等教育学生入学率和毕业率（2011年）

教育机构	机构类型		全日制人数/人	非全日制人数/人	总人数/人
马尔代夫国立大学	公立	大学	4,347	131	4,478
马尔代夫理工学院	公立	理工学院	310	392	702
别墅学院	私立	学院	1,838	0	1,838
治理与发展研究所	私立	机构	224	0	224
马尔代夫音乐和艺术中心	私立	流动式	159	0	159
国际职业发展中心	私立	学院	0	471	471
国际职业发展研究所	私立	学院	0	276	276
MAPS大学	私立	大学	394	0	394
马尔代夫海事学院	公立	学院	52	0	52
重点教育中心	私立	学院	175	437	612
曼杜学院	私立	大学	246	40	286
克里克学院	私立	大学	0	728	728
伊斯兰研究学院	公立	大学	649	1,390	2,039
马累商学院	私立	开放式学习	0	276	276

续上表

教育机构	机构类型		全日制人数/人	非全日制人数/人	总人数/人
阿维德培训中心	私立	学院	143	0	143
港口培训中心	公立	开放式学习	1,017	0	1,017
Cyryx 学院	私立	大学	0	2,060	2,060
总计			9,554	6,201	15,755

资料来源：DNP（2012b）。

除了教育结构不平衡外，还需大幅度提高马尔代夫的教育质量。2008 年全国四年级学生学习成绩评估显示，小学学习水平不够理想（表 2.11）。英语平均分为总分的 32%，数学平均分为总分的 39%，通过率为 50%。中学教育报告的结果同样不佳（表 2.12）。另一个指标——普通和高级考试普通证书的考生人数及其及格率，表明中等教育质量低下。自 2008 年以来，通过考试的普通级别考生数量有所下降；2012 年，只有 59% 的考生通过了 3 门或 3 门以上的科目考试（DNP，2013）。高级证书调查结果也不容乐观。教育部公共考试司 2010 年的数据显示，参加考试的男生只有 35% 通过了考试，而女生也只有 43% 的人通过考试。尽管近年来通过率有所提高，但不及格率仍有 40%～50%，这表明中等教育质量堪忧。

表 2.11 四年级英语和数学学习成果评估（2008 年）

科目	平均分占总分比例/%	标准偏差	中位分占总分比例/%	参加考试学生人数/人
英语	32	18	29	5,503
数学	39	18	38	5,686

资料来源：世界银行（World Bank，2006b）。

表 2.12 中学生英语和数学及格率（2003—2013 年） 单位：%

科目	2003 年	2004 年	2005 年	2008 年	2009 年	2013 年
英语	8.0	8.0	5.0	20.0	26.3	38.8
数学	24.0	27.0	27.0	33.2	39.7	48.6

资料来源：世界银行（World Bank，2006b）。

政府已在努力弥补这些不足。例如建立了学校董事会，开设教师专业必修课程，向全体学生免费提供教科书等学习资料。所有中学都建立了科学实验室，现在学校还配备了计算机,连接了互联网①。但是,这些做法能在多大程度上解决目前的问题仍有待确定,因为师资一直是一个关键的因素。学校教师中,很大比例的人尚未完成学士学位或接受过相关培训②(图2.11)。本国缺乏合格的教师,必然促进了大量外教来马尔代夫就业,这些外教大多在环礁岛上任职。同样,作为马尔代夫唯一的大学,马尔代夫国立大学有146名全职学术人员,但只有3名教授取得博士学位,还有40名教授尚不具备学士学位(UNESCO,2009)。

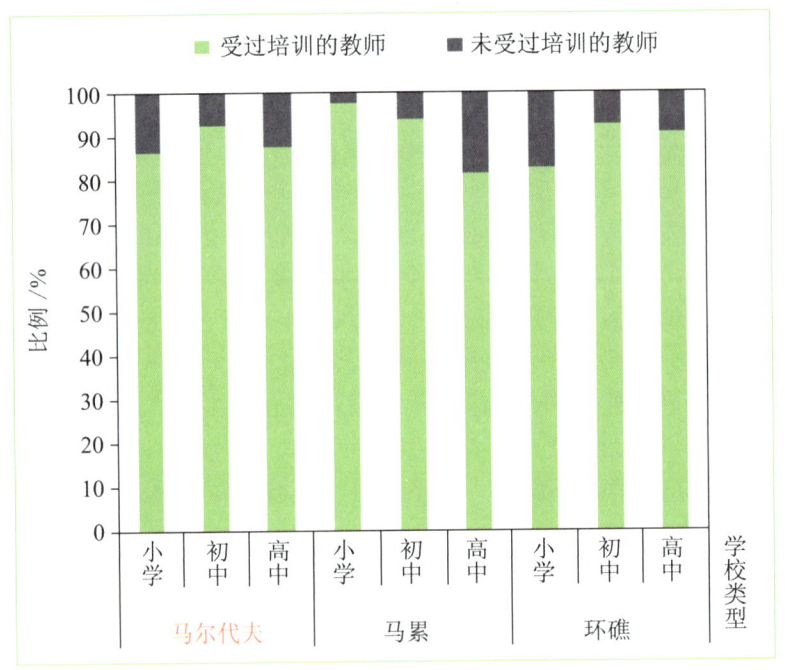

资料来源:教育部(MOE,2014)。

图2.11 2014年教师素质

政府于2006年在学校推出了技术和职业教育计划,为失业青年提供技能培训,以满足劳动力市场的需求。该计划实施六年后,只有561名学生接受了职业技术教育,且没有女性参加文凭课程的学习(表2.13)。最近对该方案的评估表明,入学率低的一部分原因是马尔代夫人不愿意参加培训,他们缺乏对提高技能的兴趣;另一部分原因是参与者认为该方案与他们的需求没有直接关系(Behzad,2011b)。

上述因素导致了该国高素质专业人员和熟练劳动力数量不足。因此,经济活

---

① 教育部的20项初步评估表明,5门学科期末考试(剑桥普通水平)的及格率从2008年的27%上升到2013年的43%,可见这些努力初见成效。此外,大约80%的高中生在2012年和2013年达到了Edexcel三级高水平。

② "接受过相关培训"是指通过培训获得马尔代夫认证委员会高级证书或更高级别的教学资格。

动需要依靠外国劳动力来填补缺口。

表2.13 按培训类型和性别划分的技术教育学生入学情况（2012年）

培训类型	总人数/人	男性/人	女性/人
总计	561	561	0
马尔代夫理工学院			
高级文凭（土木工程、机械工程、工程，2.5年）	0	0	0
文凭（建筑施工，2年）	1	1	0
文凭（建筑、施工管理、电子工程，1.5年）	0	0	0
预证书（发动机维修和保养、电气工程、电气和电子工程、制冷和空调、电力系统操作和维护焊接和金属板、机械加工和机械配件，1.5年）	270	270	0
三级证书课程（焊接和金属板、机械加工和机械装配）	5	5	0
地区青年职业培训中心			
高级证书课程（电气和电子工程、电力系统操作和维护、发动机维修和维护、海水淡化系统操作和维护、木质和玻璃纤维造船，1.5年）	4	4	0
三级证书课程（家具木工和细木工课程，发动机维修和保养，15周）	0	0	0
短期课程（制冷空调机械、电弧焊、焊接、船用机械、电工、信息技术）	37	37	0
流动课程（海岸航行、道路适宜性检查培训计划）	21	21	0
综合人类发展项目课程	25	25	0
胡纳鲁（Hunaru）项目课程	198	198	0

资料来源：DNP（2013）。

2003—2011年期间，外籍人员就业数量以每年12%的速度持续增长（图2.12）。2011年，登记在册的外籍劳工有79,777人，约占就业人数的34%。然而，外籍劳工主要从事专业技术工作，也有从事半技术和非技术型职业（图2.13）。如2006—2011年期间，受雇于建筑和旅游业的外籍劳工有所增加

(图 2.14)。职业类型主要是基础型职业①、工艺和相关贸易职业以及服务类职业（图 2.15）。

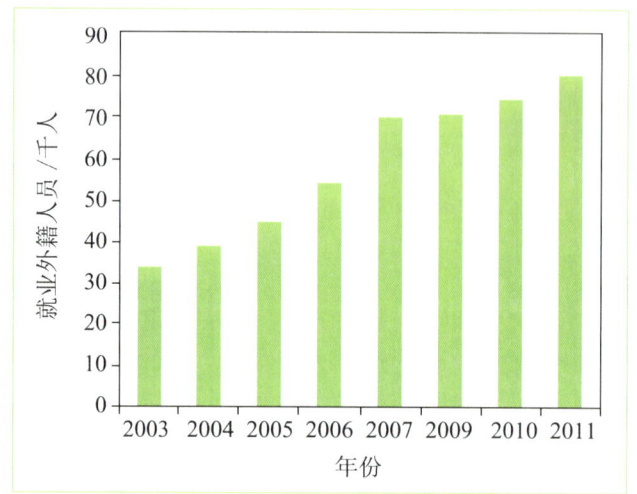

注：缺少 2008 年数据。资料来源：DNP（各年）。

图 2.12　外籍人员就业情况（2003—2011 年）

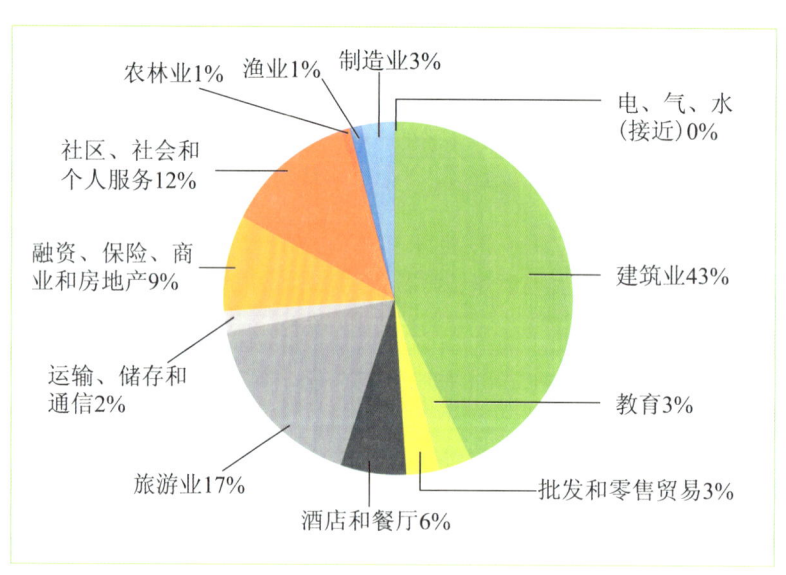

资料来源：DNP（2013）。

图 2.13　按经济活动划分的外籍人员就业类型（2011 年）

---

　　① 国际劳工组织的国际标准职业分类对"基础型职业"定义宽泛，包括在街道上销售商品、清洗窗户、收集垃圾等。

资料来源：当地人口就业总人数，DNP（2012b）；外籍人口总人数，DNP（2007，2011）。

图 2.14　按经济活动划分的当地和外籍人口就业人数（2006 年和 2010 年）

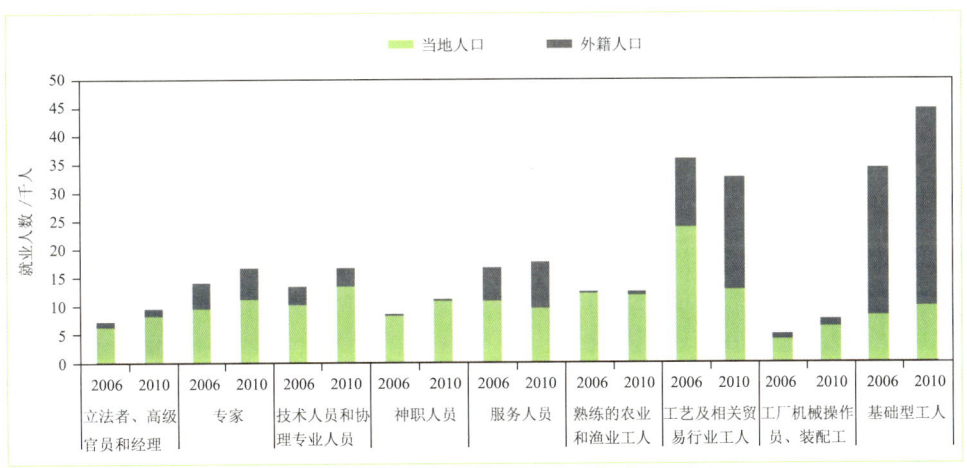

资料来源：当地人口就业总人数来源于 DNP（2012b）；外籍人口就业总人数来源于 DNP（2007，2011）。

图 2.15　按职业划分的当地和外籍人口就业人数（2006 年和 2010 年）

外籍人员从事的工作中，有相当一部分不怎么要求受过高等教育或掌握高水平的技术技能。这表明，由于文化、宗教或其他原因，当地工人不愿意干体力活当蓝领工人，以及外籍劳工能接受其工资和福利低于大多数马尔代夫人。然而，还有超过一半的外籍人员从事的是非体力劳动的技术型职业。从总体上看，依赖外籍工人不一定会限制经济增长，但如果要实现包容性增长，这就是一个严重的问题，因为创造就业是促进经济增长、造福当地居民的一个关键机制。

2.1.3 宏观经济短板

长期的财政赤字以及不断加重的公共债务，使政府在关键公共基础设施上的支出较少，更严重的是，这还导致私营经济无法获得信贷。财政整顿已成为一项政策优先事项，随着财政赤字不断扩大，公共债务总额大幅度增加，威胁到了中期经济前景和总体债务的持续性。自 2004 年海啸以来，相对较高的财政赤字导致公共债务总额迅速增加，公共债务从 2004 年占 GDP 的 55% 增加到 2014 年的 72%（图 2.16）。根据 2014 年国际货币基金组织"第四条款磋商（Article Ⅳ Consultation）"对公共外债的评估，如果马尔代夫继续实施现行财政政策，其公共债务将濒临崩溃，该国将面临外债危机的中级风险（IMF，2015）。该评估强调，由于该国对旅游业和进口严重依赖，国内债务高企，面对冲击时将不堪一击。此外，由于马尔代夫最近被评为中等收入国家，因此预计来自社会捐助和其他国外赠款的优惠贷款将大幅减少。如果在短期内没有强有力的财政整顿措施，公共债务和外债都可能无法继续维持下去。

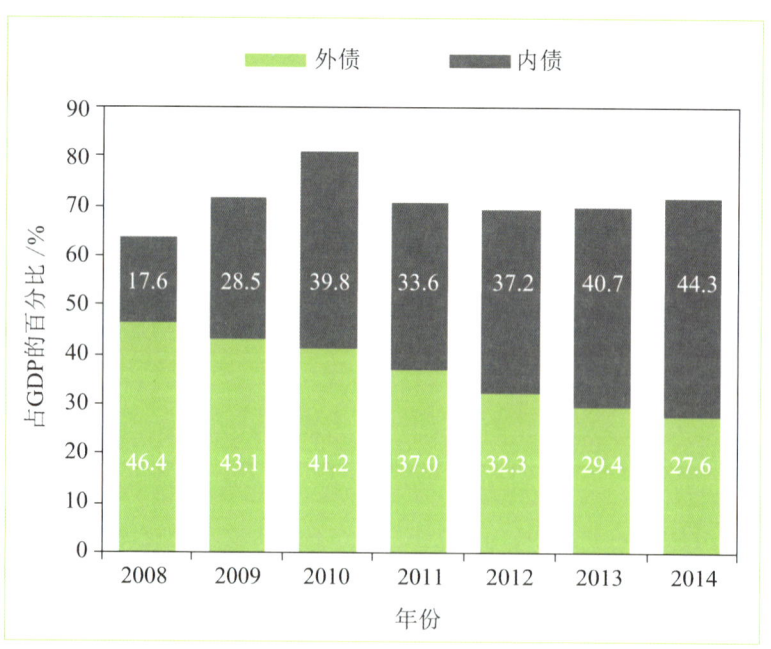

注：外债是指所有未清偿和已支付的公共外债总额；内债是指国内企业对中央政府的债权。
资料来源：马尔代夫货币管理局（2015b）。

图 2.16　外债和内债（2008—2014 年）

自 2005 年起，随着资金流入马尔代夫，海啸过后的马尔代夫的外债不断增加。即使在 2007—2008 年的全球危机之后，外债仍在继续增加。直到 2010 年，当时未偿外债达到9.617亿美元,随着外部资金的减少,政府只好利用国内借贷来填补其不断加重的财政赤字。2008年至2009年上半年,马尔代夫货币管理局(MMA)为预算赤字提供资金。2008—2009年间,政府仅在马尔代夫货币管理局上的债务就占中央政府国内债务的近50%。2009年9月,停止了赤字货币化,此后,政府通过向商业银行出售国库券和债券来获得融资,以填补财政赤字(图2.17)。到2010年,国内债务已升至119.9亿拉菲亚[1],到2013年底达到206.4亿拉菲亚[2](MMA,2015d)。公共债务日益高企,加重了偿债负担,阻碍了公共部门获得资源进行投资。

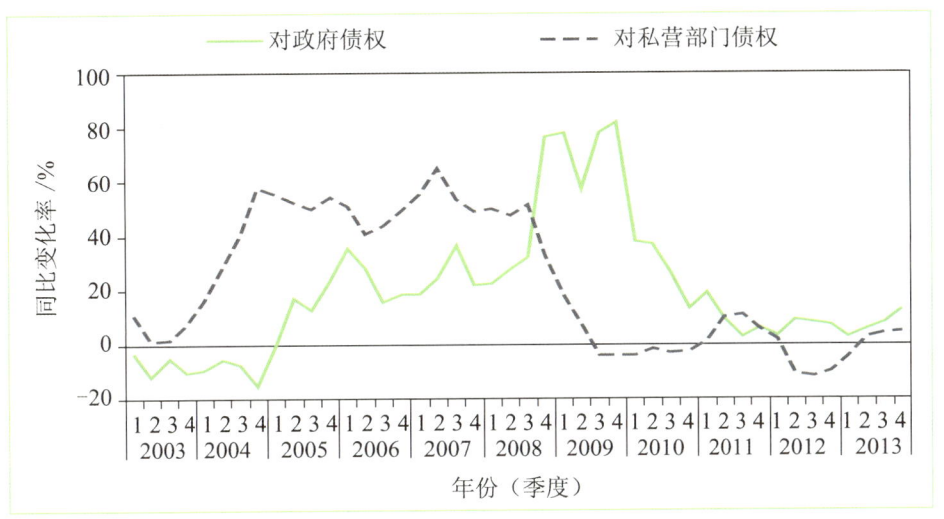

资料来源:马尔代夫货币管理局。

图2.17　存款性公司对中央政府和私营部门的债权增长(2003—2013年)

在政府支出方面,2004年海啸前马尔代夫与其他类似岛屿国家相当。但海啸灾难摧毁了该国约三分之二的资本存量,2005年财政赤字上升至GDP的15%。因此政府不得不重新调整预算以恢复经济,进行重建活动和扩大社会服务供应。政府不得不将补贴从2004年的5,000万拉菲亚(400万美元)增加到2005年的2.28亿拉菲亚(1,700万美元),并强制增加工资、津贴、社会福利捐款;这项决议于2004年12月由议会批准,于2005年正式生效,但这项措施加剧了财政恶化。2006年,由于对收入预算极其乐观,政府推行大规模支出计划,但财政赤字仍然十分严重。

由于财政收入不足,政府削减了计划支出,2007年财政赤字有所改善。尽管如此,经常性支出继续增长,导致2009年财政赤字达到GDP的22%。公务员

---

[1] 2010年汇率:12.8拉菲亚=1美元。
[2] 2013年汇率:15.41拉菲亚=1美元。

的工资和报酬增长是其中的主要原因。2005—2009年期间，公务员薪酬和其他补贴平均增长32%，而资本支出的增长速度则较为适中，只有2008年和2011年略有增长（见图1.7）。

2002—2014年期间，作为政府支出总额的一部分，经济服务领域的资本支出①并未增加。2004年政府资本支出占比为14.9%，2014年甚至下降到11.6%，[尽管从绝对值来看，预算拨款从2004年的5.637亿拉菲亚增加到2014年的20.7亿拉菲亚（Ministry of Finance and Treasury，2014a）]。政府推行了以经常性支出为主的扩张性财政政策，但此举加剧了财政赤字。以该国货币拉菲亚计算，预算赤字增长了20倍，从2004年的2.51亿拉菲亚（196万美元）增长到2009年的52.1亿拉菲亚（4.078亿美元），原因是经常性相关支出大幅增加。从那时起，国家赤字已经减少，到2013年底赤字已下降到只占国内生产总值的4.7%。然而，这是以降低资本支出为代价的，因为尽管经常性支出逐渐增长，但总收入没有同步增长。

2009年下半年，政府取消了马尔代夫货币管理局的赤字货币化职能，这有助于推进财政整顿。然而，由于政府证券购买量大幅增加，财政支出的融资负担转移到了国内银行业。货币市场主要由马尔代夫货币管理局公开市场业务组成，国库券主要由商业银行、其他金融公司和国有企业购买，国内金融压力加大，导致国内流动性紧张。自2009年以来，商业银行、其他金融公司和国有企业持有的未偿国库券一直在增加，2014年达到1,115.4亿拉菲亚（72,377万美元）。

由于2013年政府仍然面临财政赤字问题，无法完全从国外筹措资金，因此没有追索权，只能依靠国内资金来源，以满足当年的融资需求。政府通过国内市场难以筹集资金，这意味着政府不得不再次求助于货币化手段。因此，马尔代夫货币管理局对政府的净信贷从2012年底的47亿拉菲亚增加到2014年底的53亿拉菲亚，即1.978亿美元（MMA，2015a）。

2008年全球信贷危机后，银行购买政府证券阻碍了私营部门向商业银行贷款，私营部门数量开始急剧下降，而持续增加的政府借贷进一步加剧了国内资金流动性紧张的状况。这些银行还将投资转移到国库券上，以满足政府的大量融资需求。其结果是，因为商业银行倾向于投资风险较小的资产，私营部门信贷减少。

收支状况依然疲软，可能危及宏观经济稳定。历史上，马尔代夫出现过经常账户赤字（图2.18）。2008年经常账户赤字高达35.9%，但政府在2009年缩小了这一比例。2010年，经常账户赤字开始再次上升。导致2008年、2010年和

---

① 根据政府的职能分类，经济服务包括六个主要部门：渔业和农业、运输、电信、旅游、贸易和工业、电力。

2011 年经常账户疲软的关键因素有：进口食品和燃料价格上涨；进口的内部需求压力；贸易逆差日益扩大；转移账户逆差不断增加；服务账户盈余减少。2012 年，赤字增加到 GDP 的 8.4%，2013 年约为 5.2%（见表 1.3）。

注：折线图中 2006 年到 2007 年之间的空缺表示该系列数据的一个中断。马尔代夫货币管理局为了提高国际收支统计数据覆盖范围，已对方法和假设进行了修订。因此，涵盖 2007—2014 年的新系列数据无法与 2012 年 9 月之前公布的国际收支数据进行比较。

资料来源：DNP，2001—2006 年数据（不同年份）；马尔代夫货币管理局，《月度统计》（各期）2007—2015 年数据。

图 2.18　经常账户余额（2001—2014 年）

商品进口增长是经常账户赤字的最大原因。近年来，尽管国内出口（新鲜或冷冻金枪鱼）份额增长促进了商品出口，但这些商品出口额大部分被商品进口额的增长所抵消。私营部门和公共部门进口的石油产品、食品和其他物品占进口量的 75%～80%。商品进口价格急剧上升也反映了过去几年里全球燃料价格飙升以及国内石油产品需求增加。而且，随着经济持续回升，人们对这些进口产品仍有需求。

虽然劳务收支主要来源于旅游收入，但这未能抵消商品进口的急剧增长。服务账户余额从 2008 年的 12.12 亿美元增长到 2013 年的 22.12 亿美元，而 2014 年收入账户余额赤字为 3.940 亿美元，其原因是直接投资的再投资收益和其利润汇款的增加。由于外籍劳动力汇款的缘故，当前转账余额继续出现赤字。从 2008 年的 -2.15 亿美元下降到 2014 年的 -3.49 亿美元，尽管政府在 2014 年收到了

2690万美元的官方补助金。在2008—2012年间,财务账户一直不稳定。2013年,由于"其他净投资"的减少,财务账户余额大幅减少,而到2014年,财务账户余额恢复到了5.103亿美元(图2.19)。

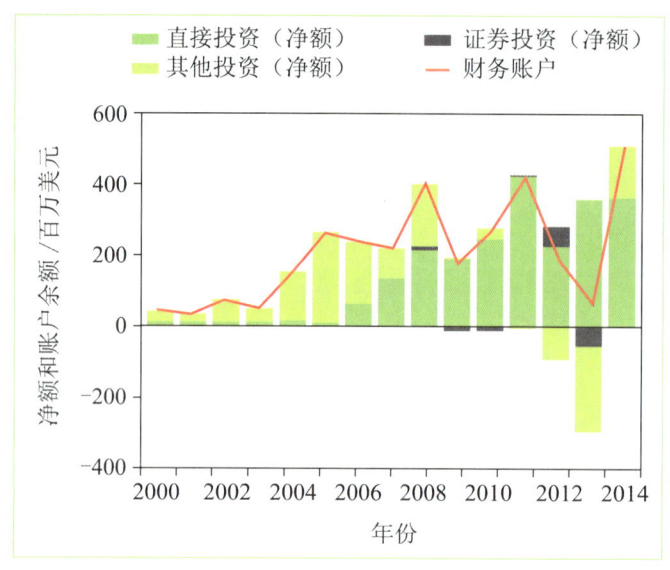

资料来源:2000—2007年数据,马尔代夫货币管理局使用的亚洲开发银行资料数据统计库系统(2015年3月);2008—2014年数据,马尔代夫货币管理局(2015d)数据。

图2.19 财务账户(2000—2014年)

尽管马尔代夫能在2009、2010、2013和2014年(见表1.5)实现经济回升并获得收支盈余,但是否能维持这种盈余,很大程度上还取决于该国能否控制经常账户赤字水平,以及服务账户是否具有强大效能。高额公共支出和持续依赖进口将继续给拉菲亚带来压力。2014年的国际储备总额为6.147亿美元,仅能覆盖大约两个半月的进口额。

2.2 融资成本高,融资渠道有限

马尔代夫的金融成本很高,原因是金融中介薄弱,公共部门向国内金融市场大量借款。尽管在2012年和2013年借贷成本再次上升之前,按名义价值计算,2009年借贷成本有所下降(图2.20),但自20世纪90年代中期以来,借贷成本居高不下。各种报告和投资气候调查(World Bank,2006b;ADB,2005;IBP,2012)都将融资成本高和融资渠道困难列为限制性因素。马尔代夫货币管理局在其年度经济审查中承认,商业银行的贷款利率普遍偏高,"这反映了风险因素,部分原因是市场竞争不足"（MMA，2012a）①。自1996年底以来，贷款利率下降了近4个百分点；然而，2013年贷款利率仍保持两位数，为11.2%。

资料来源：国际货币基金组织，《国际金融统计》（2015年3月查阅）。

图2.20　贷款利率（1996—2013年）

出现高借贷成本的部分原因是财政赤字加重②。即使排除了赤字货币化的可能性，政府借贷的增加也将减少私人项目的资金投入，并造成利率压力，从而增加排挤私人投资的风险。2006年，政府通过货币市场管理局推出国债，以将赤字压力转移到市场融资。2008—2012年，政府主要通过出售国库券（MMA，2012a），由国内借贷提供大量资金来填补财政赤字。2013年，在政府规划下，财政赤字的融资资金主要来自外部，但如前所述，融资困难日益加重，导致政府严重依赖国内资金和马尔代夫货币管理局，后者对政府的债权在2013年大约增加到GDP的18%（ADB，2014a）。

由于国内流动性紧缩和主权风险上升，国内金融压力加剧，导致国库券利率逐步增加。通常以基准利率（即28天国库券利率和反向回购利率）进行的银行间交易利率也在不断提高。表2.14显示了2007年至2014年4月期间分别以拉菲亚和外币计算的贷款利率（与各种不同期限的国库券利率相比）。

---

① 2009年和2010年马尔代夫货币管理局年度经济审查也得出这一结论。
② 信贷急剧下降的主要原因是全球信贷紧缩，长期财政赤字和银行系统资产质量的恶化加剧了这种情况。

表 2.14　贷款和预付款利率ª（2007—2014 年，年终年利率）　　　单位：%

	年份							
	2007	2008	2009	2010	2011	2012	2013	2014ᶜ
公共非金融公司								
最小利率 nc	8.00	8.00	8.00	7.50	7.50	7.50		
最大利率 nc	13.00	13.00	13.00	12.00	12.00	12.00		
加权平均利率 nc	—	—	—	8.75	8.71	8.95	11.02	11.00
最小利率 fc	7.50	5.50	5.50	8.50	7.00	7.00		
最大利率 fc	13.00	13.00	13.00	13.00	13.08	13.00		
加权平均利率 fc	—	—	—	10.01	9.73	9.33	9.24	9.05
私营部门								
最小利率 nc	8.00	8.00	8.00	5.00	5.00	5.00		
最大利率 nc	13.00	13.00	13.00	14.00	14.00	14.00		
加权平均利率 nc	—	—	—	10.45	10.17	10.51	11.43	11.37
最小利率 fc	7.50	5.50	5.50	2.91	2.00	2.86		
最大利率 fc	13.00	13.00	13.00	19.30	18.00	18.00		
加权平均利率 fc	—	—	—	8.28	8.42	8.68	8.58	8.34
短期国库券ᵇ								
28 天（加权平均利率）	6.00	6.00	5.97	4.51	6.97	7.87	10.03	9.12
91 天（加权平均利率）	6.25	6.25	6.13	5.35	6.96	7.90	10.21	9.52
182 天（加权平均利率）	—	—	—	5.50	6.97	7.85	10.00	10.57

注：1. nc = 拉菲亚计价贷款，fc = 外币计价贷款。
　　2. a：贷款和预付款最低和最高利率包括对计划外预付款或透支和逾期分期付款收取的惩罚性利率。
　　　　b：国库券于 2006 年 9 月 11 日发行，取代存款证。自 2009 年 12 月 27 日起，利率代表政府接受的加权平均利率。c：数据为 2014 年 1—5 月的平均值。
资料来源：马尔代夫货币管理局（2014a，2014 d）。

货币紧缩是马尔代夫货币管理局用来稳定价格和吸收额外流动资金的一种手段，但它并没有起到整顿财政的作用，导致该国融资成本高昂。通货膨胀情况一直非常不稳定，主要是由于商品和燃料进口价格上涨，货币总量大幅增加。为了抑制流动资金，考虑到马尔代夫固定汇率制度的局限性，马尔代夫货币管理局一直将货币政策作为其主要工具。2005 年，国内和外币存款的最低存款准备金率

（MRR）为30%，但2006年马尔代夫货币管理局将这一比例降至25%，以鼓励商业银行降低贷款成本，并抑制利率上升的压力。虽然这一政策有助于缓解通货膨胀和遏制信贷增长，但它不但使信贷供应减少，还提高了银行贷款利率。高额最低存款准备金率使金融中介成本增加，银行的有效资金成本也随之上涨。最低存款准备金率和25%的法定储备金以每年10%~11%的平均贷款利率将银行的有效资金成本提高了200~250个基点（Siriwardena et al., 2009a）。2014年2月，最低存款准备金率进一步下降至20%，使银行能够提供更多信贷，有利于满足公共和私营部门的信贷需求。

在金融中介方面，金融部门规模较小且不发达。金融部门受银行支配，由于全球金融危机和国内经济低迷，银行承受了巨大压力（表2.15）。国内资本市场的发展始于2006年的《马尔代夫证券法》，故其发展仅处于起步阶段，并不是私营部门投资的主要融资来源。

表2.15 马尔代夫银行概览（2015年5月）

序号	银行	成立年份
1	印度国家银行	1974年——作为外国银行分行设立
2	巴基斯坦哈比卜银行	1976年——作为外国银行分行设立
3	锡兰银行	1981年——作为外国银行分行设立
4	马尔代夫银行	1982年——以公有制股份有限公司形式成立，为马尔代夫政府所有
5	香港-上海汇丰银行有限公司	2002年——作为外国银行分行设立
6	毛里求斯商业银行马尔代夫私人有限公司	2008年——成立毛里求斯商业银行分行，2010年9月——转为毛里求斯商业银行的子公司
7	马尔代夫伊斯兰银行私人有限公司	2011年——归伊斯兰私营部门发展公司和马尔代夫政府所有

资料来源：马尔代夫货币管理局网站（2015年5月访问）。

金融中介效率低下是金融成本高的另一个原因。存款利率和贷款利率之间的利差是衡量银行效率的一个常见指标，尽管近年来利差略有缩小（从2003—2009年的平均7个百分点到2010年的6个百分点），马尔代夫仍是该次区域内利差最高的国家。从2012年开始，利差再次扩大，这表明金融中介还有进一步改善的空间（图2.21）。

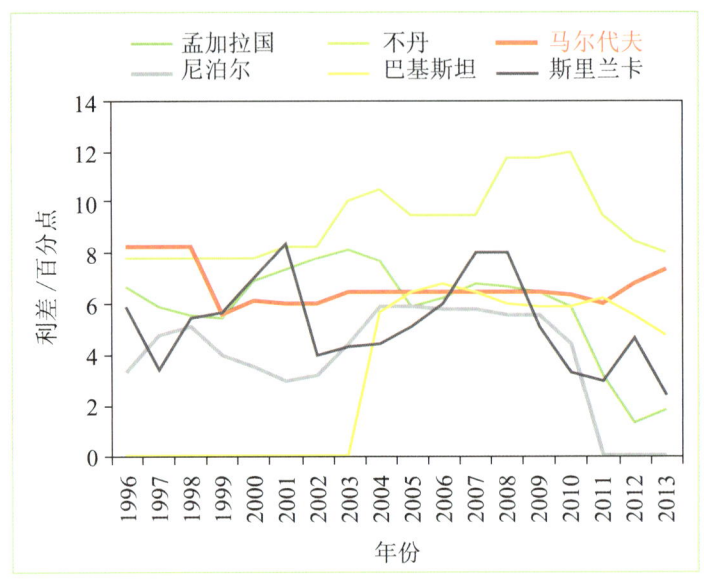

资料来源：世界银行，世界发展指标（2015年5月5日查阅）。

图 2.21 利差情况（1996—2013年）

私营经济的国内信贷高度集中于大型企业和旅游业。按照次区域标准，私营经济的国内信贷占GDP的比例很高，但自2008年以来一直在下降（图2.22）。下降的部分原因是受到了全球金融危机的影响，而且，为满足巨大的融资需求，政府进行了有利于自己的贷款转移，这也是其中的原因之一。

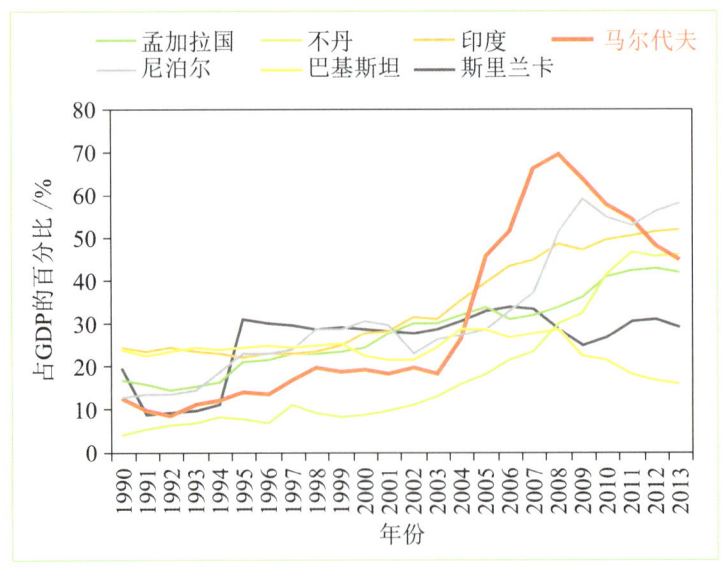

资料来源：世界银行，世界发展指标（2015年5月5日查阅）。

图 2.22 提供给私营部门的国内信贷（1990—2013年）

值得注意的是，2007—2014 年间，超过一半的私人贷款和其他存款公司①的贷款流向旅游业，在此期间旅游业平均占比为 54.6%（图 2.23）。同期占第二大份额的是商业（批发和零售、餐馆和咖啡馆），其次是建筑业（表 2.16）。

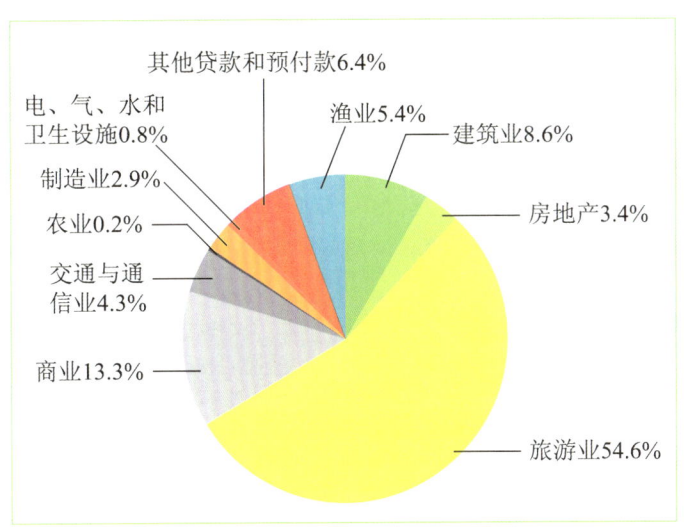

资料来源：马尔代夫货币管理局（2012a，2013，2015c）。

图 2.23 私营部门贷款和预付款占总额的平均份额（2007—2014 年）

表 2.16 按经济类别划分的其他存款公司私营部门贷款和贷款流向（2007—2014 年，年终数据）

	年份							
	2007	2008	2009	2010	2011	2012	2013	2014[a]
贷款数额							单位：百万拉菲亚	
总计	12,486.4	16,121.8	15,403.6	15,094.2	15,970.3	14,403.3	14,533.5	14,928.3
农业	38.0	38.8	31.3	28.7	25.0	15.9	10.3	7.9
渔业	1,182.9	1,088.8	960.5	896.0	772.3	551.9	546.6	399.8
制造业	490.8	581.0	532.0	493.1	492.0	324.1	316.5	199.2
建筑业	1,053.7	1,368.9	1,264.0	1,119.7	1,187.4	1,205.8	1,327.2	1,734.2
住宅/住房	853.6	1,159.4	1,121.0	1,011.3	961.5			
商业建筑	114.5	129.8	84.7	80.0	165.8			
其他	85.7	79.7	58.3	28.4	60.0			

① 其他存款公司子部门包括所有主要从事金融中介，发行国家广义货币定义中所含负债的住宅金融公司（中央银行除外）和准公司。其他存款公司子部门中机构单位包括主要从事金融业务的商业银行、商业银行、储蓄银行、储蓄和贷款协会、建筑协会和抵押银行、信用合作社、农村和农业银行以及旅行者公司（IMF，2000）。

续上表

	年份							
	2007	2008	2009	2010	2011	2012	2013	2014[a]
房地产	153.2	296.0	357.8	691.2	721.1	605.2	713.0	619.5
住宅/住房	99.3	235.8	291.4	218.2	109.3			
商业建筑	53.2	59.8	66.4	335.6	481.3			
其他	0.6	0.4	—	137.4	130.5			
旅游业	6,536.1	9,317.0	9,148.9	8,698.3	9,170.3	8,326.8	7,430.1	6,476
新度假村开发	3,073.8	4,545.4	4,790.9	4,986.8	6,040.2			
度假村改造	1,577.1	1,747.7	1,388.1	898.5	784.2			
游艇旅游建筑	60.9	624.1	733.9	830.3	186.4			
营运资金	1,824.4	2,399.7	2,235.9	1,982.7	2,159.5			
商业	1,299.3	1,837.3	1,587.9	1,774.3	2,131.1	2,144.3	2,551.7	2,515.6
批发和零售	796.6	904.3	701.5	902.2	2,112.7			
餐厅和咖啡馆	502.7	933.0	886.4	872.1	18.4			
交通与通信业	550.6	786.7	814.5	677.7	614.0	480.0	520.0	643.6
交通	464.1	736.9	774.9	644.6	585.6			
通信	86.6	49.9	39.6	33.1	28.4			
电、气、水及卫生设施	573.1	0.3	3.8	7.7	241.0	0.7	11.4	54.0
其他未充分说明的贷款[b]	608.7	807.0	702.9	707.5	616.0	748.4	1,113.3	2,278.7
期末占总额的百分比								单位:%
渔业	9.5	6.8	6.2	5.9	4.8	3.8	3.8	2.7
建筑业	8.4	8.5	8.2	7.4	7.4	8.4	9.1	11.6
房地产	1.2	1.8	2.3	4.6	4.5	4.2	4.9	4.1
旅游业	52.3	57.8	59.4	57.6	57.4	57.8	51.1	43.4

续上表

	年份							
	2007	2008	2009	2010	2011	2012	2013	2014[a]
商业	10.4	11.4	10.3	11.8	13.3	14.9	17.6	16.9
交通与通信业	4.4	4.9	5.3	4.5	3.8	3.3	3.6	4.6
年度百分比变化								单位:%
总计	52.6	29.1	-4.5	-2.0	5.8	-9.8	0.9	2.7
渔业	84.4	-8.0	-11.8	-6.7	-13.8	-28.5	-1.0	-26.9
建筑业	100.4	29.9	-7.7	-11.4	6.0	1.6	9.5	31.3
房地产		93.2	20.9	93.2	4.3	-16.1	17.8	-13.1
旅游业	52.1	42.5	-1.8	-4.9	5.4	-9.2	-10.8	-12.8
商业	-21.5	41.4	-13.6	11.7	20.1	0.6	19.0	-1.4
交通与通信业	49.9	42.9	3.5	-16.8	-9.4	-21.8	8.3	23.8

注：a：截至2015年4月的数字。b：包括对私营部门的贷款总额，不包括应计利息和应收账款，2007年除外，其中包括应计利息和私营部门的应收账款。

资料来源：2000年国际货币基金组织；马尔代夫货币管理局（2012a，2013）；马尔代夫货币管理局（2014c，2015d）。

联合国开发计划署与马尔代夫经济发展和贸易部的一项研究表明，马尔代夫的平均贷款利率为每年10%～11%，中长期借款项目无法进行，除非预期的经济活动可以将高借贷成本转嫁给客户（Siriwardena & Wijiwardena，2009a）。因此，银行向旅游业提供绝大部分贷款，而酒店和度假村可以轻松地将更高成本转嫁给客户。其结果是贷款业务过度集中于旅游业，导致其他行业无法获得能承受的融资[①]，发展受限。

中小微型企业难以获得信贷。在获得信贷的难易程度方面，"2015年营商环境调查"将马尔代夫列为189个经济体中的第116位（World Bank，2014a）。马尔代夫的排名低于该次区域大多数国家，这表明企业在获得信贷方面缺乏支持，特别是中小微型企业（图2.24）。

---

① 联合国开发计划署研究中提供的例证为"渔业和其他可出口产品，因为在这些方面马尔代夫只是价格接受方（非价格制定方），因此必须尽量减少国内成本，才能在市场上有竞争力。"

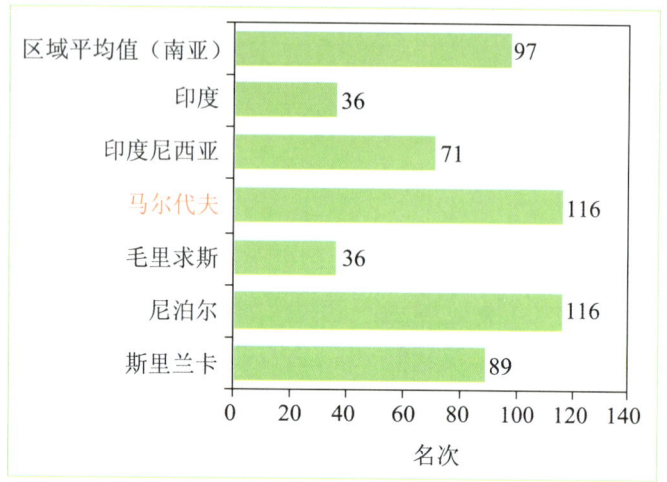

注：排名包括189个国家，名次越靠前表示越容易获得信贷。
资料来源：世界银行（2014a）。

图2.24 马尔代夫和部分南亚国家中"获得信贷便利程度"国家排名

表2.17列出了2010—2015年马尔代夫获得信贷便利程度的具体指标排名。2014年马尔代夫经济在法定权利强度指数上得了4分（总分10分），在信用信息深度指数上得了4分（总分为6分）。公共登记覆盖率为17.5%（成人），而私人部门覆盖范围为0，这意味着在私人信贷登记中，过去5年内，没有任何与个人和公司相关的借贷历史记录。马尔代夫货币管理信用信息局负责收集与公司和个人信用相关的信息，这些信息被放在一个共享的数据库中，仅限于其订阅者查看。因此在过去几年中，马尔代夫的信用信息系统以及抵押和破产法，并没有对当地企业家获取信贷起到促进作用。

如前所述，在2005年世界银行投资环境调查（World bank，2006b）中，受访者将缺乏融资渠道列为首要制约因素。除政府外，即使在相对较高的借贷利率下也能够获得融资的多数是较大的公司，特别是那些从事旅游和旅游相关行业，以及商业和建筑业的公司。尽管信贷资金有限，但银行可以选择向可承受高额借贷成本、拥有良好的信用记录、能提供所需的土地抵押品的实体提供贷款。马尔代夫的贷款准备金抵押额高，商业银行通常将房产作为担保，最高可达贷款金额的150%至200%（Siriwardena & Wijiwardena，2009a）。因此，贷款安全的要求高，就限制了中小微型企业的贷款。这一事实在《战略行动计划》中有所体现，该计划提到，多方面的研究已证明了中小微型企业存在发展障碍，比如获得融资的机会有限，抵押要求高，金融机构缺乏（来源：经济发展部网站）。

表2.17 在马尔代夫获得信贷的便利程度

指数	年份					
	2010	2011	2012	2013	2014	2015
排名	—	—	165	105	109	116
法定权利强度指数（0～10）	4	4	4	4	4	2[a]
信用信息深度指数（0～6）	4	4	4	4	4	5[b]
公共注册覆盖率（占成人百分比）/%	17.7	17.7	17.7	17.7	17.5	17.3
私营部门覆盖率（占成人百分比）/%	0.0	0.0	0.0	0.0	0.0	0.0

注：a：得分范围为（0～12）。b：得分范围为（0～8）。
（1）较低的等级表示更容易获得信贷。排名数据包括2010年至2012年进行经商环境调查的183个经济体、2013年的185个经济体，以及2014年和2015年的189个经济体。（2）法定权利强度指数衡量了在多大程度上，抵押和破产法能够保护借款人和贷款人的权利，从而促进贷款。（3）信用信息深度指数衡量了有关规则和做法，这些规则和做法会影响可通过公共信贷登记处或私人信贷局获取的信贷信息的覆盖范围和可访问性。（4）公共注册覆盖率指标报告了公共信贷登记处所列个人和公司的数量，其中载有关于其过去5年借款历史的信息，这一数字以成人人口的百分比表示（2011年15岁及以上人口数据来自世界银行的《世界发展指标》）。（5）私营部门覆盖率指标报告了私人信贷局列出的个人和公司的数量，其中载有他们过去5年的借款历史。这一数字以成人人口的百分比表示（根据世界银行《世界发展指标》的分类方法，使用2011年15岁及以上人口数据）。
资料来源：世界银行（2014a）。

由于没有特殊的机会或金融产品，中小微型企业的融资需求无法得到满足，因此中小微型企业必须依靠非正规贷方的高成本贷款或自筹资金。在其他国家，小额信贷机构为中小微型企业和其他小规模借款人提供融资，但马尔代夫的小额信贷部门并不发达。小额信贷几乎完全由政府在马尔代夫银行内建立的开发银行业务部提供，捐助界为之提供协助。该国仅有两家小额信贷机构，且没有非政府小额信贷机构，尽管这种机构在该次区域其他地方非常受欢迎（Sinha，2009）。以下参考资料简要介绍了马尔代夫小额信贷部门的发展情况。

 参考资料

马尔代夫小额信贷情况

隶属马尔代夫银行有限公司（BML）的开发银行业务部（DBC）负责马尔代夫主要小额信贷。1980年，为了在环礁中实施由马尔代夫政府和马尔代夫银行有限公司联合发起的发展银行项目，成立了开发银行业务部。开发银行业务部为不发达且远离马累的环礁提供目标信贷。资金主要来自联合国开发计划署（简称"开发计划署"）和国际农业发展基金（简称"农发基金"）。在2006年之前，各政府部门也有权直接与目标客户一起开展信贷计划。但是，2006年的金融法规定，只有银行系统才能实施信贷计划。据该法案规定，开发银行业务部管理马

尔代夫所有国际和双边项目的信贷部分。

年份	项目
1980—1989	启动由开发计划署资助的环礁发展项目，项目包括提供农村信贷和改善生计。
1990	开发银行业务部建立于马尔代夫银行有限公司内部，使生活在偏远环礁的人们也能享受到正规银行服务。开发银行业务部是一个独立的金融实体，拥有财务自主权，可以在农发基金和开发计划署的资助下推行发展项目。
1990—1996	为了给马尔代夫发展银行业务奠定基础，马尔代夫政府、农发基金和开发计划署为环礁信贷和发展银行业务项目提供资金资助，该项目通过提供就业机会，减少马累与外环礁之间的收入差距，并制定框架促进未来营养计划的实施。
1996—2006	环礁信贷和发展银行业务项目的第二阶段由南部环礁发展项目启动，由农发基金、石油输出国组织（OPEC）、开发计划署、联合国儿童基金会、马尔代夫政府和马尔代夫银行有限公司提供资金，其目的是扩大创收和创造就业机会。 小额贷款计划于 2000 年由妇女事务部和社会保障部发起，旨在向妇女提供微型企业贷款和生计贷款。 其他政府部门发起的项目有农业经济发展循环基金（农业、裁缝业、刺绣、诊所运作贷款）；向渔业部门（1998 年）提供渔船和鱼类加工的信贷项目和环礁电气化项目（1999 年），其中包括为较小岛屿实现电气化而发放的贷款。 开发计划署的环礁可持续生计发展项目包括创收活动的信贷部分，该计划通过环礁发展部在五个环礁实施。 海啸恢复生计项目，这是开发计划署和马尔代夫政府实施的一个多方援助项目，它针对弱势群体，特别是妇女。 其他项目由农发基金（农业和渔业）和亚洲开发银行资助，适用于小型和家庭手工业，为遭遇海啸的渔民提供新的生计。 中小型企业发展计划是由亚洲开发银行赞助的，该计划针对环礁、外岛人民，妇女和年轻人中的弱势群体。

资料来源：Sinha（2009）。开发银行业务部的目标金融服务最低贷款额度为15,000拉菲亚（即1,175美元）。相比之下，其他南亚国家的小额信贷平均贷款额为200～300美元。但是，开发银行业务部的贷款总数是马尔代夫人均国民总收入的33%，这是一笔数额相对较小的贷款。根据不同的计划类型，用于提供目标金融服务的小额信贷方法有所不同。最常见的方法是无抵押个人贷款。在马尔代夫银行有限公司的环境可持续生计发展项目、妇女事务所和社会保障部等计划中，借款人可获得贷款，用于建立微型企业。向借款人收取的利率因计划而异。比如，渔业、农业和海洋资源部为促进鱼类加工计划，每年向借款人收取利率为7.0%的费用，妇女事务所和社会保障部每年向女企业家收取利率为6.0%的贷款，而马尔代夫银行有限公司收取7.00%～11.75%的利率，具体取决于借款人的项目。截至2007年，开发银行业务部拥有21,623名借款客户，平均贷款额为1,341美元。

近来，为拓宽中小企业融资渠道，亚洲开发银行的中小微型企业（MSME）开发项目为马尔代夫银行有限公司提供了一项信贷额度贷款，该项目在指定区域为中小微型企业提供信贷援助，并建立了一个中央可移动资产登记处，以方便使用企业融资抵押品。该贷款项目还建立了业务发展服务中心和成本分摊设施，旨在满足中小微型企业的特殊需求，并促进政府支持的相关机构和商会发展。

在其他国家，小额信贷已经获得了有助于其扩张的适度监管，而马尔代夫的小额信贷受到的监管和监督则与普通商业贷款和其他金融服务一样。因此，小额信贷机构面临着同样适用于商业银行的法规和严格要求。2011年，这方面取得了重大发展，即政府颁布了2011年7月生效的信用信息管理条例，并建立了商检局，以强化马尔代夫的信用信息系统，帮助中小型借款人获得融资。有了所需信息，即使没有或缺少抵押品，客户也可与银行进行谈判。然而，到目前为止，信用信息系统的影响尚不清楚[①]。

直到2013年，马尔代夫还没有确立关于小额信贷或开发银行的具体法律或法规。2013年4月，马尔代夫通过了中小企业法案。该法案包括管理中小微型企业的政策和原则，其旨在促进融资、提高商业技能、协调政府政策，并通过中小微型企业提供更多就业机会。一个中小企业理事会已成立，其目的是制定国家综合战略，促进中小微型企业界的发展，落实中小企业法案中的目标。

马尔代夫的岛屿分布和人口居住都比较分散，这对提供金融服务构成了重大挑战。但不乏其他渠道，如银行、自动取款机和其他提供相关服务的金融机构。马尔代夫的地域和人口分布广泛，岛屿之间交通不便，连通性不足，导致该国提供这类融资困难重重。因为人口分散，通过传统的分行网络提供金融服务成本高昂，所以银行不可能在遥远的岛屿开设分行（Sinha，2009）。而通过海运将现金运送到有人居住的岛屿上，银行运营成本又太高（World Bank，2006b）。

尽管面临着这些挑战，近几年来，银行服务还是有所改善，每10万成人中使用自动取款机的人数和每1,000成人中使用商业银行存款的人数有所增加（表

[①] 研究表明，如果没有可接受的抵押品，银行仍然不愿意提供小型贷款（Siriwardena et al.，2009b）。

2.18）。截至 2014 年 7 月，马尔代夫商业银行共有 35 家分行和 66 台自动取款机，而 2004 年仅有 22 家分行和 15 台自动取款机，表明其业务有所增长（MMA，2014e）[①]。城市地区取得的进展较大，城市地区的银行分行约占商业银行分行总数的三分之一（35 家分行中有 10 家）。

表 2.18 银行服务发展状况

年份	自动取款机数量（每 10 万成年人）	商业银行分支机构数量（每 10 万成年人）	商业银行的借款人数（每 1 千成年人）	商业银行的存款人数（每 1 千成年人）
2004	7.96	13.80	79.18	709.43
2005	8.19	13.30	159.16	799.59
2006	7.91	15.32	180.08	874.31
2007	19.62	15.79	193.96	974.55
2008	19.03	16.71	192.42	1,055.83
2009	19.84	16.23	138.77	1,144.58
2010	19.73	15.78	126.14	1,172.79
2011	20.07	15.80	167.06	1,320.67
2012	24.15	15.82	166.29	1,272.39
2013	26.64	16.24	138.23	1,328.16

资料来源：国际货币基金组织，金融访问调查（2015 年 5 月）。

近年来，马尔代夫金融部门正在进行重大改革，主要目的是改善和巩固法律法规，这可能也有助于推广银行服务。有一些具有里程碑意义的改革，其中包括 2010 年颁布的马尔代夫的第一部银行法，随后是 2011 年生效的伊斯兰银行法规。虽然《马尔代夫银行法》的目标尚未完全实现，但《伊斯兰银行法规 2011》的颁布带来了一个直接的积极影响，该国建立了第一家伊斯兰银行，即马尔代夫伊斯兰银行（MIB）。根据《马尔代夫货币管理局 2011 年度报告和财务报表》，该银行自 2011 年 3 月开始运营以来，存款调动方面得到积极反响（MMA，2012a）。截至 2011 年底，银行业的存款总额增长了 18%，而工信部的成立对存款也产生了巨大影响（MMA，2012a）。

自 2011 年第三季度以来，工信部还提供了符合伊斯兰教法的融资产品（来源：《马尔代夫货币管理局 2011 年度报告和财务报表》）。以下参考资料为 2011 年伊斯兰银行业监管允许的银行业务。

---

① 数据来自马尔代夫国家规划部和马尔代夫货币管理局网站，银行登记册，http：//www.mma.gov.mv/banking/bankrister.pdf（2014 年 7 月 24 日访问）。

参考资料

马尔代夫的伊斯兰银行业务

根据马尔代夫2011年《伊斯兰银行法规2011》，伊斯兰银行或从事伊斯兰银行业务的银行可从事以下任何业务：

- 以存款的形式调动资金，例如活期存款、储蓄或以伊斯兰教法中可接受的合同为基础的其他兼容形式；
- 提供符合伊斯兰教法中可接受合同的投资产品；
- 根据租赁合同向客户分配动产或不动产租赁融资，以租赁形式或其他与伊斯兰教法不矛盾的合同形式进行租赁购买；
- 根据伊斯兰教法中可接受的合同发放贷款或债务；
- 根据伊斯兰教法中可接受的合同从事借记卡或信用卡业务；
- 根据伊斯兰教法中可接受的合同，基于当事人利益，为其提供保管服务，例如提供保险箱；
- 根据伊斯兰教法中可接受的合同，基于自身或客户利益，进行转账业务；
- 根据伊斯兰教法中可接受的合同，提供信用证贷款和银行担保；
- 从事马尔代夫货币管理局授权的任何其他伊斯兰银行业务，以利于伊斯兰银行开展业务。

资料来源：《伊斯兰银行法规2011》，马尔代夫货币管理局法律法规网页（2015年3月）。

另一项重大发展是发布了《信用信息管理条例》，2011年7月生效。同时建立了强化国家信用信息系统的商检局，以促进中小规模借款人获得融资。表2.19列出了该部门最近实施的改革。

表2.19 马尔代夫近期金融业改革

项 目	目 的
《马尔代夫银行法》（2010年12月12日生效）	为银行在马尔代夫经营银行业务提供许可证、制定马尔代夫经营银行制度和安全审慎经营银行的政策、保证银行监管、指定保管人和接管人、进行银行清算，以及其他相关目的业务
固定汇率制度转变为管理型浮动汇率，这项决议自2011年4月11日起生效（马尔代夫规定其货币基于拉菲亚对美元汇率12.85的中间价，在上下浮动20%的水平范围内波动）	缓解外汇市场的压力

续上表

项　目	目　的
《信用信息管理条例》（2011 年 7 月 4 日生效）	源于 2010 年第 24 号法律（《马尔代夫银行法》）中的第 37 条和第 65 条。其目的是提供法律框架，以明确由马尔代夫货币管理局建立的信用信息系统权威机构及其成员的权利和责任
《伊斯兰银行法规 2011》（2011 年 3 月 6 日生效）	源于 2010 年（《马尔代夫银行法》）中的第 11 条和第 65 条。伊斯兰银行条例在履行马尔代夫货币管理局的职责时，还负责监管马尔代夫伊斯兰银行业务，并决定其授权
引入外币互换机制（2011 年 7 月生效）	管理银行系统的流动性
禁止洗钱和恐怖主义融资活动（2014 年 10 月生效）	将洗钱和恐怖融资定为刑事犯罪，采取预防措施打击洗钱和恐怖融资活动，建立金融情报机构
调整货币政策框架（2013 年 4 月生效）： （1）通过将隔夜存款利率从 0.25% 提高到 3.00%，缩小利率走廊。 （2）将隔夜贷款设施的税率从 16% 降至 12%，2011 年 5 月引进了最低预期资本回收率，重新界定该指示性政策利率，并作为公开市场操作的指示性利率。 （3）重新定义 2011 年 5 月引入的指示性政策利率，曾用作公开市场操作指示性利率的截止利率。	提高货币政策效率
调整货币政策框架（2014 生效）： （1）通过将隔夜存款利率从 0.25% 提高到 3.00%，缩小利率走廊； （2）将隔夜贷款设施利率从 12% 减少到 10%； （3）将指示性政策利率从 7% 下调至 4%； （4）2 月，将最低存款准备金率从 25% 调至 29%（不再采用之前政策，维持为美元规定最低存款储备的 3%）；并暂时停止公开市场操作； （5）暂停公开市场业务。	• 提高货币政策效率，促进该国银行间市场的发展。提高银行提供信贷能力，降低商业银行的借贷成本； • 通过基于市场的渠道，帮助政府筹集资金，并缓解政府在财政赤字融资方面所面临的持续性困难（财政赤字过去一直依靠大量货币化手段保持平衡）

尽管银行业仍保持健康发展，但贷款组合质量的恶化引发了新的担忧。在 2009 年 5 月前，马尔代夫的银行所需的最低资本充足率为风险加权资产的 8%。但在 2009 年 5 月，风险加权资产总额增加到 12%，最低股权资本比例为 5%（SAARC，2011）。尽管马尔代夫的银行看似健康且资本充足，但银行业的总风险资本充足率和股权资本（杠杆）比例远高于近年来的最低要求（图 2.25）①。

资料来源：南亚区域合作联盟（SAARC，2011）；马尔代夫货币管理局（MMA，2012a，2013）。

图 2.25　资本充足率和杠杆比例（2001—2012 年）

2008—2012 年期间，不良贷款（NPL）不断增加，数额达到约 33.8 亿拉菲亚，即 2.2199 亿美元（图 2.26）。这一增长与 2008 年以来经济放缓的影响直接相关，不良贷款还降低了大型贷款的偿还能力（SAARC，2011）。2008 年，不良贷款占贷款总额的 9%；到 2012 年底，不良贷款水平翻了一番，达到 21%，这主要是由少数大型贷款违约造成的（MMA，2012a）。2013 年初，出现了少数几次幅度较大的经济回升，不良贷款状况得到改善，不良贷款降至 28.1 亿拉菲亚（1.823 亿美元），比上一年减少了 17%（5.807 亿拉菲亚，3,770 万美元）。但不良贷款状况仍然令人担忧，截至 2014 年 12 月，不良贷款水平仍为 16%（MMA，2015）。

---

① 2011 年，银行基于风险的资本比例仍远远高于要求的最低比例，一级风险加权资本比例为 26%，总风险加权资本比例为 31%，杠杆资本比例为 16%，最低要求分别为 6%、12% 和 5%（MMA，2012a）。

注：马尔代夫货币管理局2013年年度经济报告中未引用贷款准备金数据。
资料来源：不良贷款数据来源于马尔代夫货币管理局（不同年份）；准备金数据来源于马尔代夫货币管理局（MMA，2012a，2012b）

图2.26 不良贷款和准备金（2008—2014年）

总之，马尔代夫的融资成本很高。造成高额成本的关键因素包括向国内金融市场借款的公共部门数量巨大，金融中介效率低下，以及（在某种程度上）旨在稳定价格和吸收系统中过剩流动性的货币紧缩政策。然而，即使在相对较高的借款利率下，政府和主要从事旅游和旅游相关产业的大型公司也能获得融资。而对于中小微型企业而言，融资成本和融资渠道是一个关键的制约因素。借贷成本高，银行贷款的抵押要求高，信息不对称，造成信贷信息不畅，银行无法向农村地区提供充足的银行业务，结果导致信贷渠道获取困难。

2.3 中长期关键风险

2.3.1 能源、水电、卫生基础设施

马尔代夫完全依赖进口石油满足能源需求，故其经济容易受到全球石油冲击。该国没有重要的常规能源资源（煤炭、石油或天然气）；虽然可以从太阳能、风能和生物质能中获得可再生资源，但是对这些能源的利用还是非常有限。最近的经济增长导致了能源需求的大幅增长。2011年，全国能源消费总量达到39.6万吨油当量，比2005年增长70%左右。这主要是由电力和运输需求激增所

推动，而进口柴油是其主要能源资源。

该国几乎完全依赖于进口燃料来满足国内能源需求，近年来这种依赖性进一步加剧。2014 年，石油产品在进口总额中所占比例从 1990 年的 16% 升至 29%。同年，马尔代夫花费了 5.72 亿美元进口燃料[①]，约占该国 GDP 的 19%（MMA，2015）。

对进口能源的高度依赖使该国面临世界市场燃料价格波动带来的风险。联合国区域规划中心根据区域能源计划的石油价格脆弱性指数，将马尔代夫列为亚洲和太平洋 24 个国家中最易受油价波动影响的国家（UNDP，2007）。2008 年世界油价创历史新高，导致马尔代夫燃料进口成本大幅上涨（MMA，2009），进而导致该年国际收支出现严重逆差。高昂的燃料价格迫使政府通过电力和燃料补贴保护消费者，却使财政状况变得更糟糕。

马尔代夫的燃料成本相对较高的原因是，受限于仓储设施容量，无法在价格较低时大量进口燃料。此外，获得商业能源的机会因地理位置不同而存在差异，外环礁岛处于严重不利地位。由于岛屿间运输系统的效率较低，外部环礁岛的消费者要支付额外费用。

《2010 年国家能源政策和战略》体现了一个政府目标，即拓宽资源的来源渠道，开发可再生能源，促进节能，保障能源安全。可再生能源对于马尔代夫来说非常重要，因为可以降低对化石燃料的依赖程度。由于该国的目标是 2020 年成为世界上第一个碳中和国家（MEE，2012），所以政府急于寻找替代能源，以提高能源效率，维持经济活动。《2013—2017 年可再生能源项目投资计划（SREP）》强调对太阳能、风能和废物利用的投资。根据该计划，在未来 5 年内，将安装一个 40 兆瓦的太阳能光电系统，以满足全岛 30% 的日间用电高峰需求。扩大可再生能源计划，改造电力行业，大规模开发可再生能源。为提高能效和节约能源，鼓励采用低碳技术对能源进行生产、分配和消费。该计划还希望能减少温室气体的排放，即每年减少排放二氧化碳约 9 万吨，每年节省柴油约 3600 万升。虽然可再生能源具有明显的利用潜力，但要推进"扩大可再生能源计划"需要应对各种挑战。这些挑战包括：缺乏对可再生能源资源的全面评估；需要制定具体的战略和计划来实施可再生能源计划；需要考虑开发可再生能源所涉费用问题和对可再生能源项目的融资要求；对私营企业提供的财政支持仍有限；需要关注可再生能源的间歇性。可再生能源计划能获得多大程度的成功仍将是一个重要的问题。

虽然电力供应不是商业活动的主要限制因素（World Bank，2006b），但政府发放的补贴不断增多，增加了财政负担。马尔代夫虽然是个人口稀少的岛国经济

---

① 进口燃料包括 337,531 吨柴油、93,865 吨喷气燃料、38,008 吨汽油和 10,919 吨液化石油气。

体,但在 2009 年就实现了电气普及,电气化率为南亚最高(图 2.27)。1990 年,只有 6 个岛屿可实现每日 24 小时供电。在国际机构的资助下,马尔代夫在 2010 年将电力供应扩大到 40 个外围岛屿;到 2011 年,所有岛屿都可以每天 24 小时供电。2012 年,该国的发电量共计 245 兆瓦:岛民居住地发电量 120 兆瓦,度假岛屿发电量 105 兆瓦,工业岛屿发电量 20 兆瓦。马累的发电量为 48 兆瓦,约占总发电量的五分之一。

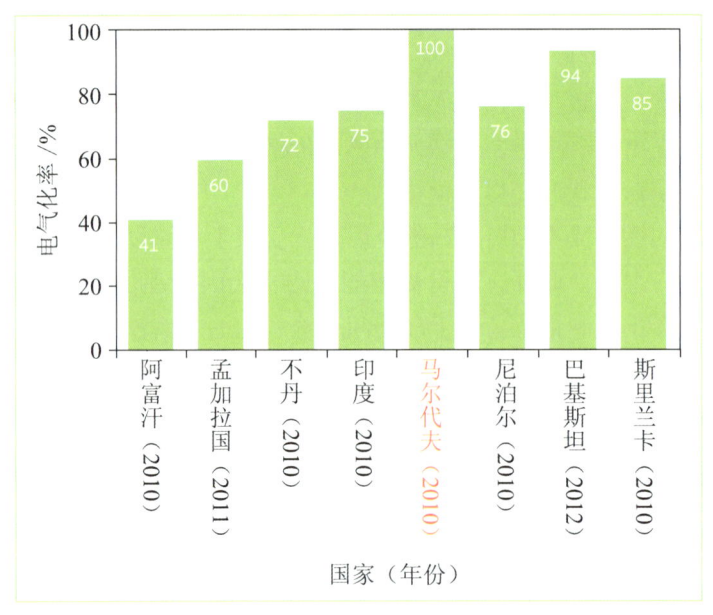

来源:亚洲开发银行(ADB,2014 b);世界银行《世界发展指标》(2015 年 5 月 6 日查阅)。

图 2.27 部分南亚国家的电气化率(占总人口的百分比)

马尔代夫的人均用电量(图 2.28)现在高于除不丹以外的所有南亚国家(图 2.29),这主要是由于旅游业繁荣发展和经济活动更加频繁。

马尔代夫国家电力公司(STELCO)为马累和中北部地区提供服务。国家电力公司供电能力可靠。在国家电力公司业务范围以外的岛屿以前是由岛屿发展委员会管理的社区发电机供电的。但是在大多数岛屿上,电力供应仍然不稳定,因为电力供应是在没有适当规划和技术知识的情况下发展起来的。2009 年,为巩固电力系统,该国建立了 6 家区域公用事业公司。为此,一些由岛屿发展委员会和私营运营商管理的发电机纳入了区域公用事业公司。2012 年 6 月,根据总统颁布的《公司法》第 10 条第 96 号法令,成立 FENAKA 有限公司,为岛上社区提供水电,并处理污水。该公司接管了各区域公用事业的业务,提高了运营效率和透明度。在马尔代夫 194 个有人居住的岛屿中有 149 个岛屿是由该公司提供水电服务的,而国家电力公司则管理和运营 10 个岛屿的电力系统。岛屿委员会为 30

个岛屿供电，私营企业为 2 个岛屿供电（MEE，2012）。大型企业如制冰工厂和度假村都有自己的发电机。

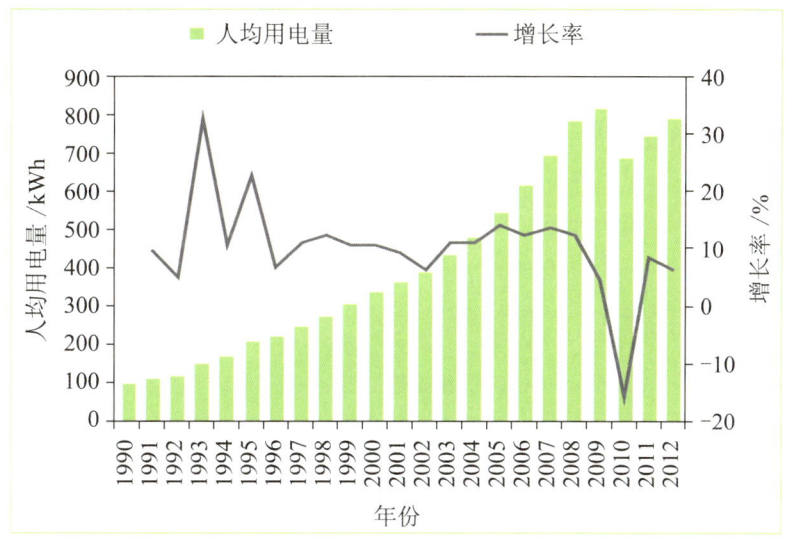

资料来源：根据美国能源情报署《国际能源统计》数据计算（2015 年 5 月 6 日查阅）；世界银行《世界发展指标》（2015 年 5 月 6 日查阅）。

图 2.28　马尔代夫人均用电量（1990—2012 年）

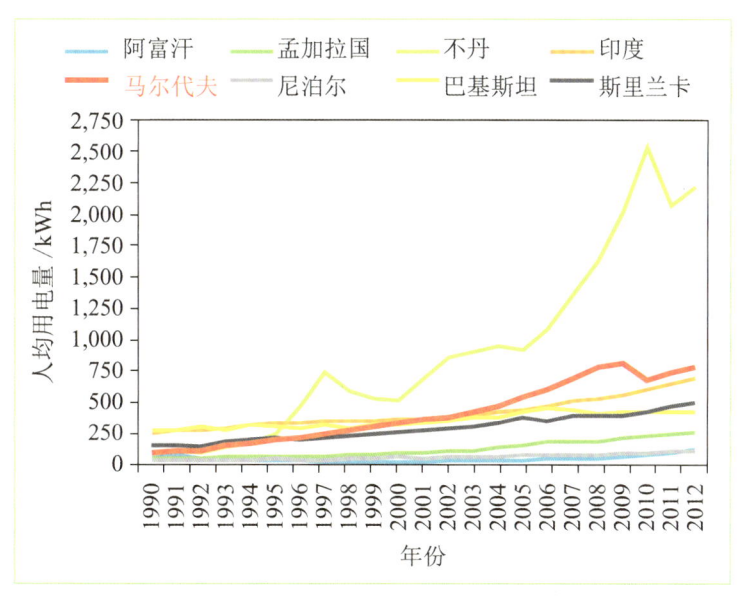

资料来源：亚洲开发银行（ADB，2014b）；世界银行《世界发展指标》（2015 年 5 月 6 日查阅）。

图 2.29　部分南亚国家的人均用电量（1990—2012 年）

因为马尔代夫地广人稀，为这些岛屿建立一个单一的国家电网是极其昂贵的。因此，每个岛屿都有自己的发电站和配电设施，各岛屿的技术规格和容量各不相同，因为它们是以专门的方式开发的。在电力基础设施质量方面，大小岛屿之间存在明显的差异。大岛屿拥有国家电力公司管理的先进而稳定的发电厂，小型岛屿主要依靠发电机。因此，与外围小岛的发电机相比，大岛屿的发电厂具有更高的燃料效率和更低的发电成本，并提供可靠性更高的电力供应（表2.20）。

表2.20 岛屿电力系统情况

岛屿大小	平均人口/人	每年用电量	电力系统质量	燃料效率/（升/千瓦时）	发电成本（美元/千瓦时）
大岛（9个）	5,723	超过3,000兆瓦时	系统经过适当设计和安装	0.35	0.31
中等岛屿（21个）	2,447	1,000～3,000兆瓦时	部分系统已升级，有些系统还在升级中	0.261～0.521	0.34
小岛屿（62个）	1,141	250～1,000兆瓦时	大多数岛屿上的电力系统效率低下	0.271～0.681	0.40
小微岛屿（20多个）	519	小于250兆瓦时	系统极其低效	0.311～0.671	0.46

资料来源：环境和能源部（MEE，2012）。

由于马尔代夫大多数发电厂使用柴油发电，柴油占发电成本的70%～80%[1]，该国目前是南亚地区发电成本最高的国家之一，大岛的发电成本为每千瓦时4.54拉菲亚（0.31美元），小岛的发电成本为每千瓦时7.07拉菲亚（0.46美元）[2]。

电力系统质量和发电成本存在差异，导致不同地区的电量收费标准不同。国家电力公司电量收费标准为：家庭用电每千瓦时2.20～3.85拉菲亚（0.14～0.25美元），非家庭用电（商业、政府和其他）每千瓦时3.30～7.50拉菲亚（0.21～0.49美元）。小外环礁岛电价更高（表2.21）。截至2015年5月6日，呼罗马尔、维利吉利环礁、马累和蒂拉富希岛的燃油附加费为每千瓦时0.90拉菲亚（0.06美元）。这些地方的商业电价在南亚是最高的。

---

[1] 发电几乎全部来自柴油。2012年，马尔代夫为发电消耗了近1.2亿升柴油（约106,200吨）。
[2] 资料来源：可再生能源和能源效率伙伴关系政策数据库（2015年5月查阅）。

表2.21 部分岛屿电价（2015年5月）

用电量梯度	国内基本电价/(Rf/kW·h)	商业、政府和机构的基本电价/(Rf/kW·h)	国内总电价/(Rf/kW·h)	商业、政府和机构的总电价/(Rf/kW·h)
马累、维利吉利、呼罗马尔、蒂拉弗什				
0～100kW·h	2.25	3.30	3.15	4.20
101～300kW·h	2.50	3.35	3.40	4.25
301～500kW·h	2.95	3.65	3.85	4.55
501～600kW·h	3.55	4.00	4.45	4.90
>600kW·h	3.85	4.35	4.75	5.25
库拉迪霍、马法什、希姆马福希、图卢斯杜霍、卡希杜角				
0～100kW·h	2.20	4.50	…	…
101～200kW·h	2.75	5.75	…	…
201～300kW·h	3.50	6.50	…	…
>300kW·h	3.50	7.50	…	…

注：…＝无相关数据，kW·h＝千瓦时，Rf＝拉菲亚。总电价是基本电价加上燃油附加费。能源和环境部没有提供表中所示的库拉迪霍、马法什、希姆马福希、图卢斯杜霍、卡希杜角环礁岛燃油附加费的数据。

资料来源：STELCO网站（2015年5月6日查阅）。

2008年和2010年燃料价格上涨（图2.30），政府不得不增加补贴，以稳定用户电价。政府向国内用户提供补贴的方式有交叉补贴和直接补贴两类。通过交叉补贴，政府向企业和政府机构收取更高的费用，以补偿向国内居民收取的较低费用。直接补贴有两种形式：燃油附加费补贴和用油补贴。政府对用电量在400kW·h以下的国内居民全额支付燃油附加费，对用电量在400kW·h以上的用户按较低的费率给予用油补贴。

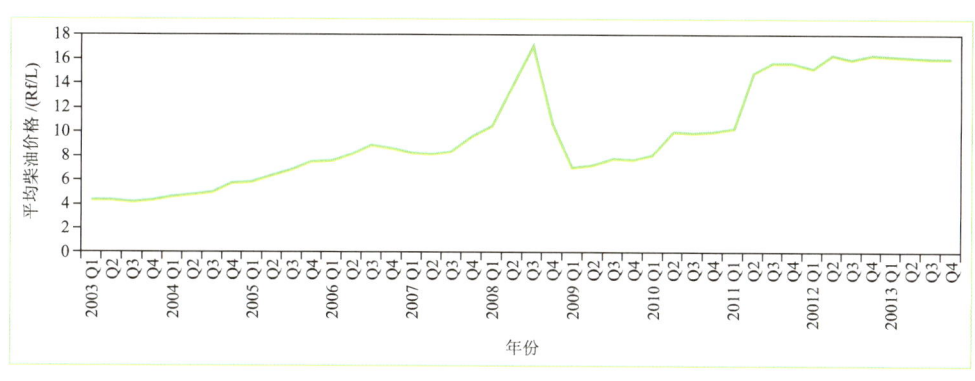

资料来源：国家规划部（2013，2014）。

图2.30 马尔代夫平均柴油价格（2003—2013年）

由于世界市场的燃料价格上涨和拉菲亚的贬值，电力补贴从9,000万拉菲亚增加到4.58亿拉菲亚（700万至3,580万美元），相当于2010—2012年国内生产总值的0.3%～1.4%（图2.31）。国家社会保护局估计，2011年的政府补贴为平均每千瓦时0.76拉菲亚（每千瓦时0.05美元）。虽然提供补贴使许多消费者能够负担得起电费，但考虑到目前的财政状况，从长远来看，补贴不是长久之计。政府需要控制预算赤字，就要对较低收入用户的补贴进行紧密审查。

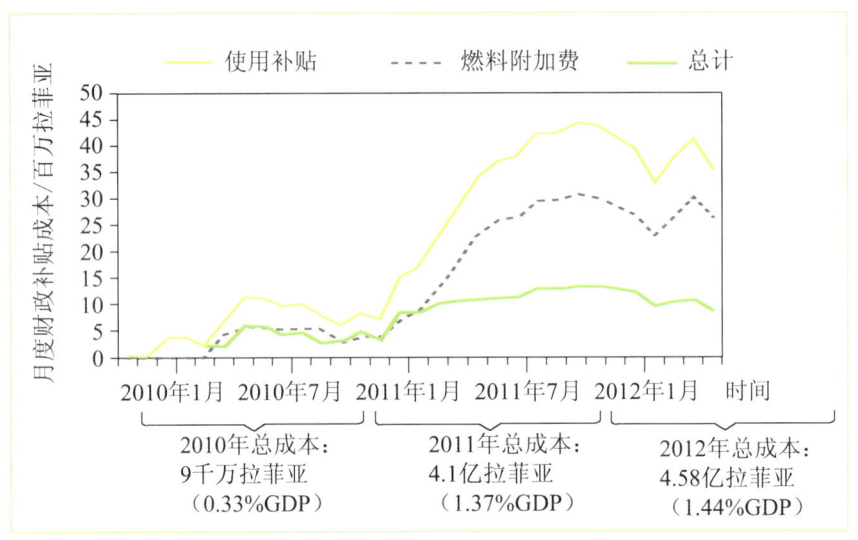

注：2012年预测数据，资料来源为环境和能源部（2013）。

图2.31 马尔代夫月度财政补贴成本（2010—2012年）

随着经济的增长，人们对优质水和良好卫生设施的需求也在增加。马尔代夫没有永久性的河流或溪流，只有池塘和淡水湖。马尔代夫人主要依靠雨水、地下水和淡化水来满足其用水需求。地下水的抽取主要由市政当局完成，主要用于饮用、烹饪、沐浴和其他家庭用途。农业不是主要的经济成分，虽然有部分农业能够自给自足，但因农业靠雨水或人工灌溉，所以没必要建设灌溉型基础设施。

对于雨水和地下水不足的岛屿，需要进行海水淡化。淡化水由自来水公司通过管道输送。只有马累岛和其他五个人口稠密的岛屿拥有与家庭连接的海水淡化管道网络。根据环境与能源部提供的数据，该国只有约39%的人能获得这种经过改良的淡化水源[1]。由于需要化石燃料来运营海水淡化厂，海水淡化的费用相对较高[2]，一个家庭平均每月花在淡水上的费用为40～60美元（FAO，2012）。

---

[1] 环境与能源部把获取淡水的这一渠道称为：家用管道式海水淡化供水系统。

[2] 除了固定的每月收费外，水价会因用途的不同而有所不同，主要看是家庭用水还是商业用水。根据当月消耗的总数，家庭用水每立方米收取22～95拉菲亚。机构用水和商业用水在每月固定费用的基础上，每立方米分别收取75.95拉菲亚和101.26拉菲亚。

大多数岛屿在饮用和食用水方面严重依赖雨水,其他用途则依赖地下水。度假岛屿则拥有自己的海水淡化厂。

2004年的海啸摧毁了地下蓄水层和雨水储存系统。由于海水入侵,卫生系统遭到破坏,地下水系统已经受到污染,大多数岛屿几乎没有饮用水。作为恢复计划的一部分,国际红十字会和红新月会联合会、日本国际协力机构、马来西亚投资和发展署、联合国儿童基金会(儿童基金会)等捐助机构,联合政府向每个家庭免费分发了雨水储罐。此外,还为全国各岛屿建造了52个海水淡化厂。目前,只有16家工厂仍在运营,其余的由于维护资金不足而无法运营。由于目前仍然依靠地下水来提供饮用水、食用水和非饮用水,干旱期更是如此,因此需要投资淡水,以确保淡水的全年安全供应。

根据与卫生相关的指标[1],马尔代夫在改善卫生设施方面优于邻国,但只有马累岛和其他30个岛屿拥有与家庭相连的排污系统。此外,排污设施需要升级换代,并扩展到其他有人居住的岛屿,以防出现困扰人类的严重健康问题。

2.3.2 制度风险

马尔代夫经济状况良好,但应解决制度风险问题,以便引进多样化的私人投资。从世界银行的《营商环境报告》的排名来看,尽管马尔代夫在2013—2015年间的排名有所下降(表2.22),但总体上,马尔代夫排名仍相对高于其他南亚国家。

表2.22 经商难易度排名(2013—2015年)

国家	《营商环境报告》中的经商难易度排名		
	2015年	2014年	2013年
阿富汗	183	164	170
孟加拉国	173	130	132
不丹	125	141	146
印度	142	134	131
马尔代夫	116	95	81
尼泊尔	108	105	103
巴基斯坦	128	110	106
斯里兰卡	99	85	83

注:数字越小表示排名越前。2013年有185个经济体参与排名,2014年和2015年有189个经济体参与排名。

资料来源:世界银行(World Bank,2012a;2013;2014a)。

---

[1] 资料来源:世界银行《世界发展指标》(2015年4月查阅)。

如上所述，马尔代夫的排名下降，很大程度上归因于政府为解决财政赤字而增加税收。虽然部分制度和管理的指标近年来有所下降，但以分区域标准来看，马尔代夫的经济状况仍然相对较好，总体的经商便利度排名表明该国的营商环境还是相对较好。政治不稳定、腐败、政府效率下降和法治不适用显然会引发忧虑，如果出现这些情况，将会严重制约马尔代夫未来的发展。总体而言，政府的管理方式和制度并不是制约目前经济发展的关键因素，但可以对其做出改进。

政府更迭、资源管理不当、腐败等违规行为导致了政策的不确定性，削弱了投资者的信心。

私人投资者往往独具慧眼，他们高度重视政府的治理能力，观察政府能否稳定政局、打击暴力和控制腐败等。与许多其他国家一样，马尔代夫致力于维护政策稳定并有效管理资源。自 2008 年以来，马尔代夫实施了一系列重要的制度改革，其中包括颁布新宪法，清晰地界定行政、立法和司法三者之间的权力；建立独立的机构来监督行政、立法和司法部门以保障人权（Hussain，2008）。2008 年第一次多党选举结束了加尧姆近 30 年的统治。世界银行给出的世界治理指标（图 2.32）表明马尔代夫的政局是稳定的。然而，尽管近年来马尔代夫的表现仍优于其他南亚国家，但由于 2003 年开始动乱，2007 年动乱加剧升级，马尔代夫的政治稳定排名有所下降。2010 年，该国的政治稳定排名为第 42[①]。该排名在 2012 年下降至第 37，但在 2013 年亚明当选新总统后，所有政党都接受了民意调查，其排名上升至第 52。

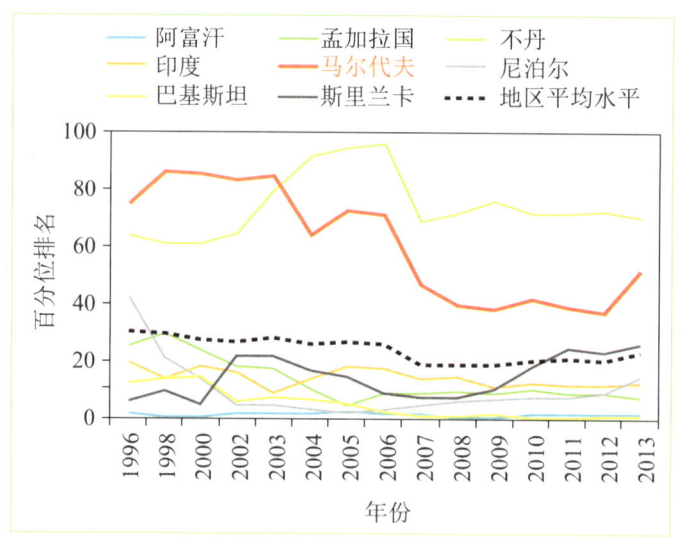

资料来源：世界银行《全球治理指标》（2015 年 5 月 7 日查阅）。

图 2.32 政治稳定和无暴力情况（1996—2013 年，百分位排名）

[①] 该百分位排名显示在全球范围内政治稳定程度低于所选国家的国家比例。越高的值表示越好的治理评级。

诸如腐败等违规行为也会对投资环境产生负面影响。近年来，政府对贪污腐败的管控有所懈怠，各项调查显示其贪污指标有所下降。如表2.23所示，马尔代夫在2011年的贪污印象指数（TI，2011）得分为2.5，低于2007年的3.3[①]。因此，在2007年180个接受调查的经济体中，马尔代夫排第84名。而到了2011年，在183个接受调查的经济体中，其排名下滑至第134名[②]。

表2.23 贪腐印象指数得分（2007—2011年）

国家	贪腐印象指数得分				
	2007年	2008年	2009年	2010年	2011年
阿富汗	1.8	1.5	1.3	1.4	1.5
孟加拉国	2.0	2.1	2.4	2.4	2.7
不丹	5.0	5.2	5.0	5.7	5.7
印度	3.5	3.4	3.4	3.3	3.1
马尔代夫	3.3	2.8	2.5	2.3	2.5
尼泊尔	2.5	2.7	2.3	2.2	2.2
巴基斯坦	2.4	2.4	2.4	2.3	2.5
斯里兰卡	3.2	3.2	3.1	3.2	3.3

资料来源：国际公开组织（不同年份）。

《2013年全球腐败晴雨表》（2013年）报告，在1002名受访者中，有83%的人认为在过去两年该国腐败情况有所加剧或保持不变，有56%的人认为政府打击腐败的行动未起到作用。

1996—2005年，马尔代夫在控制腐败方面在分区域中位居前三。但它的排名在2006—2008年间开始下降。尽管其排名自2009年以来略有上升，但并未恢复到1996年的水平（图2.33）。

2013年全球腐败晴雨表调查显示，马尔代夫最常见的行贿原因有三种：为了加快行政事务流程的速度，为了获得某种服务，为了送礼或答谢。从马尔代夫各机构的腐败程度来看，议会与立法机构、政党和司法机关这三处的贪污腐败情况最严重。

---

① 在0～10的范围内，0表示"最腐败"，10表示"最廉洁"。
② 2012—2014年马尔代夫未参与排名。

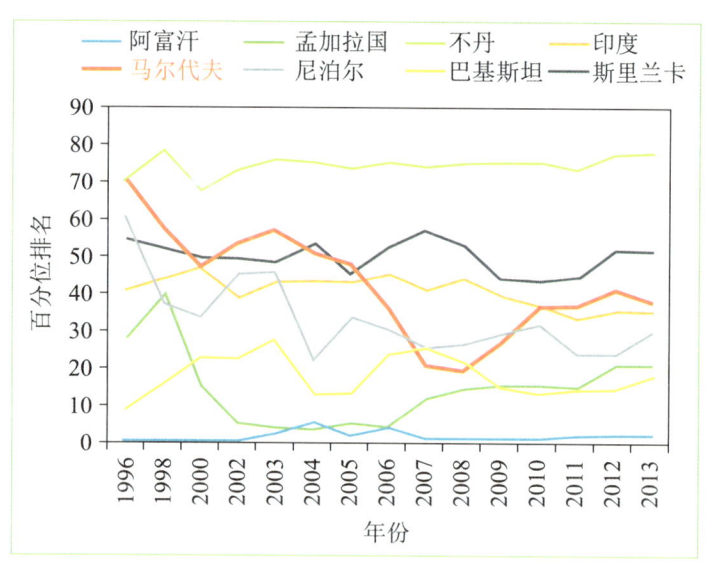

注：该百分位排名显示在全球范围内控制贪腐的情况差于所选国家的国家比例。越高的值表示越好的腐败控制情况。

资料来源：世界银行，《全球治理指标》（2015 年 5 月 7 日查阅）。

图 2.33 贪腐控制情况（1996—2013 年，百分位排名）

政府致力于打击贪污，于 2007 年 3 月加入《联合国反腐败公约》，并于 2008 年 12 月成立独立反腐败委员会，取代了旧的反腐败委员会。审计部也于 2008 年成立，负责审计所有政府部门和国有企业的账目。最近打击腐败的行动是在 2014 年 1 月通过了《信息权法》。它旨在扩大并改进公民的信息权范围，以提高国家机构的透明度和增强政府的责任感。该法案还规定保护那些检举腐败和违法行为的举报人（Rasheed，2014）。

自反腐败委员会成立以来，投诉量迅速稳定地增长，受理的案件数量也有所增加。被报道的案例从 2009 年的 254 例增至 2010 年的 917 例，截至 2011 年 4 月，该年度已有 260 例案例被报道（UNDP，2012）。然而，由于其权力和财政资源有限，反腐败委员会无法充分履行其职责。反腐败委员会可以启动调查，但不能起诉，必须将案件转交总检察院，以便采取进一步行动。在无法正式保证反腐败委员会财政独立的情况下，反腐败委员会获取资源的渠道将受限[1]。此外，2012 年 9 月最高法院颁布一项决议，限制了反腐败委员会暂停某些项目或发布某些禁令的权力，这导致其调查腐败的能力受限。不久后提交给议会的反腐败法案

---

[1] 反腐败委员会的年度预算必须同财政部长协商并达成协议，连同国家预算一起提交议会。虽然反腐败委员会参看整个会议过程，但却限制反腐败委员会开出自己的预算的权力，财政部决定反腐败委员会的预算分配并提交到议会，议会全权决定能否通过预算及是否改变预算分配（Transparency Maldives，2014）。

修订版上，补充了加强反腐败委员会预防腐败权力的条款。然而，目前反腐败委员会发布的禁令并不具有约束力，仅被视为建议（Transparency Maldives，2014）。

根据世界银行的全球治理指标，政府效能包括提高公共服务的质量、官僚作风、公务员的能力、行政部门不受政治压力的独立性以及政府对政策承诺的可信度。马尔代夫的政府效能排名一直在下降（图2.34）。最近的排名下降与《权力下放法案》实施同时发生，这可能反映出一种过渡状态，即普通民众和各级政府官员都在适应已经发生的职能变化（ADB，ILO & ISDB，2010）。

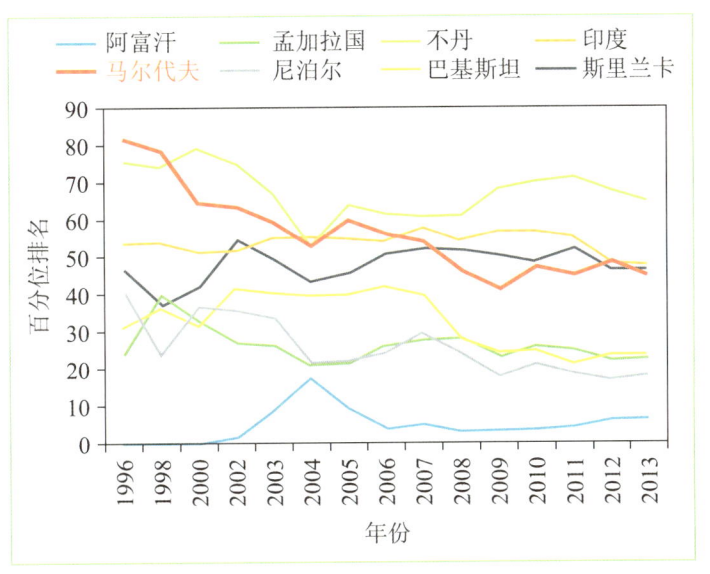

注：百分位排名表示在全球范围内政府效能低于所选国家的国家比例。越高的值表示越好的治理评级。
资料来源：世界银行，《全球治理指标》（2015年5月7日查阅）。

图2.34 政府效能（1996—2013年，百分位排名）

马尔代夫公务员委员会于2007年10月成立，旨在确保对公务员的管理更加独立。在此之前，总统办公室负责管理公务员。马尔代夫公务员委员会体现了两项非常重要的新原则：①撤销总统办公室对公务员的管理权，并将公务员管理权归入一个独立的机构；②首次区分政治任命官和公务员。《2011—2015年公务员战略计划》的制定是为了规划与公务员全面现代化发展有关的方案和活动（公务员制度委员会《马尔代夫公务员制定战略计划，2011—2015年》）。

法治和监管质量的下降可能会破坏良好投资环境带来的收益。有关该国投资环境的信息可从国际世界治理指标数据库和特定国家的企业调查中获得。该数据库将法治定义为代理人对社会规则的信任和遵守程度，特别是对合同执行情况、财产权、警察和法院的满意度，其中涉及可能出现的犯罪和暴力现象（世界银行，2010）。这通常是决定一个经济体投资环境的重要方面。马尔代夫的法治情况百分位排名自2005年以来一直在下降，除了2012年有所改善（图2.35）。

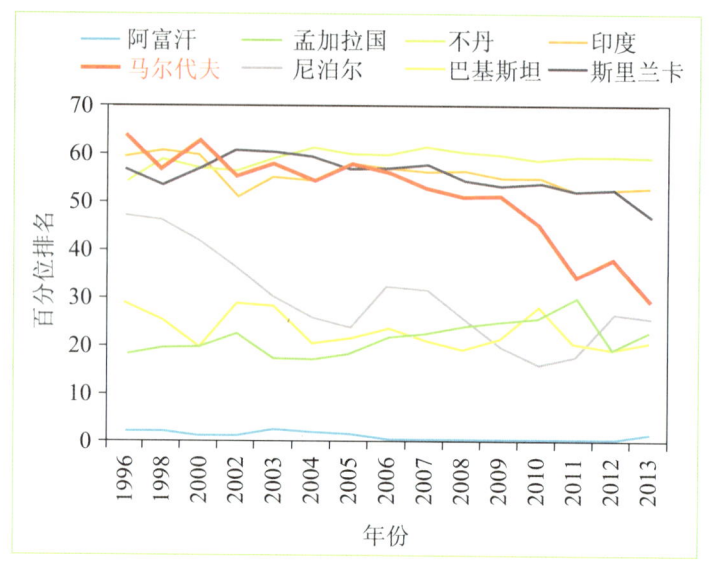

注：百分位排名表示在全球范围内法治情况低于所选国家的国家比例，数值越大表示治理评级越高。
资料来源：世界银行，《全球治理指标》（2015年5月7日查阅）。

图2.35　法治情况百分位排名（1996—2013年）

一个打击投资者信心的案例是GMR集团取消了2010年为推进马累易卜拉欣·纳西尔国际机场（INIA）现代化和运营而签订的25年特许权协议。在政府换届后，新政府于2012年终止了合同。

2006年投资气候调查显示，投资者对马尔代夫司法系统和法治的信心比印度（71%）和斯里兰卡（69%）低，仅为38%（各部门之间存在差异）（World Bank，2006b）。约41%的制造业和旅游业企业家相信司法系统会在商业纠纷中强制执行合同权利，但在运输业和物流业企业家中，这一比例约为27%。同样的调查还显示，由于马尔代夫没有破产法，企业基本无法退出壁垒。在展开调查时发现，在马尔代夫关闭一家企业平均需要6.7年，而在次区域平均需要4.2年。执行一份合同需要434天，而次区域平均需要385天，但按债务的百分比计算，费用低于次区域平均水平36.7%（World Bank，2006）[1]。最新数据显示，破产问题有所改善[2]，因为现在办完手续只需要一年半（回收率约为50.4%）；而合同的执行情况似乎每况愈下，需要665天执行41个程序（World Bank，2013）。

政府认识到有必要加强法治，增强公众对法院和司法系统的信心。因此，法治和司法是《2009—2013年国家战略行动计划》政策主题下的重点领域之一。

---

[1]　尽管如此，银行仍抱怨在有法院命令的情况下，收回坏账的过程耗时长且成本高昂，导致过去的不良贷款额相对较高。

[2]　营商调查中的"解决破产"指标是以前的"关闭业务"指标。

政府还致力于通过不干涉政策确保司法机关完全独立，并优先建立恢复性司法，以及改善获得司法公正的整体途径。作为这一进程的一部分，第一所最高法院于2008年9月18日成立，并于2010年颁布了新的司法，规定最高法院和其他法院的权力和管辖权。近年来设立的其他旨在改善法治的机构包括检察长办公室、警察廉政委员会和就业法庭。然而尽管采取了这些举措，马尔代夫的法治排名在世界治理指标上仍然没有显著的改善。

世界治理指标所说的"监管质量"指的是政府为许可和促进私营企业发展而制定和实施健全政策和法规的能力（World Bank，2010）。自20世纪90年代中期以来，马尔代夫在监管质量方面的排名明显下降，但仍高于其他几个南亚经济体（图2.36）。此外，在1996—2003年和2005—2007年期间，马尔代夫的监管质量在南亚国家中的排名最高。

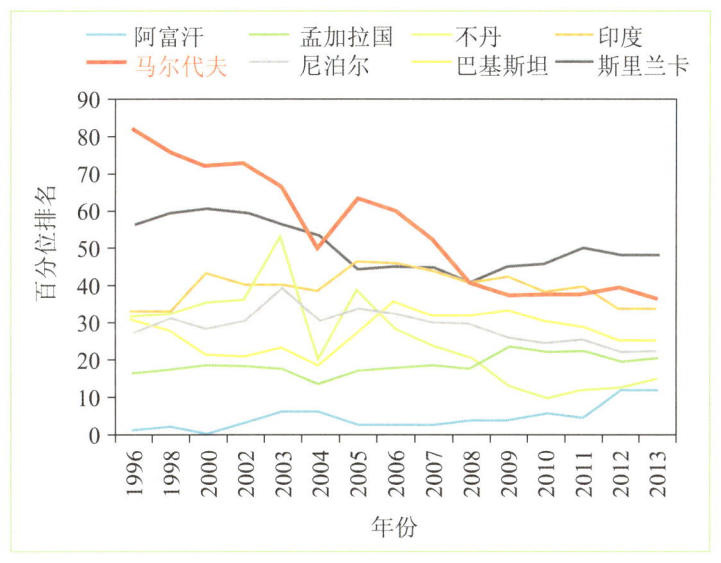

注：百分位排名表示在全球范围内监管质量低于所选国家的国家比例。数值越大表示监管质量排名越高。
资料来源：世界银行，《全球治理指标》（2015年5月7日查阅）。

图2.36　监管质量百分位排名（1996—2013年）

2.3.3　出口产品多样化程度低

马尔代夫的出口产品不够多样化，但这并非制约经济增长的关键因素。

马尔代夫制造业规模小，技术含量低，结构转型空间狭窄。今后，除了旅游业和渔业外，还需要开拓新的出口业务，以使外汇来源多样化，为粮食、石油和资本货物的进口需求提供资金。但是，由于制造业规模小，技术水平低，结构转型空间较为狭窄。在制造业中，鱼类养殖和加工带来的收益约占总附加值的

65%。1995—2004 年期间,马尔代夫的制衣业欣欣向荣,但 2005 年世界贸易组织纺织品和服装协定的配额制度终止后,制衣业几近消失。在没有配额保护的情况下,由于工资成本高、依赖外籍劳动力、当地原材料缺乏而导致运输成本高昂,当地制造业缺乏竞争力。外国服装企业已从马尔代夫撤资并将产业移至其他国家。配额制度终止,导致出口服装生产中断,这标志着马尔代夫培养国内制造能力的计划以失败告终。在制造业中,一些小公司正在生产简单的机械零件、金属和有色金属以及基础化学品。

图 2.37 显示了 1980 年以来的出口产品构成。2010 年和 2011 年"其他产品"所占份额很大,主要是由于燃料产品的再出口。

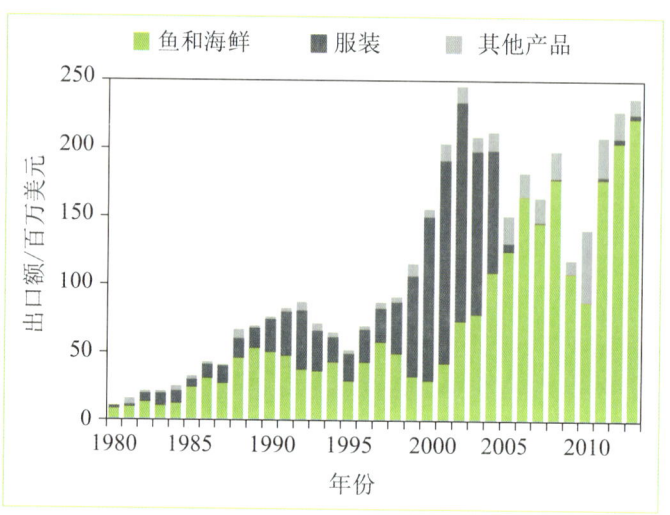

注:(1)"其他产品"是指飞机零部件、化工产品、卫生相关产品、建筑材料和设备、电子机械、宝石、加工矿产品等。(2)分类基于豪斯曼、海德尔格等使用的产品集(Hausmann et al., 2011)。
资料来源:根据联合国统计司、联合国贸易部数据(2015 年 4 月查阅)计算。

图 2.37 出口产品构成(1980—2013 年)

目前,出口业务高度集中在数量非常有限的产品上,按赫芬达尔-赫施曼指数[①]衡量,马尔代夫的出口产品比次区域其他地方更为集中。马尔代夫的出口产品集中度指数比其他南亚国家(不丹除外)的指数平均值高出一倍多。因此,

---

① 赫芬达尔-赫希曼指数,计算如下:

$$H_{ij} = 100 \times \left[\frac{\sum_i \left(\frac{X_{ij}}{X_j}\right)^2 - \sqrt{\frac{1}{n}}}{1 - \sqrt{\frac{1}{n}}} \right]$$

其中,X_{ij} 是 j 国的产品 i 出口,X_j 是 j 国的总出口额;n 是产品总数。指数在 0 和 1 之间越高,国家对出口收入的依赖就越少。

马尔代夫的出口很容易受到外部冲击（图2.38）。

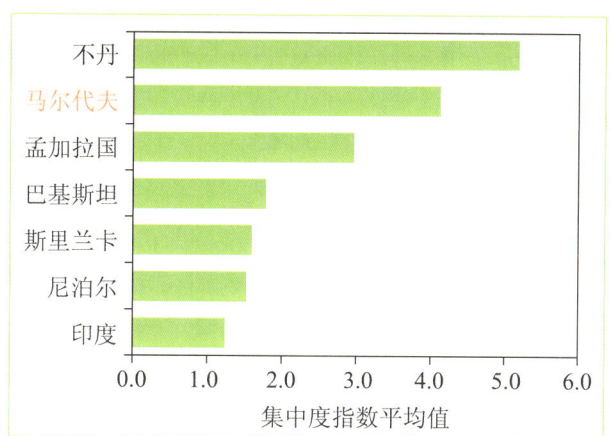

资料来源：根据联合国统计司、联合国贸易部数据（2015年4月查阅）计算。

图2.38 南亚国家出口集中度指数（2010—2013年）

近年来，尽管马尔代夫的出口商品比邻国更成熟，但其多样化程度仍然很低。马尔代夫的出口商品可以说是相对复杂，但不够多样化。缺乏多样性，就意味着几乎没有机会将生产能力扩展到新的产品类别。发展新的能力将需要新的私人投资和支持性的政策环境。从有关结构转型的近期文献中可以看出，从长远来看，一个国家的收入取决于其成功生产和出口的产品的性质（成熟度）和品种（多样化）（Hausmann et al.，2007）。就出口产品复杂度[①]衡量指标而言，1990年代初，马尔代夫出口商品的技术复杂度在该次区域排名第三，仅次于不丹和印度（图2.39）。这在很大程度上是由于在当时的出口商品中，新鲜金枪鱼、加工金枪鱼及一些设备零件所占比例很高，这些产品都涉及中等的技术含量水平。

20世纪90年代末蓬勃发展的服装行业属于低端水平，这使得1995—1999年和2000—2004年的产品技术复杂度指标有所下降。2010年和2011年的指标有所提升，因为渔业产品相对份额增加，以及燃料再出口。但总的来说，马尔代夫出口的商品主要是各类低端产品[②]。

---

① 使用Hausmann、Hwang和Rodrik（2007）提出的expy概念来衡量一个国家出口商品的复杂程度。expy是一个国家出口产品的复杂程度的加权平均值，权重是该国出口产品的份额，复杂程度由prody衡量。prody是按产品在世界市场上的不同国家出口商的人均收入加权平均数计算的，其权重由每个出口商在该产品中显示的比较优势决定。Weiss（2010）解释了这一点，并提出了衡量贸易复杂性的另一种方法。

② 渔业产品的成熟度得分相对较高，反映了高收入国家渔业产业相当发达。但是值得怀疑的是这在多大的程度上可以被理解为真正的技术成熟。

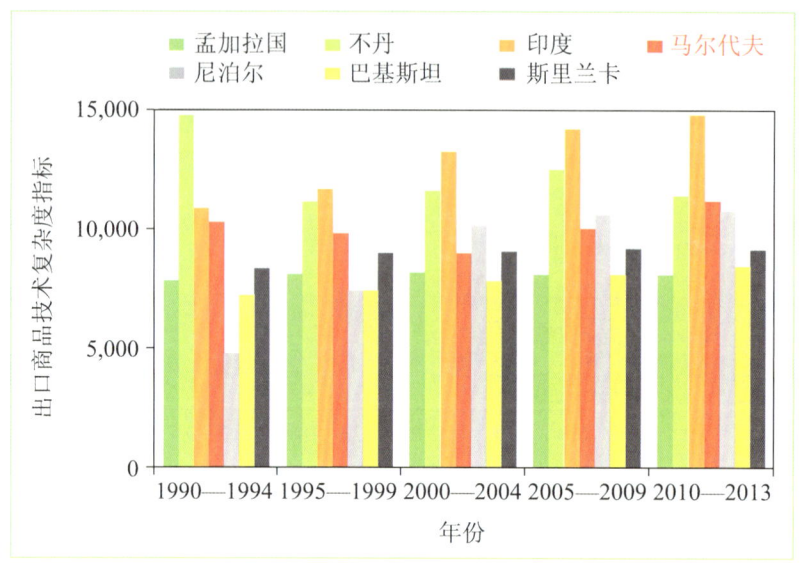

资料来源：根据联合国统计司、联合国贸易部数据（2015年4月查阅）计算。

图2.39 出口商品技术复杂度（1990—2013年）

虽然该国出口商品技术复杂度指标接近次区域的平均水平，但如果用有显著优势的出口产品数量作为一个经济体多样化的衡量标准，马尔代夫的出口业务似乎高度集中[1]。在过去30年里，真正具有1.0以上竞争优势的出口产品数量有所下降（1980年为31种商品，2013年仅为21种商品）。大部分出口产品为水产品和简单机械零件。与该次区域其他国家相比，这一数字偏低（图2.40）。

为任何经济体开发新的或非传统的出口产品时，都有一组"邻近"产品，多半是目前尚未生产或出口，但从当前的出口能力看几乎触手可及的产品。原则上，经济体很容易进入出口这些产品的新领域。对于自然资源有限且岛屿分布零散偏远的马尔代夫来说，这组产品可能是：

- 食物垃圾和调制型的动物饲料；
- 鱼类及海洋哺乳动物的脂肪和油；
- 飞机内燃机的零件（现有生产能力适合生产直升机和船只的零件）[2]。

然而，这份清单并非详尽无遗，私人投资者应该确定有哪些新领域存在成功开发的潜力。

---

[1] 通过单个产品在国内出口中所占的份额与该产品在世界贸易中的份额的比例，可以看出该产品真正的比较优势。如果这个比例大于1，那么这个国家的产品就具备专业性。

[2] 均由 Hausmann 和 Klinger（2006）的"产品空间"理论分析确定。

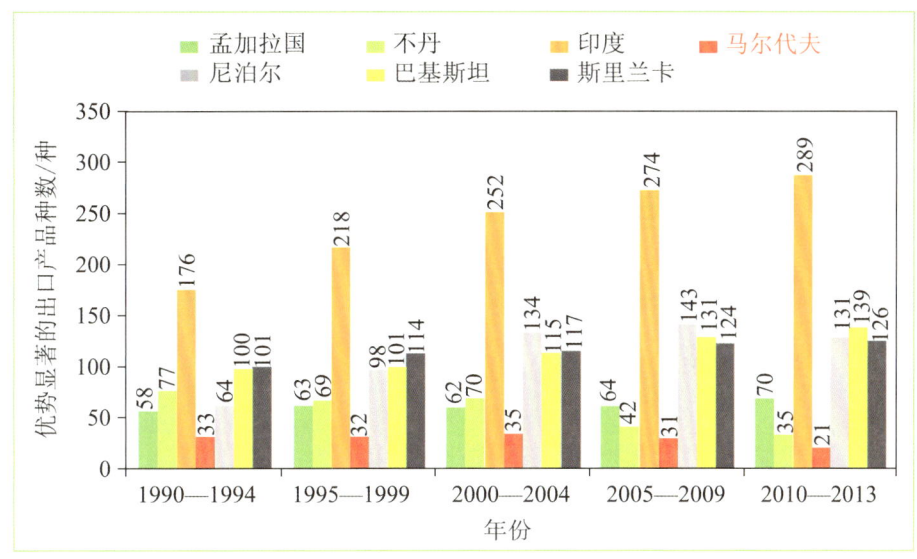

资料来源：根据联合国统计司、联合国贸易部数据（2015年4月查阅）计算。

图 2.40　1990—2013 年出口产品多样化一览

2.4　结论

如果马尔代夫的旅游业持续繁荣，经济就有望持续高速增长，但为确保经济增长的可持续性，经济需要实现多样化，并鼓励私人投资其他行业。使用增长诊断机制，可以确定如下四个可能制约增长的关键因素：

- 运输网络不足以增强各环礁之间的连通性；
- 人力资本缺乏和技能基础薄弱；
- 长期财政赤字和债务负担增加；
- 融资成本高，融资渠道有限，尤其是对中小投资者而言。

此外，一些风险可能成为未来的制约因素，特别是体制和治理问题以及与基础设施有关的问题，例如电力成本和充足供水能力。表 2.24 总结了马尔代夫经济增长的主要制约因素。

表 2.24　经济增长的制约因素诊断总结

因素类别	具体因素	限制增长的原因	是否关键	是否影响包容性？
社会投资回报	海上运输网	• 海上运输服务不频繁，港口设施不足	关键（尤其对环礁而言）	√

续上表

因素类别	具体因素	限制增长的原因	是否关键	是否影响包容性？
社会投资回报	海上运输网	● 海运成本高，周转时间长	关键（特别是对环礁而言）	√
	人力资本	● 缺乏专业人员和高技能人才资源 ● 中等和高等教育质量差 ● 高等、中等教育入学率和毕业生水平低	关键	√
	能量	● 高度依赖进口能源	可能在中长期内变得关键	
	电	● 电力成本高，因此需要政府补贴	在中期至长期可能变得至关重要	
	水与卫生	● 水源有限 ● 水价昂贵 ● 陈旧低效的供水和排水系统	可能在中长期内变得至关重要	
投资回报的适当性	宏观经济风险	● 长期财政赤字 ● 增加债务负担	关键	√
	制度风险	● 政策不确定性和腐败等违规行为 ● 政府效率、监管质量和法治水平下降	可能在中长期内变得关键	
	多样化程度低	● 制造业高度集中，技术质量低下 ● 出口篮子缺乏多样性，限制了生产技术转移能力	不关键	
融资成本	融资成本高，融资渠道有限	● 高贷款利率 ● 很少有其他融资选择（银行是主要来源）	关键（特别是对于微型、小型和中型企业）	√

资料来源：亚洲开发银行。

第3章
制约包容性的关键因素

马尔代夫经济发展势头强劲，促使国民福利大幅提升，八个千年发展目标（MDGs）已经实现了五个①。但有些方面仍非常薄弱，而且在许多仅以捕鱼为生的岛屿上，贫困率居高不下。北部地区居民收入较低，往往只能通过移居到岛外来改善家庭经济状况。

如第1章所述，全国的贫困率差异很大（见图1.9）：二区（北部）、六区（上南部）和五区（中南部）的贫困率较高，而三区（中北部）的贫困率却非常低。区域经济不平等现象反映了近年来经济增长带来的利益分配不均，突显出无法实现地区经济包容性增长的问题。

3.1 贫穷与不平等诊断框架

只有社会各阶层都能参与经济增长，从经济增长创造的机会中受益，并且能在经济冲击和转型中得到充分保护时，增长才具有包容性（Ali & Son，2007）。图3.1中的诊断方法适用于分析限制包容性的关键因素。

提供体面的生产性就业机会是确保包容性的关键因素。但是，人们需要有足够的能力和途径获得这些就业机会。获取机会的不平等情况可能是因为个人能力薄弱和（或）不平等的竞争环境，这两者都会阻止人们参与经济增长过程。某些群体或个人的能力可能比其他群体或个人弱一些，部分原因在于他们获得教育、健康和其他服务的机会不平等。而这种不公平现象也可能是由基础设施和生产性资产（如土地和信贷）的不平等所导致。增长的包容性还要求各国政府提供社会安全网络，以减轻外部和短暂生计冲击的影响，同时满足日常生活的最低需求（Zhuang，2008）。

反过来看，上述每一个缺陷（个人能力薄弱、不平等竞争、社会安全网络不足）都可能是更深层的因素造成的，其中包括市场失灵、政府未能提供足够的公共服务以及各种形式的社会歧视和排斥。政府在促进包容性方面的关键作用是解决市场失灵、体制问题和弥补政策缺陷。

---

① 这五个目标为：MDG1——消除极端贫穷和饥饿，MDG2——普及初等教育，MDG4——减少儿童死亡率，MDG5——改善产妇健康，MDG6——防治艾滋病、疟疾以及其他传染病。

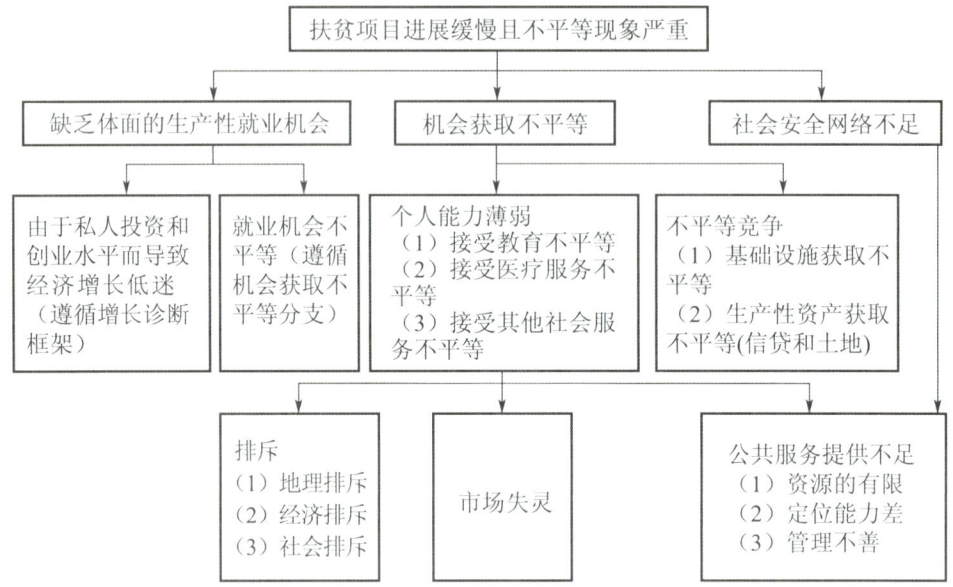

资料来源：亚洲开发银行。

图 3.1　减少贫穷和不平等的制约因素诊断框架

本章使用诊断框架，主要通过三个方面来确定限制增长包容性的关键因素：
- 有限的生产性就业机会；
- 造成机会不平等的主要因素（教育系统的失败、基础设施获取不平等以及企业和家庭难以获得土地与信贷等生产性资产）；
- 社会安全网络的作用。

3.2　生产性就业机会

马尔代夫人缺乏生产性就业机会，是制约包容性的一个重要因素。马尔代夫的就业增长没有跟上经济增长的步伐。

1992—2013 年，马尔代夫就业人数年均增长了 4.7%（2006—2013 年为 4.0%）。1992—2013 年，经济年均增长了 6.8%。2006—2013 年，经济年均增长了 7.1%（图 3.2）[1]。在 20 世纪 70 年代末引入旅游业前，公共部门一直是该国主要的就业来源。虽然现在公共部门仍然是最大的就业来源，占总就业岗位的 25.5%[2]，但是旅游业也占了总就业岗位的 17.4%。1992—2004 年，就业率增长了 5.0%。2004 年，马尔代夫遭受海啸侵袭，旅游业受到了严重的影响。2006 年经济

---

[1]　用于比较的国内生产总值是基本价格。
[2]　旅游业相关行业包括酒店和餐馆，运输、储存和通信，金融中介，房地产、租赁和商业活动。

恢复增长后,但就业机会并没有如预期那样增加。2006—2010 年,劳动力增长超过 1.9 万人(增长率为 17%)①,但就业人数下降了,而且同期失业率几乎翻了一番,达到了 28%(表 3.1)。因为马尔代夫国内工人不愿从事体力、半技术类和非技术类的工作,所以许多新工作岗位,尤其是旅游业和建筑业领域,都雇佣外籍工人(表 3.2)。表 3.1 和表 3.3 中的劳动力和就业统计数据仅包括当地人口,不包括大量外籍劳动力(DNP,2012a)。由于马尔代夫人缺乏必要的技能,外籍工人在各个部门(详见第 2 章)从事技术和专业工作。例如,尽管私营部门和旅游部门对外发布了职位招聘信息,但 2012 年仍有 2,505 个岗位空缺②。

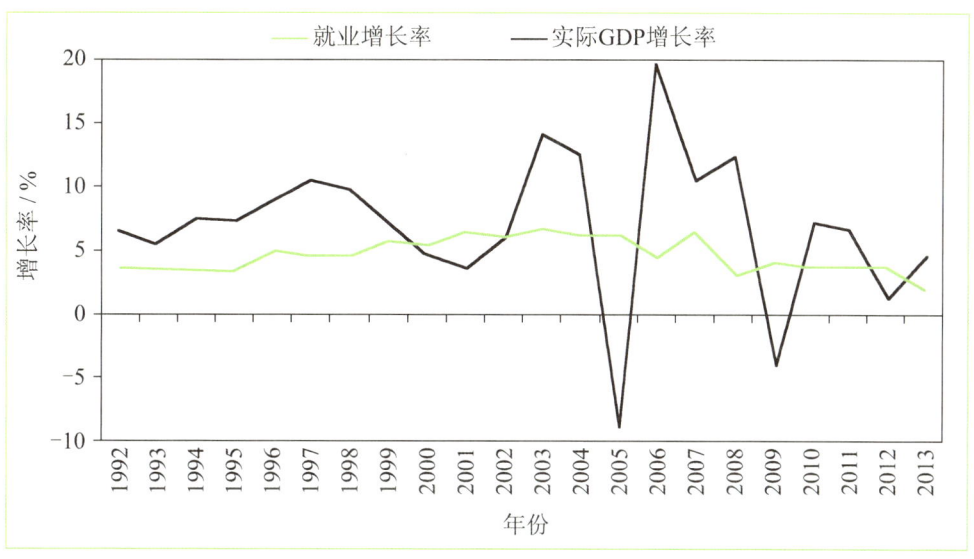

资料来源:国内生产总值数据来自 MMA(历年);就业数据来自国际劳工组织《劳动力市场关键指标》第 8 版(2015 年 5 月查阅)。

图 3.2　就业和实际 GDP 增长(1992—2013 年)

表 3.1　15 周岁以上的劳动力就业和失业情况(2006 年和 2010 年)

年份	成年人数/人	劳动力人数/人	劳动参与率/%	就业人数/人	失业人数/人	失业率/%
2006	193,771	117,434	60.6	98,941	18,493	15.7
2010	213,872	136,886	64.0	98,393	38,393	28.0

注:广义上的劳动力包括失业者在内。2006 年数据来自 2006 年人口普查,这些数据经过重新整理,以便与 2010 年的数据对比。
资料来源:DNP(2012b)。

---

① "劳动力"的定义为 15 岁及以上,有工作或(如果失业)正在找工作的人。
② 职位招聘信息来自 www.iulaan.com 和马尔代夫就业网(www.job-maldives.com)。

表 3.2 本地及外籍雇员情况（2010 年）

	总人数	就业人数/人		就业率/%	
		本地	外籍	本地	外籍
总数	172,233	98,393	73,840	57.1	42.9
农业	16,188	14,666	1,522	90.6	9.4
农林业	4,641	4,121	520	88.8	11.2
渔业	11,286	10,284	1,002	91.1	8.9
采石业	261	261	0	100.0	0.0
工业	49,544	15,171	34,373	30.6	69.4
制造业	11,389	8,976	2,413	78.8	21.2
电力、天然气和水利	1,831	1,737	94	94.9	5.1
建筑业	36,325	4,459	31,866	12.3	87.7
服务业	106,500	68,555	37,945	64.4	35.6
批发零售业	15,347	11,026	4,321	71.8	28.2
旅游业及相关产业	38,885	17,082	21,803	43.9	56.1
公共管理和国防	17,001	17,001	0	100.0	0.0
教育业	13,420	10,875	2,545	81.0	19.0
卫生、社会工作及其他社区、社会和个人服务活动	18,539	9,263	9,276	50.0	50.0
家庭服务业	599	599	0	100.0	0.0
境外组织和团体	74	74	0	100.0	0.0

注：旅游业相关行业包括酒店和餐馆，运输、储存和通信，金融中介，房地产、租赁和商业活动。
资料来源：本地就业数据来自 DNP（2012b）；外籍就业数据来自 DNP（2011）。

表 3.3 不同行业与性别的就业情况

	2006 年就业人数/人			2010 年就业人数/人		
	总数	男性	女性	总数	男性	女性
农业	12,631	9,730	2,901	14,666	12,199	2,467
农林业	4,209	1,485	2,724	4,121	1,654	2,467
渔业	8,084	7,935	149	10,284	10,284	—
采石业	338	310	28	261	261	—
工业	25,021	12,219	12,802	15,171	8,943	6,228

续上表

	2006年就业人数/人			2010年就业人数/人		
	总数	男性	女性	总数	男性	女性
制造业	18,332	5,878	12,454	8,976	3,027	5,949
电气、天然气和水利	1,226	1,071	155	1,737	1,687	49
建筑业	5,463	5,270	193	4,459	4,229	230
服务业	61,289	36,742	24,547	68,555	39,686	28,870
批发零售业	11,558	7,269	4,289	11,026	7,152	3,874
宾馆及餐饮业	4,412	3,086	1,326	6,257	4,382	1,875
运输、储存和通信业	6,350	5,431	919	8,392	7,180	1,212
金融中介	582	254	328	1,046	464	583
房地产、租赁和商业活动	1,141	858	283	1,387	1,043	344
公共管理和国防	15,059	10,826	4,233	17,001	11,494	5,507
教育业	9,870	2,742	7,128	10,875	2,962	7,913
卫生和社会工作	4,176	1,342	2,834	6,579	1,818	4,761
其他社区、社会及个人服务活动	3,239	2,133	1,106	2,684	1,448	1,236
私人住户活动	—	—	—	599	70	529
境外组织和团体	216	139	77	74	37	36
其他	4,686	2,662	2,024	2,636	1,636	1,000
总数	98,941	58,691	40,250	98,393	60,828	37,565

资料来源：DNP（2012b）。

就业机会不平等也是一个关键问题，不同部门、性别、年龄群、教育程度和所在地的就业机会各不相同。图3.3给出了2006年和2010年马尔代夫劳动力市场的概况，图3.4给出了2010年按区域、地区、性别、年龄群和教育程度划分的失业情况。

来源：DNP（2012b）。

图3.3 劳动力市场概况（2006年和2010年）

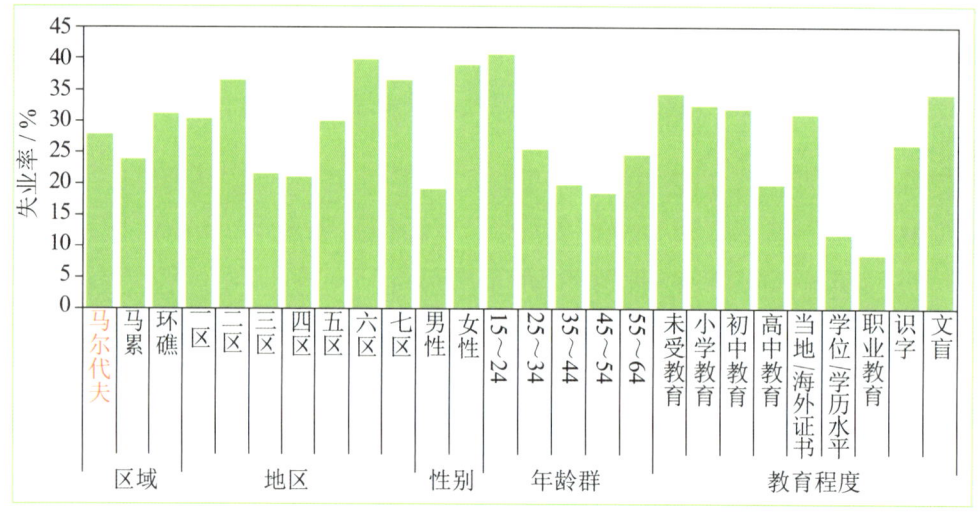

注："失业率"的定义为广义失业率。
资料来源：基于DNP（2012a）的计算。

图3.4 2010年按区域、地区、性别、年龄群及教育程度划分的失业率

各地区的就业机会差异很大。2010年，全国失业率为28%，马累为24%，环礁为31%。2006—2010年，失业率急剧上升，尤其是马累的失业率从2006年的11%上升到24%，这是大量农村人口迁入造成的。马累岛上工人的收入几乎是环礁居民收入的两倍，以2010年为例，马累岛上的工人月平均收入为8,300拉菲亚（648.4美元），而环礁上的工人月平均收入仅为4,665拉菲亚（364.5美

元)①。尽管政府努力建设区域发展中心,以增加全国范围内的平等就业机会,并促进本土求职者的就业,但是仍存在上述差异(Government of Maldives, 2009)。

服务业逐渐成为提供就业机会的主要行业,2006 年服务业约占就业的 60%,2010 年约占 70%(图 3.5)②。这些新的工作岗位大多来自旅游业和与旅游业相关的部门,包括运输、仓储和通信,金融中介以及房地产业;但正如第 2 章所述,大量的新工作岗位都是由外籍工人占据的。服装制造业发展停滞,鱼类加工公司被迫减产,因为外国渔船在该国专属经济区外大量捕捞。工业领域就业水平下降。

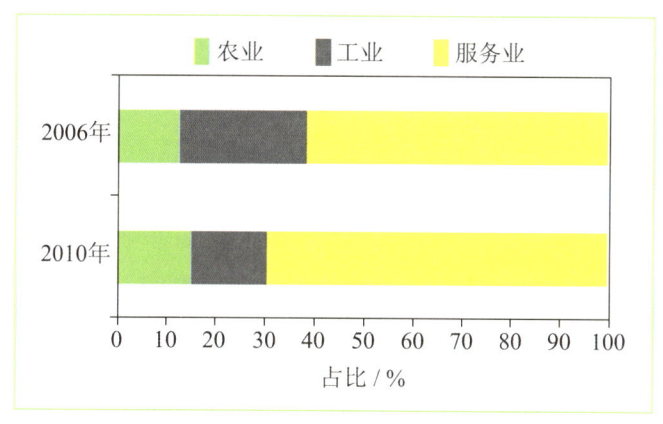

资料来源:DNP(2012b)。

图 3.5　按部门划分的就业比例

2006—2010 年,服务业新增了 7,000 多个就业岗位。政府仍然是马尔代夫人在服务业的主要雇主,在同一时期创造了近 2,000 个新工作岗位。2010 年,政府部门就业岗位占总就业岗位的 26%③。同年,公共行政、教育、卫生和社会工作占该国工作岗位的 35%。2006—2010 年,农业领域(主要是渔业)增加了 2,035 个就业机会,而工业领域则出现了大量失业人群,其中制造业和建筑业有一万多人失业(表 3.3)。

2010 年,男性工人占马尔代夫总就业人数的 62%(图 3.6)。女性主要从事农林、卫生、社会工作、教育、宾馆餐饮、批发和零售贸易行业。她们还从事小规模的制造业活动,如木制品、软木、稻草、编织材料和椰子叶制品的生产,鱼和鱼类产品的加工和保存,以及服装缝纫。这些职业被归类为"无组织工作",因为它们大多是以家庭为基础的。由于爆发了海啸,全球金融危机之后经济衰退,2006

---

① 基于政府使用的广义定义,包括失业而不积极找工作的工人。
② 2009/2010 年家庭收入和支出调查的结果在 2006 年人口普查数据的基础上重新制表,范围仅限于行政岛,使 2006 年数据与 2009—2010 年生成的调查数据具有可比性。
③ 基于 DNP(2012a)的计算。

年至 2010 年，在工业领域，特别是制造业的女性就业率下降了约 52%（表 3.3）。

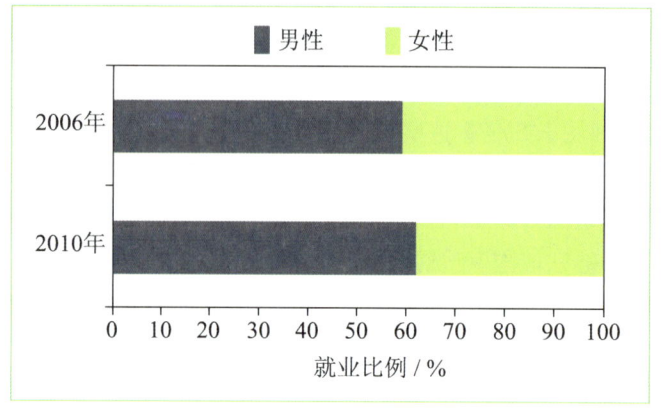

资料来源：DNP（2012b）。

图 3.6　按性别划分的就业比例

马尔代夫明显存在对女性的就业歧视，原因来自文化、宗教和社会问题（Behzad，2011a）。因此，女性的就业机会仍然十分有限。2010 年女性失业率为 39%（2006 年为 24%），而 2010 年男性失业率为 19%（图 3.4）。此外，职业女性的平均收入低于男性。2010 年，女性的月平均收入为 4674 拉菲亚（365.2 美元），而男性的月平均收入为 7036 拉菲亚（549.7 美元）[①]（图 3.7）。2009—2013 年的战略行动计划提出了将为女性提供信贷和培训，但目前这些措施效果如何尚不清楚。

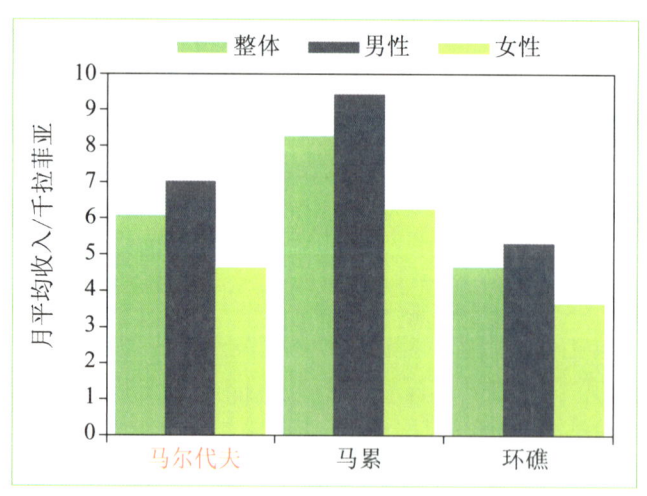

资料来源：DNP（2012b）。

图 3.7　根据所在地区及性别划分的月平均收入

[①]　这是简单的平均值比较，不考虑职业或技能差异。

青年失业率也在不断上升,甚至失业者中有很多是受过教育的,造成了社会的压力。马尔代夫的劳动力相对年轻,其劳动力市场的一个重要特征是青年人失业率很高。2010年青年(15～24岁)失业率为41%(图3.4),是所有工作年龄段中最高的,这表明应届毕业生在从学校到工作场所的过渡时期面临严重困难。环礁青年的失业率甚至高于马累。失业青年从事创收活动的机会有限,特别是在环礁地区。

失业提高了年轻人接触毒品和帮派的风险。近年来,年轻人滥用药物的现象日益增多(图3.8),已成为社会和医疗问题,该问题在马累尤为显著。毒品犯罪情况加剧,也与首都犯罪率上升有关。根据报告显示,马尔代夫的药物滥用事件在1977—2005年期间增加了40倍以上,但也有证据表明,由于政府倡议,药物滥用的发生率有所下降(Government of Maldives,2009)。

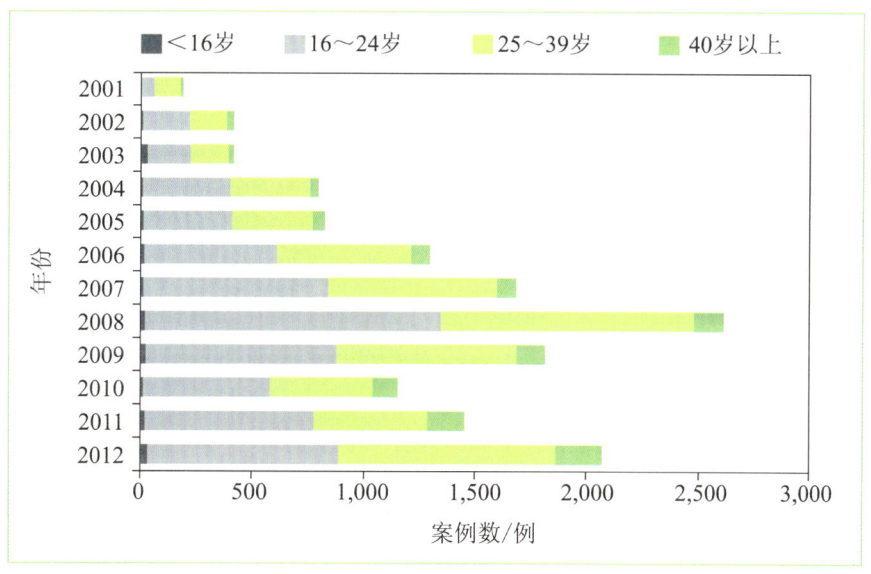

资料来源:卫生部(2013)。

图3.8 按年龄群划分的药物滥用案例(2001—2012年)

马累和一些环礁的毒品罪犯以及相关帮派暴力事件罪犯的年龄大多在15岁至41岁之间(图3.9)。2011年亚洲基金会调查表明,马累居民认为帮派暴力已经成为该市的一个主要问题,甚至连帮派成员自身也对暴力升级表示担忧(Asia Foundation,2012)。

对应届毕业生就业不利的因素如下:

第一,如第2章所述,进入劳动力市场的人员,技能水平不符合雇主的要求。2006年马尔代夫推出了技能发展计划(职业技术教育培训),但在为当地工人提供劳动力市场所需技能的培训方面,尚未取得实质性成果。技能与岗位需求不匹配(Behzad,2011b),导致外籍工人大量涌入,他们不仅占据着技术、管理

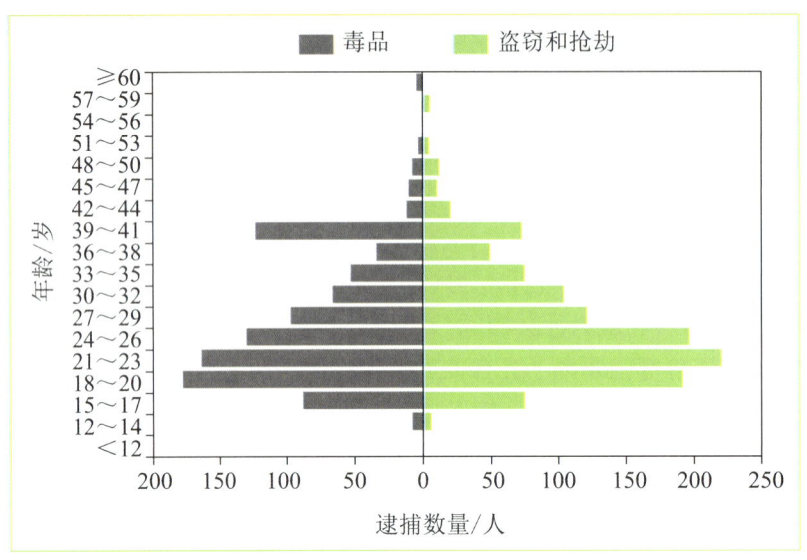

资料来源：马尔代夫警察局，犯罪统计（2014年9月查阅）。
图3.9 按年龄群划分的偷窃、抢劫和毒品相关的逮捕情况（2010年）

和专业工作岗位，而且还占据着私营企业的"蓝领"工作岗位。仅在旅游业，就有超过一半的工作是由外籍人士担任的。外籍员工也主导着高端技术工作，如总经理、厨师和潜水教练等（DNP，2012c）。

第二，对于雇主而言，他们认为应届毕业生的技能水平和培训不符合工作要求，因此他们通常更愿意雇佣有经验的工人（Human Rights Commission，2009）。雇主认为年轻人无法对工作做出有保障的承诺，因此不太愿意投资培训新的年轻工人。

第三，人们普遍认为，马尔代夫的求职者，特别是应届毕业生，对体力劳动普遍存在偏见，他们往往认为这种工作地位低、工资低（Human Rights Commission，2009）。一项研究表明，就业最大的障碍是当地求职者缺乏兴趣和决心，从而无法提升知识储备和职业技能去求职（Behzad，2011a）。

由于当地工人（尤其是应届毕业生），不愿意从事半技术类和非技术类工作，于是雇主引进那些愿意接受较低工资和福利的工作的外籍工人。《2006年投资环境研究》表明，普通的非熟练外籍工人每月工资为2000拉菲亚，折合156.3美元；当地非熟练工人平均每月工资为2500拉菲亚，折合195.3美元（World Bank，2006b）。

为了鼓励本地工人就业，政府在外籍工人和本地工人之间，特别是在旅游胜地，引入了55∶45的就业配额比例。然而，这项政策的实施相对宽松，因为即使超过了配额，度假酒店的业主也能够根据岗位对具体专业知识的需要，申请延长外籍工人就业许可证的期限。

总之，缺乏生产性就业机会是马尔代夫的一个严重问题。其原因有：工人技能水平不高，对体力劳动或与服务业相关的工作有抵触心理，并且还存在性别歧视（部分原因是宗教和文化信仰）。经济迅速增长，但马尔代夫的工人未能充分利用经济增长带来的就业机会。

3.3 机会不平等

马尔代夫的教育、医疗保健和其他服务短缺，某些群体获得机会相对较少。

3.3.1 教育机会不均

国民受教育机会不平等，限制了就业。教育提供了获得生产性就业的机会，有助于提高家庭福利和生活水平。失业率随教育程度差异而不同。在教育程度较低的人群中，失业率也较高。2009/2010年马尔代夫家庭收支调查（HIES）的数据表明，该国未受教育者的失业率为34%（图3.4）。小学和初中以下教育水平者的失业率分别为33%和32%，有文凭或学士学位者的失业率为12%。接受过职业培训的人，失业率最低，只有9%（DNP，2012b）。

HIES显示，当户主未接受小学教育或只有小学教育水平，并且是失业状态，或者即使就业，也不在服务业工作时，贫困率最高。表3.4显示了反映户主特征的家庭贫困发生率。大约85%贫困家庭的户主不超过小学教育水平，54%的贫困家庭户主是失业状态。在服务业工作的户主家庭贫困率最低，这反映了与旅游业相关的就业增长趋势。

表3.4 按户主性别、教育程度及就业情况划分的贫困发生率（2010年）

	贫困发生率/%	人口比例/%	贫困家庭比例/%
性别			
女性	13	56.2	53.1
男性	14	43.9	46.9
教育程度			
未受教育	25	1.7	5.0
小学以下教育	14	14.4	23.0
小学教育	11	42.3	54.3
初中教育	2	8.5	1.9
高中教育	5	6.1	3.3
职业培训及专业证书	4	25.0	12.5
大学及以上教育	0	1.8	0.0

续上表

	贫困发生率/%	人口比例/%	贫困家庭比例/%
就业行业			
农业	20	11.6	17.1
工业	15	11.3	12.4
服务业	7	32.9	16.2
无业	16	44.2	54.3

注：农业包括农业和渔业。工业包括采矿、制造业、电力、天然、供水和建筑业。服务业包括批发零售业、酒店餐饮业、运输、储存和通信、金融中介、房地产、租赁、经营活动、公共行政和国防、教育、卫生和社会工作，其他社区及个人服务，私人住户活动和境外组织。

资料来源：基于 DNP（2012a）的计算。

近年来，政府不断完善教育工作，实现了《马尔代夫宪法》第 36 条规定，让所有公民拥有受教育的权利。在小学教育方面取得了重大进展。

该区域的公共教育支出占马尔代夫国内生产总值的份额远远领先于其他国家，这一领先地位随着时间的推移而不断提高（图 3.10）。自 2004 年以来，几乎所有有人居住的岛屿都普及了小学教育（1～7 年级）。在过去十年中，就读于初中（8～10 年级）的学龄儿童比例显著增加（IBE，2011），参见图 2.10。

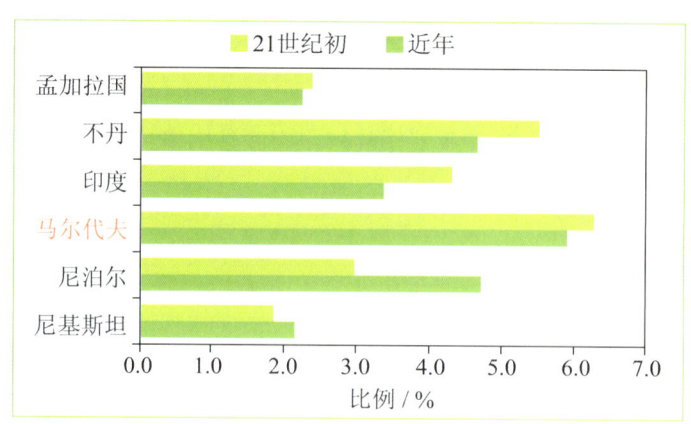

注：马尔代夫的数据为 2002 年和 2012 年的；孟加拉国的数据为 2000 年和 2009 年的；不丹的数据为 2000 年和 2011 年的；尼泊尔的数据为 2000 年和 2010 年的；巴基斯坦和印度的数据为 2000 年和 2012 年的。
资料来源：世界银行，《世界发展指标》（2015 年 5 月查阅）。

图 3.10　公共教育支出占 GDP 的比例（1986—2014 年）

由于中等教育以及高等教育机会有限，马尔代夫从业人口的教育水平仍然很低，而且区域差异很大。如第 2 章所述，2010 年，31% 的劳动力只接受过小学教育，19% 的劳动力接受过职业培训，只有 1% 的劳动力拥有大学文化程度。学历低限制了就业机会。超过 30% 的失业人口没有接受过初中以上教育，相比之下，只有25%的就业人口没有接受过初中以上教育（图3.11）。就业人口中，接受高中、技校或大学以上教育的比例更高。

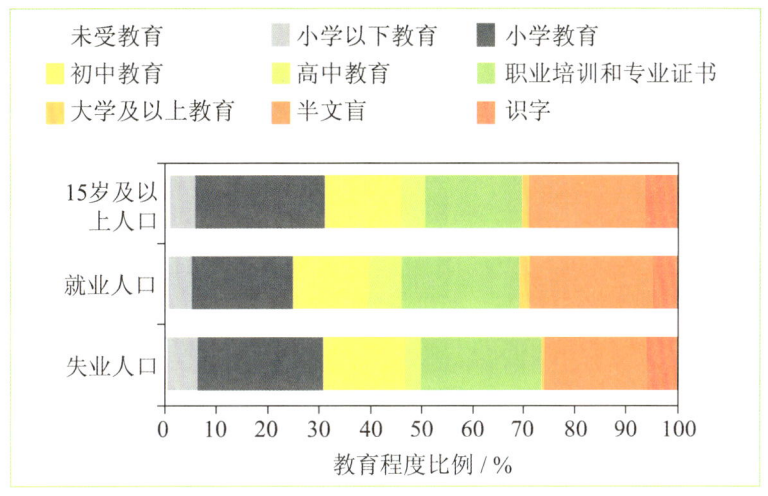

资料来源：基于DNP（2012a）的计算。

图3.11　15岁以上就业和失业人口的教育程度（2010年）

教育程度与收入呈正相关。如图3.12所示，拥有大学以上学位的就业者，其月收入中位数是8,797拉菲亚（687.3美元），是小学文化程度就业者月收入

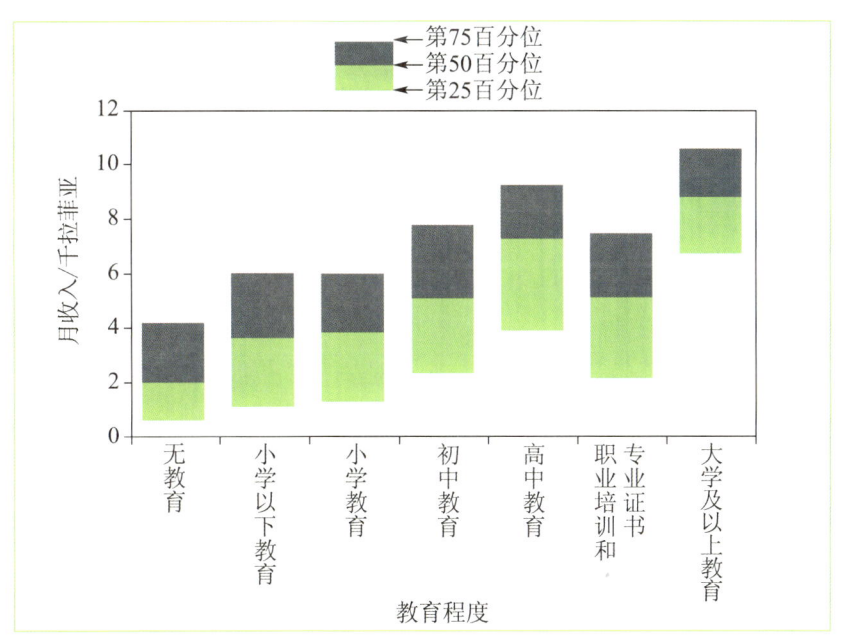

资料来源：基于DNP（2012a）的计算。

图3.12　按教育程度划分的第25、50和75百分位的月收入情况（2010年）

中位数的两倍多。相反，受过职业培训和职业认证的就业者，月收入低于受过初中教育和（或）高中教育的就业者。马尔代夫社会普遍认为，职业培训是普通教育的一种低级替代品，尤其是对于学习成绩较差的学生而言更是如此。虽然参加职业培训可能会增加就业机会，但收入回报相对较低。

尽管高中教育（11～12年级）的净入学率在过去十年中稳步增长，但仍然很低，2014年仅为23.6%（见图2.10）。与初中、小学不同，高中在环礁和马累的分布存在严重的不平衡现象。平均来算，每个环礁只有1～3所高中，而马累有8所。在中北地区，获得高中教育的机会尤其有限。瓦夫环礁没有任何高中，而其他环礁只有一所高中（图3.13）。因此，学生们要花大量时间和金钱，经过长途跋涉才能到高中读书，如果学生有亲戚住在有高中的环礁岛上，就可通过借宿来完成学业。距离和成本是扩大高中教育范围的严重障碍。

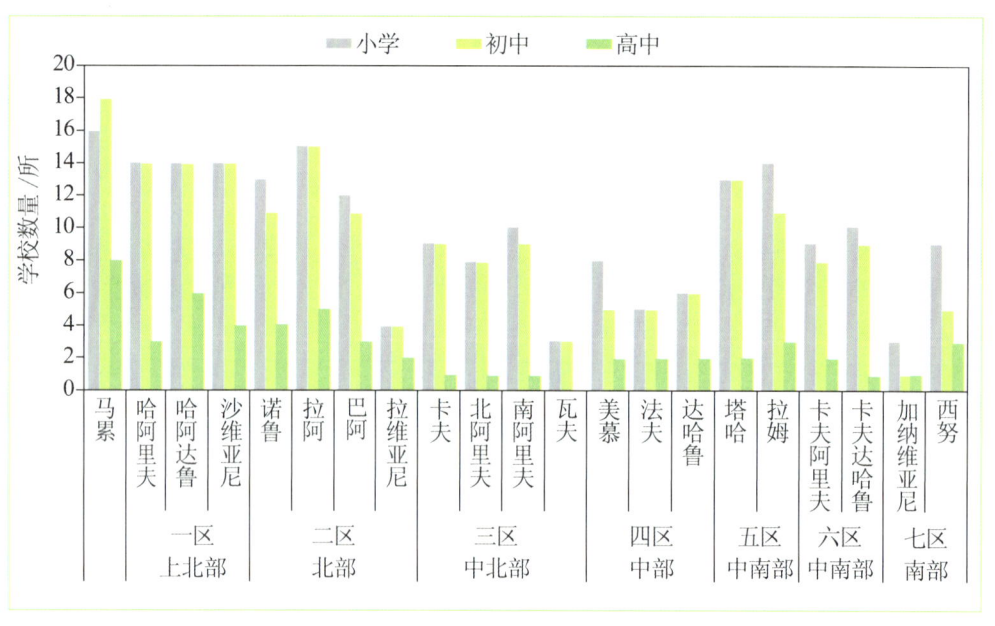

资料来源：MOE（2014）。

图3.13 按教育水平划分的学校数量（2014年）

高等教育也是如此。全国所有高等院校（各学院和唯一的大学）都在马累，所以接受高等教育的机会仅限于那些能够负担得起到首都或海外旅行和居住费用的人群。因此，与该国其他地方的居民相比，马累居民接受高等教育的比例更高，就不足为奇了（图3.14）。

根据2010年的数据，不同性别群体受教育程度的差异并不算大（图3.15），女性（1.7%）获得大学学位的比例略高于男性（1.0%）。

该国教育质量仍然很差，特别是在环礁地区。第2章列举出了能够证明整个岛国教育程度差异的证据。2008年全国学习成果评估结果表明，环礁岛上学生的通过率始终低于马累。图3.16和3.17提供了不同区域四年级和七年级学生英语和数学的评估结果。结果表明,环礁地区的小学教育质量比马累地区差,这拉大了不同地区获得教育机会的差距。

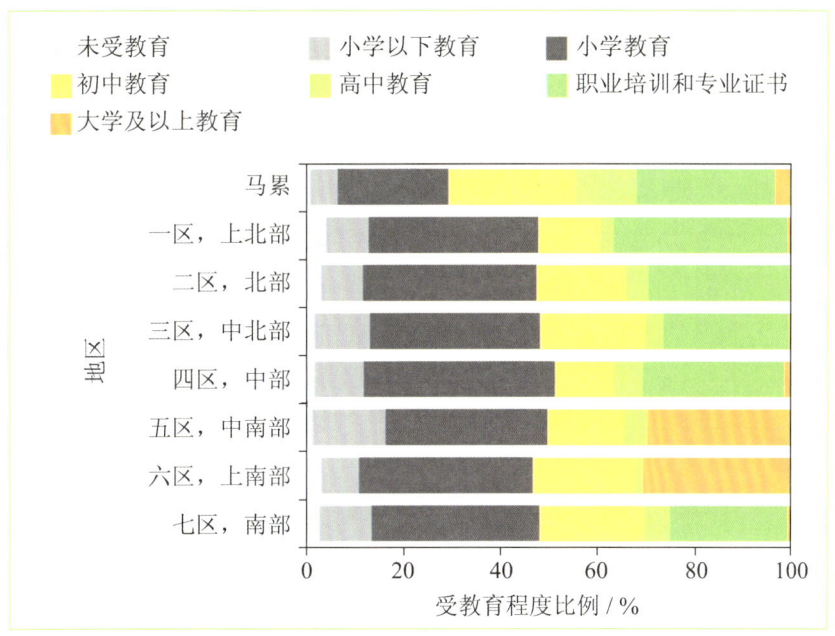

注:在马尔代夫,学生应该在18岁之前完成高中学业。
资料来源:DNP(2012b)。

图3.14 按地区划分的18岁及以上人口的教育程度(2010年)

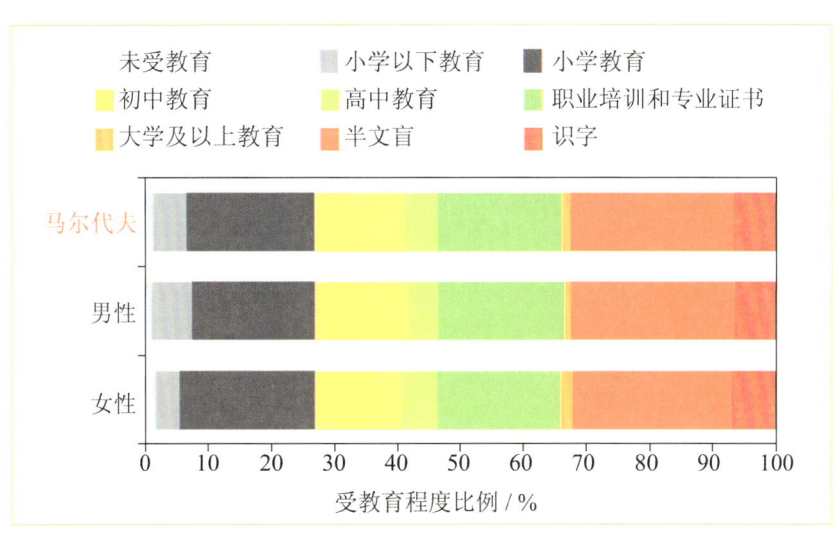

资料来源:基于DNP(2012a)的计算。

图3.15 不同性别的18岁及以上人口的教育程度(2010年)

101

(a) 四年级英语平均成绩

(b) 四年级数学平均成绩

资料来源：世界银行（2011）。

图 3.16　按环礁岛划分的四年级英语和数学平均成绩（2008 年）

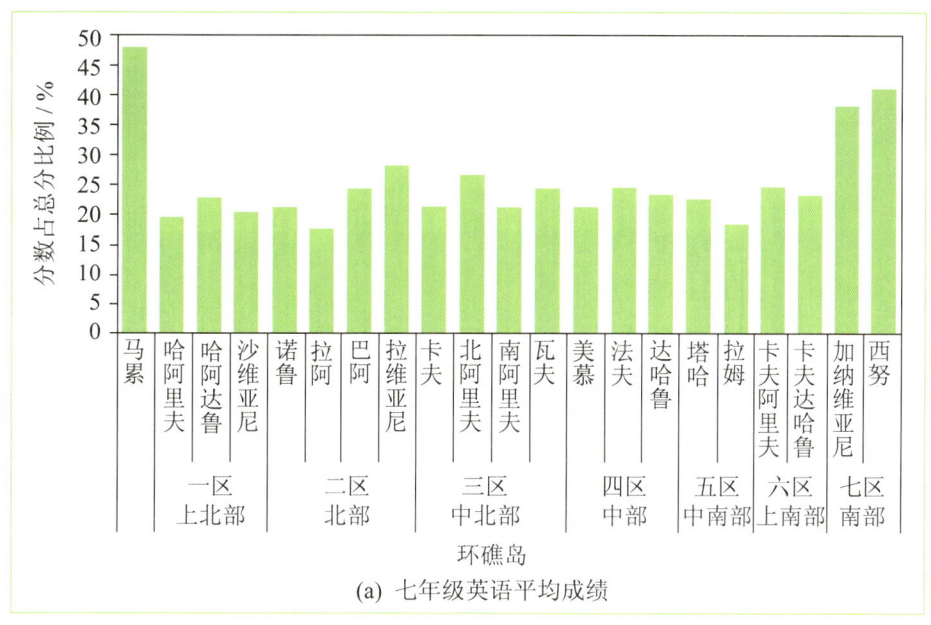
(a) 七年级英语平均成绩

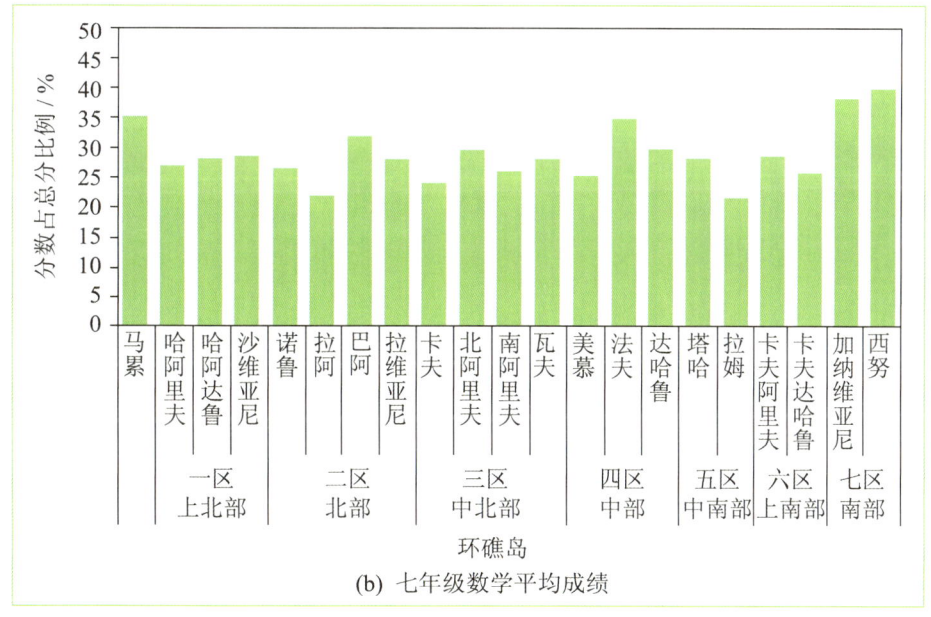
(b) 七年级数学平均成绩

资料来源：世界银行（2011）。

图 3.17　按环礁岛划分的七年级英语和数学平均成绩（2008 年）

普通教育证书水平考试的结果也存在类似的差异（图 3.18）。2009 年，马累学生考试通过率为 55%，而在中南部省份则只有 17%，在中北部省份仅有 13%（IBE，2011）。2008—2010 年，女生比男生的考试通过率要高一些（图 3.19）。

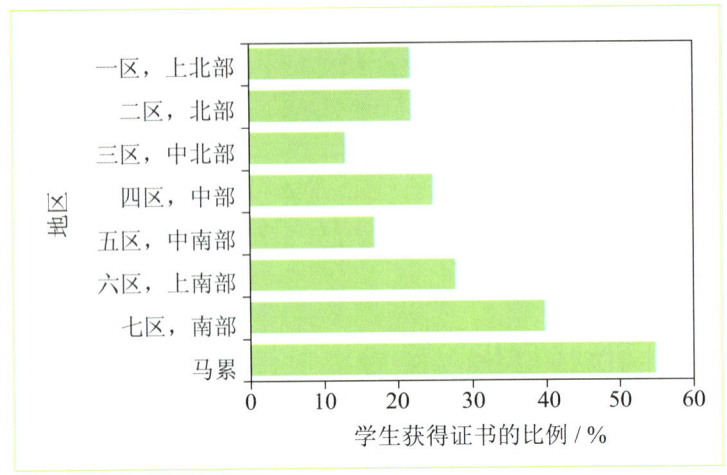

注：条形表示有五门（或五门以上）科目通过普通教育证书水平考试（即获取证书）学生的百分比。
资料来源：IBE（2011）。

图3.18 按地区划分的普通教育证书获取情况（2009年）

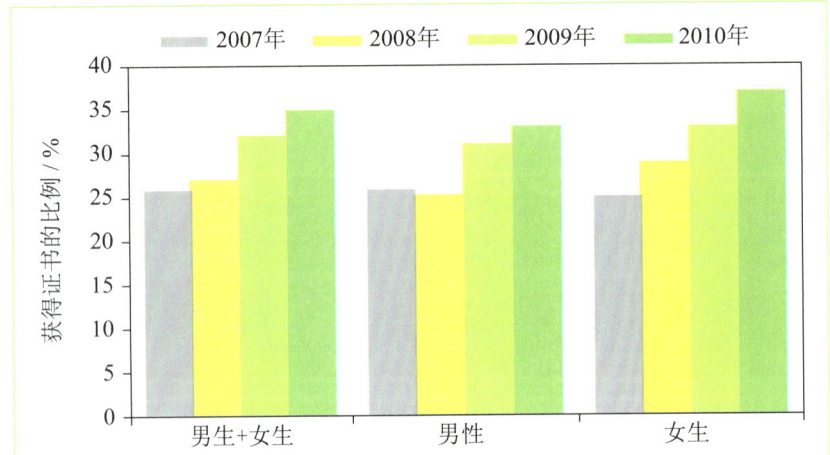

资料来源：IBE（2011）。

图3.19 不同性别的学生通过普通教育证书水平考试获得证书的比例（2007—2010年）

如第2章所述，学生的学习成绩差与师资匮乏有关，尤其是难以吸引合格的教师到偏远的环礁教书（图3.20）。

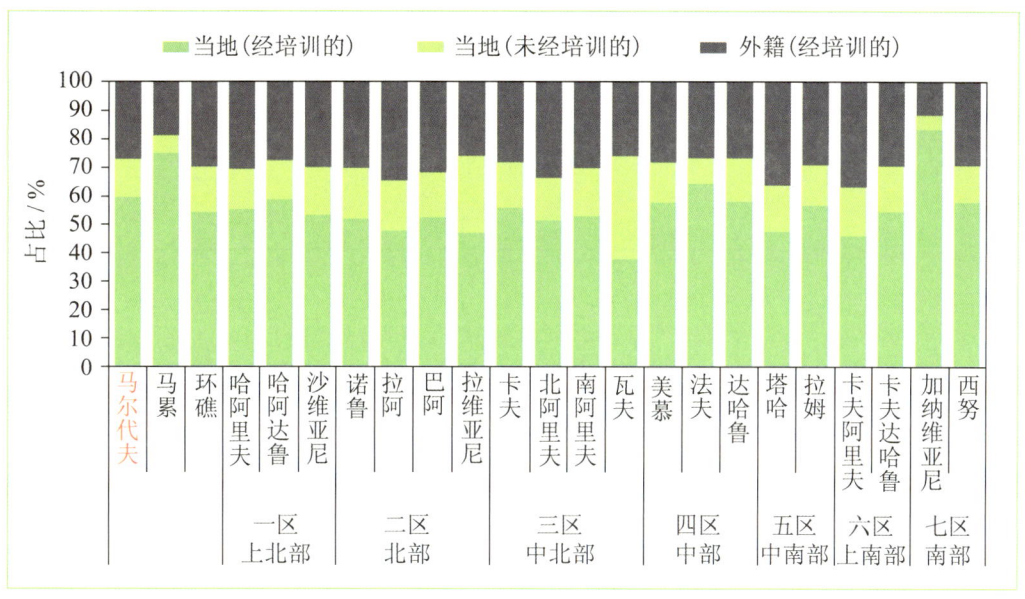

注：没有外籍教师是"未经培训的"。经过培训的教师拥有马尔代夫认证委员会认可的高级证书或更高的教学资格。

资料来源：MOE（2014）。

图3.20 马尔代夫师资水平（2014年）

尽管政府已经采取了一些措施来缓和优质教育机会的不平等程度①，但除了小学教育以外，其他教育依然薄弱。在提供教育服务的过程中，严重的不公平现象依然存在，因为事实证明，岛屿分布广是增长过程完全实现包容性的一个重大障碍，不论人们身居何处，它都阻碍着向所有人提供平等的机会。

3.3.2 公共卫生服务机会不均

在政府卫生支出增加的推动下，公共卫生成果显著增长。健康是人类能力的重要组成部分。健康状况不佳会对劳动生产率和盈利能力产生不利影响。马尔代夫人口分布广泛，这对公平提供卫生服务提出了重大挑战，但政府向卫生部门分配了大量资源，成功促进了卫生指标显著改善。

2001—2012年，婴儿出生时预期寿命从70岁增加到74岁，这是在短时间内取得的重大成就（图3.21）。2001—2012年间，全国的婴儿死亡率和5岁以下儿童死亡率分别下降了近50%和60%。2012年，马累的男婴死亡率高于环礁岛，但女婴死亡率低于环礁岛（图3.22）。5岁以下儿童的死亡率呈现同样的趋势

---

① 这些举措包括建立学校董事会，将124所学校转变为同一模式，引进基于学校的管理评估政策，以及针对教师实施强制性职业发展计划。

(图3.23)。在这十年里,儿童营养状况也得到了改善,5岁以下儿童过度消瘦、发育迟缓和体重过轻等情况有所缓和。然而,相较于女孩,5岁以下男孩营养不良的情况更多(图3.24)。2001—2009年,儿童营养状况有所改善,部分原因是政府于2001—2006年实施了国家营养战略计划。

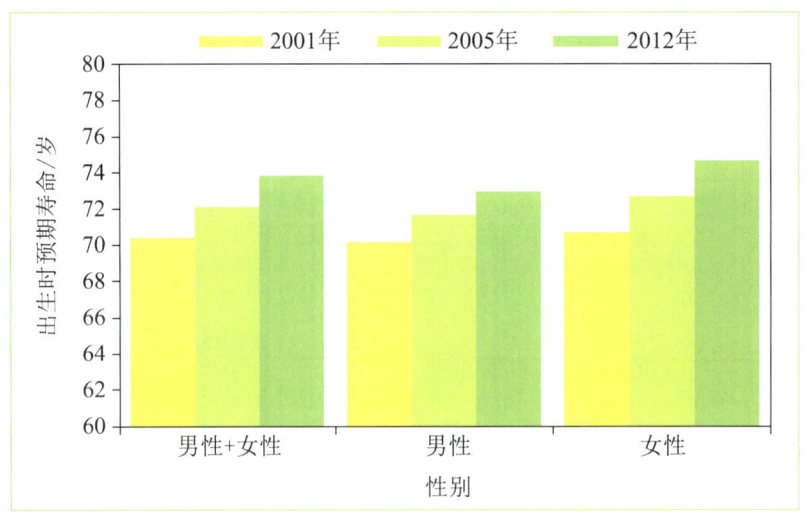

注:预期寿命数据按男女预期寿命加权平均计算。使用的人口份额来源于马尔代夫2014年统计年鉴(DNP, 2014)。
资料来源:卫生和性别部(Ministry of Health and Gender, 2014)。

图3.21 出生时预期寿命(2001年、2005年、2012年)

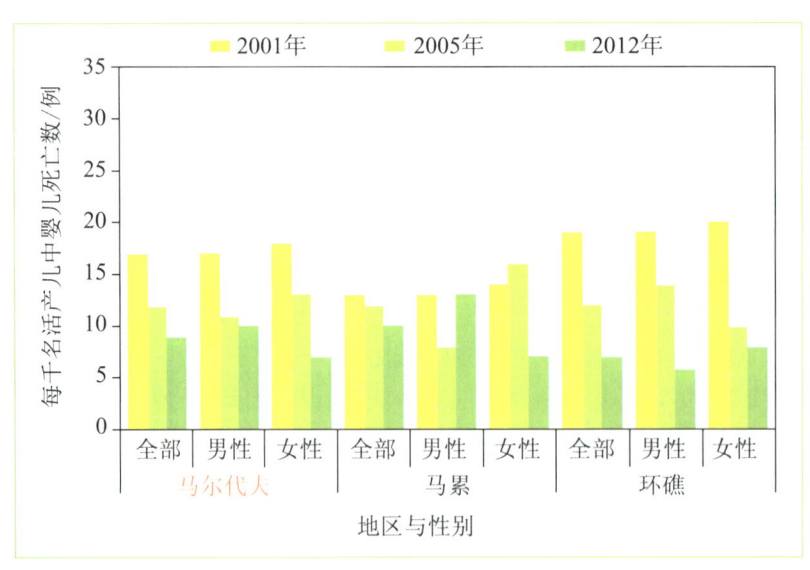

资料来源:卫生部(不同年份)。

图3.22 按地区和性别划分的婴儿死亡率(2001年、2005年和2012年)

第3章 制约包容性的关键因素

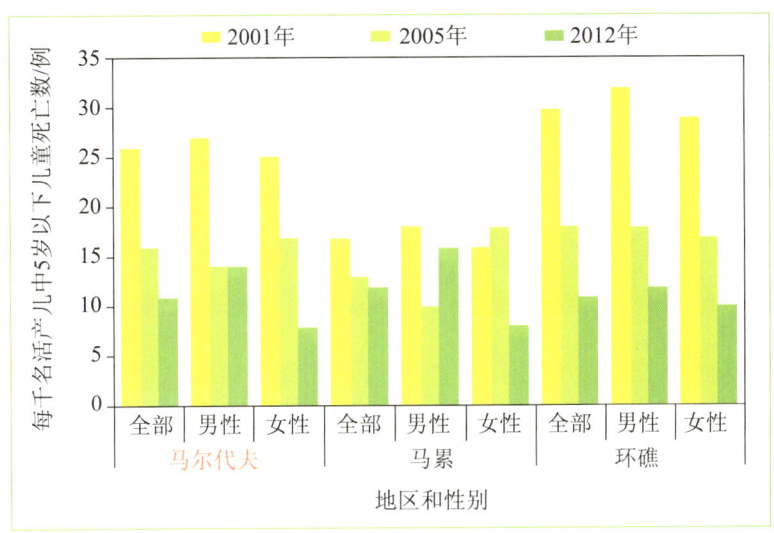

资料来源：卫生部（不同年份）。

图 3.23　按地区和性别划分的 5 岁以下儿童死亡率（2001 年、2005 年和 2012 年）

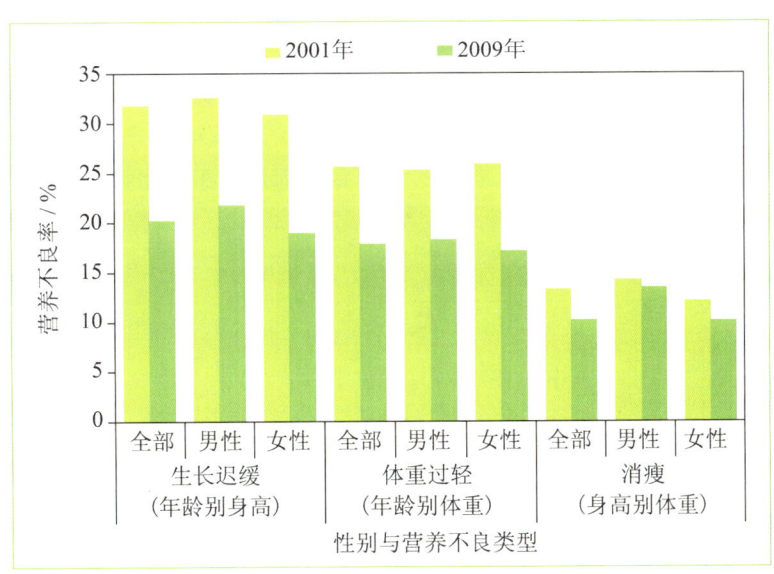

资料来源：世界银行《世界发展指标》（2015 年 5 月查阅）。

图 3.24　按性别划分的 5 岁以下儿童营养不良患病率（2001 年和 2009 年）

2001—2012 年，产妇死亡率下降（图 3.25）。这归功于环礁卫生中心升级为拥有综合产科护理设施的医院，并逐步淘汰了很少或根本没有接受培训的传统接生服务人员①。

---

① 卫生和性别部（Ministry of Health and Gender，2014）提供的数据显示，2012 年孕产妇死亡率为 0.01311%（每 10 万活产中有 13 例死亡）。

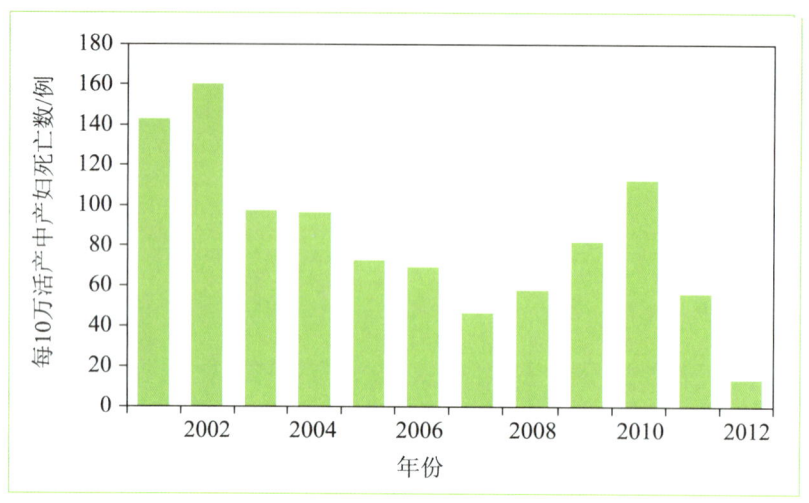

资料来源：卫生和性别部（Ministry of Health and Gender，2014）。

图 3.25 产妇死亡率（2001—2012 年）

总的来说，马尔代夫实现了千年卫生发展目标，即在 1990—2015 年期间将儿童死亡率降低了三分之二，将产妇死亡率降低了四分之三（ADB，2014c）。世界发展指标的卫生成果指标显示，马尔代夫与南亚次区域其他国家相比，情况更为乐观，因为该国人均收入更高，这是意料之中的情况（表 3.5）。此外，马尔代夫公共卫生支出占国内生产总值的比例很高，远远高于该次区域的大多数国家（图 3.26）。

表 3.5 部分南亚国家卫生调查数据

国家	2012 年出生时预期寿命/岁	2013 年婴儿死亡率，即每千名活产儿中死亡数/例	2013 年 5 岁以下儿童死亡率，即每千名活产儿中死亡数/例	2013 年产妇死亡率，即每 10 万活产中死亡数/例
孟加拉国	70	33	41	170
不丹	68	30	36	120
印度	66	41	53	190
马尔代夫	78	8	10	31
尼泊尔	68	32	40	190
巴基斯坦	66	69	86	170
斯里兰卡	74	8	10	29

注：《世界发展指标》将产妇死亡率定义为，因与怀孕有关的原因而死亡或在终止妊娠后 42 天内死亡的妇女人数/每 10 万活产。这些数据采用回归模型估计，使用的资料包括 15～49 岁妇女中非艾滋病死亡的产妇死亡率、生育率、助产士人数和国内生产总值。

资料来源：世界银行《世界发展指标》（2015 年 5 月通过）。

注：公共卫生支出包括卫生服务（预防和治疗）、计划生育活动、营养活动和卫生应急援助的支出，但不包括提供水源和卫生设施。
资料来源：世界银行《世界发展指标》（2015 年 5 月查阅）。

图 3.26　南亚国家公共卫生支出（2000 年和 2012 年）

　　马尔代夫等小岛屿国家人民的健康状况容易受到气候变化的影响。例如，气候变化和全球变暖会影响小岛的水源，从而造成媒介传播疾病。例如急性呼吸道感染、腹泻、登革热、基孔肯雅病、灌丛斑疹伤寒、弓形虫病和钩端螺旋体病等，近期已威胁着人们的身体健康。

　　获得卫生服务机会不平等仍然是包容性增长的障碍。虽然马尔代夫在缩小马累和环礁之间的差距方面取得了重大成效，但获得卫生服务机会不平等现象仍然存在。岛上提供初级治疗服务，但仅有区域医院或马累的英迪拉甘地纪念医院以及马累和某些环礁的一些私人医院才提供二级和三级治疗服务。

　　2001 年，马尔代夫开始为卫生服务实施五级（即中央、区域、环礁、亚环礁和岛级）转诊系统。医疗机构的医疗职能和专业化因其所处的层级而异。社区和家庭医疗工作者在岛上提供基本的治疗和预防保健服务，需要二级护理的患者会被转诊到亚环礁级别的健康中心。环礁级别的医院负责进行手术以及处理产科紧急情况。区域医院提供二级治疗服务，通过监督下级卫生服务和实施预防性卫生计划，在卫生行政中发挥重要作用。中央级的英迪拉甘地纪念医院提供三级治疗护理，并且是该国的中央转诊医院。目前，除了马累的两家医院外，马尔代夫只有 6 家地区医院（分别在卡夫达哈鲁、哈阿达鲁、拉姆、美慕、拉阿和西努等环礁）及 13 家提供各种医疗服务的环礁医院。政府已开始将环礁内的两所区域医院升级为三级医院，卫生部已与国家贸易组织签署协议，在所有有居民居住的岛屿设立药店。

　　医生和其他医疗专业人员是按照五级转诊制度（表 3.6）分配的。因此，马累的专科医生和医护人员较多,全科医生和护士则按人口分布比例分配。马累每 1,046 名公民中有一名全科医生,环礁岛上每 932 名公民中有一名全科医生。马累的护士与居民总人口比例为 1∶168,环礁为 1∶173[①]。因此,获取医疗服务的不平等现象在于专科医院服务分配不均等,而不在于普通医生或护士的服务。

表 3.6 按地理位置划分的医疗人员分配情况(2010 年)

医疗人员	人数/人	
	马累	环礁
医生	219	306
全科医师	106	224
专科医师	113	82
护士	660	1,208
医疗辅助人员	358	271
化验员[a]	141	135
理疗医师	14	8
医疗放射技师	31	21
牙医[b]	27	5
药剂师[c]/药剂师助理	145	102
社区卫生服务人员	2	803
社区卫生工作者	2	276
家庭卫生工作者	0	313
传统接生婆	0	214

注:a. 化验员:包括实验室技术人员、实验室助理、食品技术人员和微生物学家。
　　b. 牙医:包括牙医、牙科机械师和牙科保健师。
　　c. 药剂师:只有 ADK 医院和国际医疗诊断中心提供了私营部门的数据。
资料来源:卫生部(Ministry of Health, 2013)。

该国一半以上的卫生专业人员都是外籍人员。2010 年,82% 的医生和 55% 的护士是外国医疗专业人员。在环礁岛,97% 的全科医生和 100% 的专科医生是外籍人员(Ministry of Health,2013)。由于每年外籍医疗专业人员的流动率较高,依赖外国医疗从业者对提供医疗保健的可持续性构成了挑战(Government of Maldives,2009)。

---

① 医生/护士与人口的比例是根据表 3.6 中的数值和 2006 年人口普查数据计算得出的。由于自从上次人口普查之后大量人口向马累迁移,马累的实际比例可能比本报告提供的数值更低。马累和环礁的人口增长率差异也会影响该比例。

由于缺乏专业医生、医疗设备和实验室，当地医疗机构无法提供某些类型的医疗服务，较富裕的马尔代夫人倾向于去国外寻求医疗服务，尤其是斯里兰卡。如表3.7所示，近三分之一的家庭中至少有一个家庭成员出国接受过医疗保健服务（DNP，2012b）。

表3.7　12个月内海外求医发生率

国家/地区	家庭成员海外求医百分比/%
马尔代夫	32.8
马累	45.6
一区：上北部	27.4
二区：北部	19.1
三区：中北部	38.2
四区：中部	35.5
五区：中南部	21.8
六区：上南部	22.0
七区：南部	32.9

资料来源：基于DNP（2012a）的计算。

鉴于国内医疗服务质量低下，且缺乏法律来保护那些产生医疗纠纷的患者，对许多人而言国外医疗仍然是首选[①]。这反映了寻求海外医疗援助是马尔代夫人的普遍选择，而国家医疗保险制度还涵盖了与国外医疗和旅行相关的费用，这也增加了政府的经济负担。

是否实现人民全面获得卫生服务，往往并不是限制包容性的关键因素。然而，由于偏远地区提供卫生服务的单位成本较高，卫生服务支出模式仅有利于首都和一些特定的环礁中心，所以该国岛屿分散造成了获得卫生服务机会的不平等。获得安全饮用水和卫生设施也是改善国民健康状况的一个重要因素。就国际公认的净化水和卫生设施的标准而言，马尔代夫表现良好；但是，政府将改善过程定义为"用管道连接淡化水供应或卫生系统"。根据这一定义，农村地区的净化用水准入率仍然较低，仅为18.3%，这意味着大量偏远地区的家庭尚未获得净化用水和卫生服务（Ministry of Health and Family，2010）。

3.4　基础建设、土地与金融

外岛和经济活动中心之间的连通性差，这是制约经济包容性增长的一个关键

[①] 这样的国外医疗旅行导致大量的外汇流失（DNP，2012b）。2009—2013年《战略行动计划》已承诺会提高当地医疗质量，以解决这一问题。

因素。如第 2 章所述，由于基础设施不足，尤其是连接岛屿的海上运输网络不发达，导致地域连通性差，这是制约经济增长的一个关键因素，也是实现经济增长惠及全民的致命障碍。这一点在 2009—2013 年的《战略行动计划》中已明确指出。该计划认为，因交通因素制约，阻碍了各岛屿的发展，因此无法缩小马累和环礁之间的社会经济差距。

由于人口分布稀疏，基础设施显然无法在环礁上均匀分布。海上运输虽然作为环礁之间的主要运输方式，却非常没有规律性（见表 2.2）。尽管政府通过建立定期轮渡服务网络，实施一系列港口建设和航道深化项目，对加强群岛间的连通性进行了大量投资，但如果要实现全面包容性，解决岛屿之间的距离问题还需要更进一步的投资。

不同收入群体的交通出行情况差异显著。为了获得经济或社会服务，收入最低的四分之一人口（其中大部分生活在最远的环礁）出行时间是收入最高的四分之一人口（生活在城市地区和马累）的两倍。改善海运能为穷人提供提高生产力的机会。对于大多数穷人居住的农村地区或遥远的环礁岛，以及主要收入来源仍然依靠渔业和自给农业的地区来说，改善海运可以降低投入成本，促进产出销售，同时增加工资和就业机会。改善海运和公路运输基础设施还可以改善穷人获得卫生、教育和其他社会服务的机会，并且降低提供公共社会服务的成本，减少非收入贫困的差距。

自 2010 年以来，所有家庭都有了电力供应，因此电力供应不是一个限制因素，但环礁和岛屿之间的信息、通信和技术连通性仍然不足。

按次区域标准来看，电信和互联网的使用量较为理想[①]，但存在明显的地域差异。2009/2010 年家庭收支调查报告称，环礁上只有 9% 的家庭能使用电话设施，而在马累，有 38% 的家庭能使用电话设施（DNP，2012b）。同样，尽管马累有 49% 的家庭可以连接互联网，但环礁岛连接互联网的家庭仅有 13%（表 3.8）。改善环礁的通信将有助于提高包容性。

表 3.8 家庭电话、手机以及互联网使用率（2010 年）

通信方式	使用率/%		
	马尔代夫	马累	环礁
电话	16	38	9
手机	97	100	95
互联网	24	49	13

资料来源：基于 DNP（2012a）的计算。

---

① 从 2000 年至 2013 年，移动电话使用率增长迅速，互联网使用率也从 2000 年的极低基数迅速增长，到 2013 年，三分之一的人口使用了互联网。

第 3 章 制约包容性的关键因素

商业企业和从事小规模农业生产的家庭获得土地的机会有限，对减贫形成了制约。在一些国家，大多数穷人以农业为生，对他们而言，获得土地，特别是灌溉土地，至关重要。然而，马尔代夫的情况却截然不同，因为它只有 300 平方千米的土地，其中 70 平方千米用于商业化农业①，大部分用于自给农业。尽管如此，农业经济还是有一些发展。

马尔代夫政府也看到了在一些精选作物上实现自给自足的潜力，比如甜瓜、木瓜、南瓜、黄瓜和番茄。鉴于可用土地有限，政府和利益相关者必须决定和计划如何最大限度地增加这些选定作物的农业生产机会。

政府于 2002 年颁布了《土地法》来改变土地使用权，其中包括持有、收购和转让土地的程序。在《土地法》颁布之前，马尔代夫所有土地都归国家所有，只有国家才能授权私人建造建筑物或转让土地权。《土地法》的颁布是为了通过在 Hulumale 开发项目下出售复垦土地以及进行地籍调查，来建立一个土地市场。然而，国家土地管理政策框架的制定仍然悬而未决，尚未制定明确的政策和授权法案。产权缺乏明确性是一个重要限制因素，尤其是在获得融资方面，因为如果贷款人不能在借款人违约时自由出售土地，他们就不愿意将土地作为抵押物。

土地使用权被列为影响企业绩效的第三大限制因素。房地产市场发展不好，官僚程序重复繁琐，是投资环境调查中受访者反映出来的主要忧虑。调查结果显示，只有 10% 的旅游企业拥有土地，而在制造业和运输物流业，拥有土地的企业分别占 18% 和 25%（World Bank，2006b）。企业将土地使用权受限视为投资障碍之一，从而限制了创造就业机会。

获得金融服务的机会有限而且仍然不平等，也是实现包容性发展的限制因素。在确保平等获得经济机会和帮助家庭消除消费波动方面，金融服务发挥着关键作用。环礁居民因金融服务有限而处境不利，偏远环礁的居民主要接受马尔代夫银行的开发银行服务，由政府和捐助者提供资金。

为高度分散的偏远地区人口提供服务而产生的高昂交易成本显然抑制了金融服务的开展。除了马累以外，大约 200 个有人居住的岛屿中只有 23 个拥有银行分行（Sinha，2009）。虽然移动银行业务于 2008 年启动以增强金融包容性，但它没有实现其以具有成本效益的方式向所有马尔代夫人提供金融服务的目标（World Bank，2014b）。

金融部门基础薄弱，缺乏信贷信息系统②，贷款人和借款人在抵押和破产法方面的合法权利薄弱，这些都限制了信贷的获得，对微型、小型和中型企业而言尤为如此。如第 2 章所述，马尔代夫与该次区域其他国家不同，虽然有一些有限的方案，但是偏远地区小额信贷机构的运作和覆盖范围并不广泛。各捐助方资助

---

① 据世界银行《世界发展指标》（2015 年 5 月查阅）。
② 马尔代夫货币管理局于 2011 年 2 月成立了国家信用信息局。

的项目都有小额信贷组成部分,各直属部委的项目也已实施小额信贷计划,以服务目标群体或部门(Sinha,2009)。

3.5 社会安全网络

社会保障计划的提供反映了政府致力于改善马尔代夫的贫困和不平等的现状。社会安全网以及生产性就业机会和平等机会,是促进包容性增长的关键驱动因素之一。贫困家庭更容易受到疾病、受伤、失业、宏观经济危机和自然灾害造成的短暂生计冲击的负面影响,安全网旨在缓冲此类冲击的影响,并为慢性或长期贫困人口提供最低福利水平(Zhuang & Ali,2010)。

马尔代夫政府在第七个国家发展计划中做出承诺,要建立与国家收入水平和执行能力相匹配的有效社会保障体系。过去,社会保障计划是临时实施的。一些小型项目由各政府部门运行,协调程度低,缺乏项目指导方针,导致资源浪费和执行效率低下(ADB,2012)。目前的制度已经得到了改进和扩展;但是,尽管政府已承诺要惠及穷人和弱势群体,社会安全网制度的规模仍然相对较小,覆盖面有限,有时无法惠及关键弱势群体。难以深入偏远社区,限制了政府有效公平地提供社会保障计划,特别是针对某些更偏远的岛屿而言(Government of Maldives,2009)。

该国现有的社会保障计划详见表 3.9。早期计划的受益对象主要是政府雇员,但在 2003 年推出了一个针对贫困的现金转移计划,即绝对贫困计划,为重度弱势群体提供每月 500 拉菲亚(39 美元)的适度津贴①。此外,政府补贴学费,并向低收入家庭发放凭证②,以便他们从选定的供应商处购买课本、制服和鞋子。另一个主要的公共社会援助项目是:当马尔代夫没有必要的医疗服务时,为国内外紧急医疗疏散提供财政援助,所有马尔代夫人均有机会获得援助。此外,政府还为永久残疾患者提供助听器、拐杖和轮椅等辅助设备。

表3.9 马尔代夫社会保障计划

年份	社会保障计划	保障方向	目标受益方	覆盖范围/人	预算拨款/支出或人均支出
1988	政府养老金项目	老年	公共部门雇员	34,000(2005年1—12月)	Rf40,575,373(2005年1—12月)

---

① 该计划针对穷人,并有严格的资格标准,包括:每天只吃一顿饭;拥有不超过两套衣服;无家可归。

② 积分系统用于确定受益人。得分高于确定的最低标准,则将获得福利。评分所考虑的资格标准/因素如下:单亲家庭;父母被监禁的子女;残疾人父母;家庭收入;家庭就读儿童人数;学业成绩。

续上表

年份	社会保障计划	保障方向	目标受益方	覆盖范围/人	预算拨款/支出或人均支出
1988	政府雇员公积金（财务及交通部）	老年	公共部门雇员	34,000（2005年1—12月）	Rf 14,015,138（2005年1—12月）
1988	政府雇员医疗津贴计划	疾病和健康	公共部门雇员	34,000（2005年1—12月）	Rf 39,461,165（2005年1—12月）
2003	绝对贫困计划——现金券	其他收入支持/援助	全体	648（2005年1—12月）	Rf 500 每月每户/总支出 Rf 3,889,166（2005年1—12月）
2003	获得学习材料的财政援助（高等教育、就业和社会保障部）	基础教育	全体	1,182（2005年1—12月）	Rf 938,000（2005年1—12月）
2003	教育支持基金（教育部）——规定学费（普通及高级）	基础教育	全体	293（2005年1—12月）	Rf 596,950（2005年1—12月）
2003	教育支持基金（教育部）——规定学费（小学及初中）	基础教育	全体	95（2005年1—12月）	Rf 254,232
2003	教育支持基金（教育部）——免费课本及校服	基础教育	全体	2,086（2005年1—12月）	Rf 1,408,260（2005年1—12月）
2003	从马尔代夫境内获得卫生保健的财政援助	疾病和健康	全体	3,639（2005年1—12月）	Rf 3,805,782（2005年1—12月）
2003	从国外获得医疗保健的财政援助	疾病和健康	全体	1,422（2005年1—12月）	Rf 11,026,000（2005年1—12月）
2003	资助残疾人士使用的辅助器具，包括精神疾病（高等教育、就业和社会保障部）	疾病和健康	全体	201（2005年1—12月）	Rf 327,300（2005年1—12月）
2005	向海啸灾民提供紧急现金援助	紧急援助	受灾家庭	63,000（2005年1—12月）	人均支出 Rf 1,687

续上表

年份	社会保障计划	保障方向	目标受益方	覆盖范围/人	预算拨款/支出或人均支出
2008	国民健康保险计划：马德哈纳（Madhana）计划，阿桑德（Aasandha）计划	疾病和健康	所有马尔代夫人	—	—
2009	普遍养恤金（马尔代夫养恤金法）；马尔代夫退休金计划	老年	所有马尔代夫人	—	—
2012	国家健康保险计划：阿桑德计划	疾病和健康	所有马尔代夫人	—	—
2014	国家健康保险计划：胡斯纳瓦·阿桑德（Husnava Aasandha）计划	疾病和健康	所有马尔代夫人	—	—
—	扎卡斯（Zakath）项目（伊斯兰慈善机构）	其他收入支持/援助	全体	58,300（2005年1—12月）	Rf 6,923,948（2005年1—12月）

注：Rf=拉菲亚。资料来源：国际劳工组织，社会保障调查（2015年5月查阅）。

2008年以前，政府社会保障和福利计划的主要受益者是政府雇员。公务员退休金是一项由政府全额出资的社会保障计划，公务员有权领取相当于持续工作20年所得基本工资50%的退休金。那些连续工作40年的公务员有权享受政府公积金下的福利，这是一项定额供款计划①。

2008年，政府还推出了向所有公民开放的全民养老和健康保险计划。《马尔代夫养老金法》（第8/2009号法案）规定，老年基本养老金计划涵盖65岁及以上的所有居民，不考虑受益人对养老基金的缴款历史或以前职业的贡献历史②。同年，政府还推出了国民健康保险计划，即马德哈纳计划，该计划也向65岁及

---

① 这是一项自愿储蓄计划，由公务员及政府（雇主）按基本工资的5%向基金供款。政府雇员每年还可获得价值1,000拉菲亚的医疗津贴。
② 除了普遍的老年收入保障外，该法案第12条规定公务员和私营部门的雇员以及自营职业者都必须参加以供款为基础的马尔代夫退休养恤金计划。

以上的公民开放。其他公民可以通过缴纳保险费从社会保险中受益。马德哈纳计划提供免费的医疗咨询和病患护理服务。2011年，约三分之一的人口在马德哈纳计划中登记，另外还有14,547人在马德哈纳计划中登记，其中包括2011年海外医疗保险和额外保险费（DNP，2012c）。

2012年，政府通过与联合保险公司建立公私合作关系，扩大了医疗保险覆盖范围，以创建一个全民健康保险计划，即阿桑德计划。所有持有效国家身份证的公民都可以享受政府全额资助的全民医疗保险，其中包括医疗费用，所有住院和门诊服务、国内紧急医疗疏散、处方药以及诊断和治疗服务的费用，每年最高金额达10万拉菲亚（6,500美元）。如果马尔代夫没有所需要的治疗服务，医疗保险则会提供国外的治疗，通常是在印度和斯里兰卡①。

2014年，政府启动了一项新的保险计划，即胡斯纳瓦·阿桑德计划，该计划面向所有公民，并且没有上限保护限制。它包括所有紧急情况的交通费、30岁以上公民和18岁以下儿童的年度体检费、孕妇怀孕期间的全额医疗保险、绝症患者和那些有特殊需要者的医疗保险。

在社会公共安全网体系之外，伊斯兰慈善机构扎卡斯项目为促进基于宗教义务的家庭间收入再分配，根据《古兰经》，向穷人和有需要的人分发所收集的捐款。扎卡斯分配的平均数很低，根据此前的估计，每个受益人的金额为120拉菲亚（ADB，2007），即9.4美元。

按照中等收入国家的标准，马尔代夫社会保障计划的支出仍然不大，而且没有良好的针对性。社会保障和福利支出可以作为向民众提供安全网的指示性衡量标准。2000年，社会保障计划的人均支出为285拉菲亚（24.2美元）。海啸发生后，这一数字在2005年上升至1,463拉菲亚（114.3美元），在推出国家养老金和健康保险计划后，2010年上升至1,469拉菲亚（114.8美元）。2013年，由于推出了全民健康保险计划，即阿桑德计划（图3.27），社会保障支出达到了4,559拉菲亚（295.8美元），翻了一番多。2010年的社会保障支出总额约占该国国内生产总值的4.9%，这是2009年以来的一次大幅增长，是该次区域的最高份额。其中至少一半用于社会援助项目，另一半专用于社会保险。

即使支出水平一直上升，2010年，针对贫困人口的社会保障支出总额仅为2.66亿拉菲亚（2,080万美元），而针对非贫困人口的支出总额为1.042亿拉菲亚（8,140万美元）②。这主要是因为大部分支出用于公务员的养老金、裁员抚恤金、提前退休金以及政府公积金。令人担忧的是，极度贫困人口通常不包括在内，因为他们通常不属于公务员或其他供款养老金范畴，并且无力支付保险费

---

① 然而，全民健康保险遭遇了财政困难，由于预算存在严重缺口，人民议会财政委员会停止支持阿桑德计划私营医院和诊所。阿桑德计划于2012年8月对私人医院和诊所重新开放，但对患者收取费用（《马尔代夫时报》，2012年）。

② 亚洲开发银行社会保障指数数据库（2015年5月查阅）。

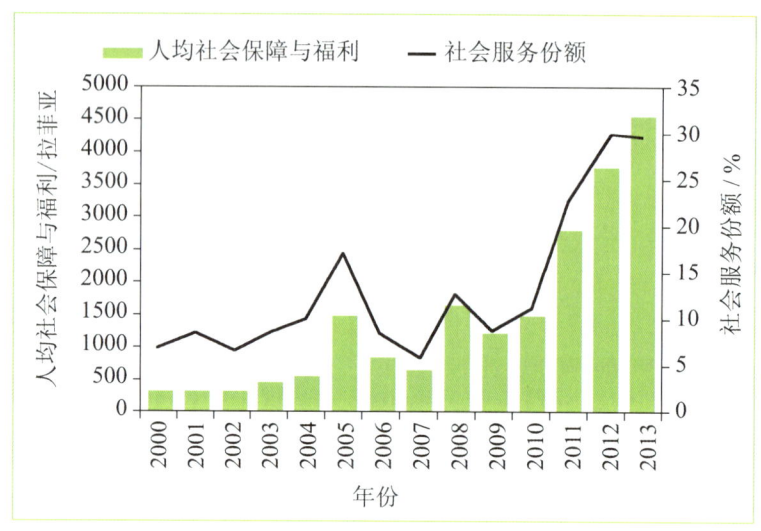

资料来源：ADB（2014b）。

图 3.27　人均社会保障和福利支出（2000—2013 年，拉菲亚）

用。关于马尔代夫社会安全网有效性的最新文件尚不可用；但是，为了评估其有效性，可以利用社会保障指数（SPI）① 对该次区域国家进行排名。马尔代夫的名次在 2008—2010 年间有所提高。其总分在该次区域最高，超过孟加拉国、印度和斯里兰卡（表 3.10）。

表 3.10　社会保护指标（2008 年和 2010 年）

国家	HDI		SPI 排名		SPI		SP 支出（占 GDP 的百分比）/%	
	2008 年	2010 年	2008 年	2010 年	2008 年	2010 年	2008 年	2010 年
孟加拉国	0.515	0.539	23	21	0.040	0.051	1.4	1.6
不丹	—	0.569	26	25	0.028	0.030	0.9	1.0
印度	0.554	0.570	31	33	0.112	0.051	0.3	0.0
马尔代夫	0.675	0.688	28	12	0.023	0.128	0.9	4.9
尼泊尔	0.501	0.527	20	17	0.049	0.068	1.6	2.2
巴基斯坦	0.536	0.526	32	31	0.006	0.014	0.2	0.4
斯里兰卡	0.725	0.736	11	14	0.114	0.114	2.8	2.8

注：GDP＝国内生产总值，HDI＝人文发展指数，SP＝社会保障，SPI＝社会保障指数。"SPI 排名"是指在亚太地区 33 个国家中的名次。

资料来源：联合国开发计划署（UNDP，2014）；亚行社会保障指数数据库（2015 年 5 月查阅）。

---

① SPI 使用国际上可比较的评估标准和基准，将一个国家的社会保护活动的总体水平与标准进行比较。（Baulch, et al., 2008）。SPI 包括四个子部分：社会保障支出；社会保障覆盖面；社会保障分配；社会保障影响。

虽然马尔代夫的社会保障指数（SPI）得分远高于该次区域的大多数国家，但社会保障计划覆盖深度①和广度②的 SPI 分指数结果表明，还有提升潜力。2008—2010 年期间，SPI 的深度从 0.16 增加到 0.39，这表明马尔代夫的平均社会保障福利占人均贫困线的 39%。在同一时期，SPI 的广度从 0.13 增加到 0.32，这意味着大约 32% 的潜在受益者都是社会保障福利的受益者。马尔代夫在深度和广度方面的得分与该次区域的其他国家相比并不低，但这些数据表明，马尔代夫使社会保障目标更接近穷人和弱势群体的潜力巨大。

马尔代夫的 SPI 结果表明该国在社会保障方面取得了良好的进展，但仍需要扩大社会保障计划，以惠及更多的贫困人口和弱势群体。社会保障方面还存在许多漏洞，需要建立适当的体系来处理短期问题以及满足积贫的长期需要。作为中期财政整顿的一部分，减少政府支出将进一步促进社会保障计划的包容性提升，还能要求其更明确地针对最需要的人提供帮助。

3.6 结论

本章讨论了包容性增长的障碍，重点关注了生产性就业和体面就业的有限机会（尤其是在环礁岛上），教育质量差以及接受中等和高等教育的机会不均导致的机会不平等现象，海运网络不发达导致的外岛和经济中心之间的连通性差，中小微型企业用地受限，金融服务不平等等问题。虽然政府已经扩大了社会保障计划的涵盖范围，但还不足以消除这些限制因素（表 3.11）。

表 3.11 制约减贫与平等的因素诊断摘要

因素类别	具体因素		制约原因	是否关键	是否影响经济增长
生产性和体面的就业机会	就业机会		● 高失业率；相对于经济增长而言，就业增长有限 ● 生产性就业机会有限，尤其是对来自环礁的人而言	关键	√
机会获取情况	个人能力	教育程度	● 中学和高等教育机会有限，质量低下 ● 对职业培训的理解和获取有限	关键	√

---

① 表示社会保障计划每个实际受益人的平均支出。
② 表示所有潜在受益人中的实际受益人数。这是非货币性覆盖指标。

续上表

因素类别	具体因素	制约原因	是否关键	是否影响经济增长
机会获取情况	个人能力 — 健康	• 健康情况有待改善（例如婴幼儿和孕产妇营养不良） • 气候变化影响健康 • 青少年药物滥用现象日益严重 • 缺乏当地的医疗保健和医疗专业人员	非关键	√
	个人能力 — 其他社会服务	• 影响人们获得清洁供水和改善卫生设施，特别是在农村和环礁地区	在中长期可能变得关键	
	获得基础设施和生产性资产的机会不均 — 基础设施（尤其是海上运输）	• 不发达的海上运输网络限制了经济机会和服务的获取	关键	√
	获得基础设施和生产性资产的机会不均 — 土地	• 有限的土地用于选定的农业生产，以支持选定作物的自给自足 • 房地产市场不发达、政府官僚作风、手续繁琐，导致企业用地减少	关键	√
	获得基础设施和生产性资产的机会不均 — 信贷	• 获得金融服务的渠道有限且不平等	关键	√
社会安全网	社会安全网	• 一些社会保障项目已经到位，但覆盖面仍然有限，考虑到财政影响，可能无法持续	非关键	

资料来源：亚洲开发银行（ADB）。

第 4 章
马尔代夫及其他小岛屿国家面临的挑战

4.1 引言

联合国将马尔代夫列为小岛屿发展中国家（SIDS）。该分类是基于这样的认识：某些独特的国家，由于其固有特征而面临特定的经济、社会和环境脆弱性挑战。联合国经济和社会事务部（UN DESA）可持续发展司将 50 个小岛屿发展中国家分为三个区域[1]。一些小岛屿发展中国家的收入水平非常高，比如新加坡；还有些处于中上收入水平，比如马尔代夫和一些加勒比国家；然而，许多小岛屿发展中国家（尤其是太平洋地区）属于低收入群体。更重要的是，在人类发展方面，这类小岛屿发展中国家十分落后，它们的社会指标较低也证明了这一点。

大多数小岛屿发展中国家都面临着类似的挑战，这些挑战影响了它们的经济效益和整体发展。所有经济体，无论大小，都会受到外部和内部冲击，但低收入小岛屿发展中国家特别容易受到经济和环境的影响。小岛屿发展中国家处于特别不利的地位，主要是由于其规模小、地理位置偏远、易受气候变化和自然灾害的影响。

马尔代夫的国土面积和地理位置并没有阻碍该国在过去 20 年内实现人均收入高水平增长，也没有阻碍其实现《千年发展目标》中的大部分目标。但是它的问题在于如何确保经济发展成果传播到所有收入群体（特别是生活在外环礁的居民）。政府不断寻求解决马累和环礁之间的不平等问题的方法，例如，通过实施有针对性的政策（如"人口与发展巩固"政策），缩小基础设施、社会服务和

---

[1] 加勒比海（22 个成员）：安圭拉、安提瓜和巴布达、阿鲁巴、巴哈马、巴巴多斯、伯利兹、英国维京群岛、古巴、多米尼加、多米尼加共和国、格林纳达、圭亚那、海地、牙买加、蒙特塞拉特、波多黎各、圣基茨和尼维斯、圣卢西亚、圣文森特和格林纳丁斯、苏里南、特立尼达和多巴哥以及美国维金群岛。
太平洋（20 个成员）：美国萨摩亚、库克群岛、密克罗尼西亚联邦国家、斐济、法国波利尼西亚、美国关岛、基里巴斯、马歇尔群岛、瑙鲁、新喀里多尼亚、纽尤、北马里亚纳群岛、帕劳、巴布亚新几内亚、萨摩亚、所罗门群岛、东帝汶、汤加、图瓦卢和瓦努阿图。
非洲和印度洋（8 个成员）：佛得角、科摩罗群岛、几内亚比绍、马尔代夫、毛里求斯、圣多美和普林西比、塞舌尔和新加坡。（DESA 网站，2015 年 3 月查阅）。

就业机会方面的差距（表 4.1）。然而，这些成果在很大程度上不仅取决于政府的政策和能力，还取决于国家经济效益的可持续性。小岛屿发展中国家的经济情况极易受到外部经济和环境因素的影响，而政府对此几乎无法控制。

因此，实现包容性和可持续发展仍然是一项艰巨的任务。为了更好地理解小岛屿发展中国家所面临的经济挑战，应简要讨论使它们处于不利地位的因素。

表 4.1　马尔代夫的人口与发展巩固计划

项目	阐释	关键问题
• 聚焦中心发展 • 关注岛屿开发	合理化服务交付	由于以下基础设施建设和服务费用高昂，无法向所有住区，特别是人口不足 1000 人的住区提供基础设施和服务： • 新的基础设施，如卫生设施、学校、下水道和港口； • 基本服务，如医疗和教育
• 区域发展项目： 库尔哈德胡福世和希塔杜的增长中心	实现规模经济	由于规模经济和较高的需求，人口较多的岛屿往往具有较好的经济结构。小岛上的人会主动搬到机会更多的岛上去
	缓解马累交通拥堵	向马累地区的人口迁徙只能通过发展外围岛屿或在北部和南部的主要定居点加以控制
• 安全岛屿计划 • 岛屿恢复项目	降低灾害风险和气候风险	并非所有岛屿都能免受灾害，但某些特定的定居点可以受到保护。如减少定居点的数量，则可抵御灾害和气候风险
• 环礁发展项目	降低环礁贫困	在环礁内集中发展可以帮助减少贫困

资料来源：Shaig（2014）。

4.2　小岛屿发展中国家特点

小岛屿发展中国家在收入水平和人类发展方面表现出相当大的异质性，并具有不同于其他发展经济体的特点。小岛屿发展中国家的"小"可以通过人口、土地面积和（或）总产出或 GDP 来衡量。一些小岛屿发展中国家（特别是太平洋次区域的小岛屿发展中国家）的人口较少，它们中的大多数（特别是在亚太地区），人口为 1 万～150 万，有少数国家例外：海地、巴布亚新几内亚和新加坡。

小岛屿发展中国家的地形和地理特征也是独一无二的。大多数小岛屿发展中国家拥有广泛分布的岛屿，陆地由珊瑚环礁、火山岩、沉积岩以及来自较大陆地的其他物质构成。大部分人口通常集中在几个主要岛屿，其余的则分散在其他岛屿上。例如，在马尔代夫，平均岛屿面积从 0.5 平方千米到 2 平方千米不等，只有 33 个岛屿有超过 1 平方千米的土地。85% 的有人居住的岛屿，土地面积不足 1 平方千米，只有 3 个有人居住的岛屿面积超过 4 平方千米。

对于大多数小岛屿发展中国家来说，技术进步并不能完全解决其与主要市场的距离问题，因为距离导致其经济与潜在贸易伙伴隔离开。由于运输成本高，并且进入国际和国内市场的机会有限，距离遥远也成为影响国内连通性的一个不利因素。

许多小岛屿发展中国家都面临着特殊的劣势，这些劣势与它们规模小、孤立、偏远和易受自然灾害影响有关（Briguglio，1995）。这些因素致使其经济非常脆弱，尤其是容易受到外部因素的影响，具体有以下几点。

第一，国内市场规模小，开发规模经济的能力有限。人口规模小，使得公共或私人的商品服务生产者无法将现有的成本分摊到更多的用户或消费者身上。不可分割性，特别是公共产品和服务的不可分割性，以及专业化的范围有限，导致单位生产成本较高。这对提供公共服务而言尤为如此，因为无论人口数量多少，所处地理位置如何，都必须提供公共服务。人口数量少且分布广泛，抑制了规模经济，也增加了提供教育、卫生、社会、法律和基础设施服务的单位成本。

市场规模小，同样抑制了本土技术的发展，这些技术原本可以满足部分输入需求，并降低对进口的依赖。小型的国内市场无法鼓励竞争，导致了寡头或垄断的局面，在这种情况下，只有一个或两个国内生产商存在并控制着商品价格，除非它们受到政府的控制。

第二，自然资源有限，导致对一些行业产生依赖。尽管并非所有小岛屿发展中国家都如此，但其中一些国家自然资源有限，产业间联系不够发达，即便是基本商品也依赖进口。由于土地面积有限，农业不能大规模发展。一些小岛屿发展中国家只在一种或两种产品上或旅游业等服务方面有竞争力，这使它们容易受到全球经济状况的影响。太平洋岛国的经济主要依赖于渔业、旅游业以及干椰肉和糖类等一些商品。巴布亚新几内亚、东帝汶等其他小岛屿发展中国家则依赖于天然气和水力发电用水等资源。

第三，进入国际市场和开放贸易仍然受限，且因地处偏远而情况加剧。影响小岛屿发展中国家进入国际市场有以下几个因素。除了结构和能力障碍外，交通基础设施不发达，特别对偏远小岛屿发展中国家而言，这限制了这些国家从贸易中获益的可能性。国际和国内连通性差，加上运输成本高，使得小岛屿发展中国家的商品和服务在国际市场上的竞争力较低。高昂的运输成本抑制了一些偏远小岛屿发展中国家的贸易一体化，而这些国家都是需要海运和空运来促进贸易活动的。

可以预计的是，基本供应和生产投入有延迟和不确定性，对于那些远离主要商业中心的群岛和分散的小岛屿发展中国家而言尤为如此①。此外，由于海上和空中运输服务不规范，岛内企业很难满足需求的突然变化，除非他们持有大量库存，但这反过来又增加了营运资金成本。

第四，政府管理成本高，缺乏可持续性发展能力。虽然没有任何规定明确了特定的人口数量要对应多大的政府规模，但较小的国家往往比较大的国家拥有在比例上相对大的政府规模，部分原因是规模不经济使政府别无选择，只能提供公共服务，而不考虑人口较少这一因素。当前这些国家（特别是在太平洋的微型国家）的政府支出在其GDP中所占比例，远高于人口较多的小岛屿发展中国家，而人口较多的小岛屿发展中国家当前支出所占GDP比例本来就高于其他发展中国家②。

第五，频繁发生自然灾害，损失惨重。尽管所有经济体都面临着各种形式的自然灾害，但当国家规模较小时，自然灾害对岛屿经济的损害和对成本的影响更具灾难性。在太平洋和加勒比的小岛上，自然灾害频繁发生，带来严重的经济和社会风险。农产品和商品被破坏，影响了经济产出，基础设施和其他公共服务的被破坏使问题更加复杂。

仅在2014年，亚洲和太平洋就经历了119起灾难事件。尽管死亡人数（6050人）仅为2013年死亡人数（18,744人）的三分之一，但该地区的经济损失约为596亿美元。在加勒比地区，自21世纪以来，由于自然灾害造成的损失平均每年约占GDP的1.7%（IMF，2013）。世界银行（World Bank，2006a）指出，太平洋岛屿经济体报告了207起灾难事件，影响了近350万人，自20世纪50年代以来估计损失成本为65亿美元。

第六，追求经济发展导致环境退化。大多数小岛屿发展中国家的生态系统非常脆弱，但又在全球环境多样性中扮演了重要角色。暴露在外界影响因素下，会危及当地的动植物。全球变暖是一个日益严重的问题，特别是对于低洼岛屿，因为当海平面突然上升时，它们的大部分陆地将会消失。这种侵蚀还威胁着暴露在海浪和海风中的岛屿海岸线。虽然各国都面临着经济发展过程带来的压力，但出于保护有限的土地面积和自然资源基础的需求，小岛屿发展中国家的压力往往更大。由于沿海资源和区域大量用于海洋和旅游活动，小岛屿发展中国家的生态系统往往更脆弱。

第七，金融业发展不良。除了一些较富裕的加勒比经济体充当着重要的海外

---

① Winters和Martins（2004）计算了极小的国家与中等国家（人口约为1,000万）的成本劣势偏差百分比。

② Cas和Ota（2008）提供了政府规模与国家规模成反比关系的证据。他们还提供了证据，证明国家规模与公共债务总额和外债总额之间存在反比关系。小国政府在商品、服务、薪资以及资本投资方面的支出往往高于GDP。此外，研究发现，在小国中，治理不力（或政府低效）与较高的公共债务和外债总额有关。

金融中心外（主要不是服务国内居民），小岛屿发展中国家的国内金融部门服务普遍缺乏深度。这是由于市场规模小，抑制了行业的竞争和发展。市场规模小还限制了金融中介的业务范围，使其只能依赖于外国资金来源。金融业通常由少数银行主导，较高的贷款利率限制了人们获得资金的机会，阻碍了私人投资。由于私营部门负担不起银行提供的资金，商业银行最终只能满足政府的资金要求。在一些大国，政府债务通常由银行和非银行机构处理，还有购买政府国库券和债券的私人公司和个人来承担，但小岛屿发展中国家通常无法做到这点。

4.3 马尔代夫的独特性及其面临的挑战

过去 10 年中，马尔代夫在经济增长和实现千年发展目标方面取得了令人瞩目的成就。然而，这些成就往往掩盖了该国仍面临的各种挑战。马尔代夫的人口稀少且分散，对实现包容性和持续增长构成挑战。

4.3.1 人口稀少

马尔代夫是亚太地区人口最少和陆地面积最小的国家之一。2006 年年中，马尔代夫的人口为 298,968 人（MPND，2007），2014 年增至 341,256 人（Ministry of Finance and Treasury，2014a）。20 世纪 70 年代末，随着医疗服务、传染病控制和生活条件的改善，人口显著增加。然而，据估计，人口的年增长率仍低于 2.0%。

马尔代夫是典型的小岛屿发展中国家，在单一的定居点聚集着不成比例的大量人口。超过三分之一的人口居住在首都马累。全国有人居住的岛屿不到 20%，陆地总面积为 300 平方千米①。马尔代夫人口密度为每平方千米约 1150 人，是世界上人口最密集的 10 个国家之一（图 4.1）。马累也是世界上人口密度最高的城市之一，每平方千米约有 5.6 万人②。

过去几年里，外岛人口增长有所下降，迁移到马累的人数有所增加。这造成了群岛各地定居点分布不均。根据国家统计局 2014 年人口和住房普查数据（初步结果），有 59 个岛屿的居民数量少于 500，66 个岛屿的居民数量为 500～1000，51 个岛屿居民数量为 1000～2500（图 4.2）。最大的定居点是位于该国中部的马累。该国北部和南部有两个较大规模的定居点，即希塔霍和库尔胡德胡夫希（图 4.3）。每个环礁岛都有 1～2 个超过 2500 人的中型人口定居点，通常环礁首府是其最大岛屿。

---

① 据世界银行《世界发展指标》（2015 年 6 月查阅）。
② 城市人口数据来自：http://www.citypopulation.de/maldives.html（2015 年 4 月访问）。

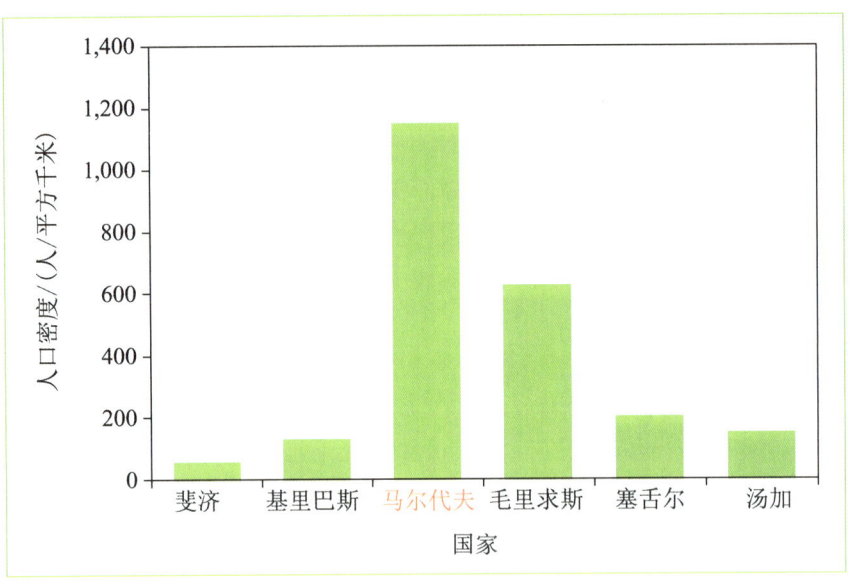

资料来源：世界银行，《世界发展指标》（2015年6月查阅）。

图4.1　小岛屿发展中国家的人口密度（2013年）

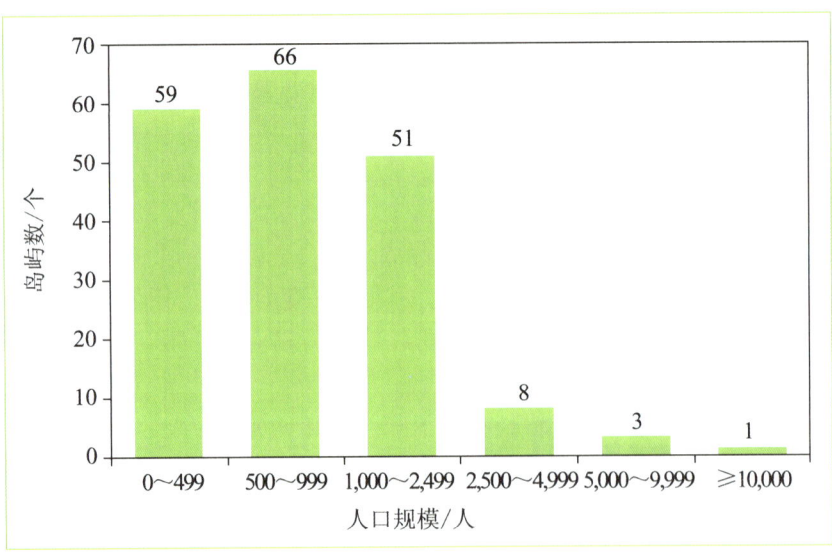

注：本图仅包括行政岛。马累是世界上唯一一个人口超过10,000人的岛屿，包括加尔奥尔胡岛、亨韦鲁岛、马法努岛、马昌奥尔希岛、维利马岛和胡鲁马尔岛等地区。

资料来源：国家统计局（2014年）。

图4.2　岛屿人口（2014年）

第 4 章 马尔代夫及其他小岛屿国家面临的挑战

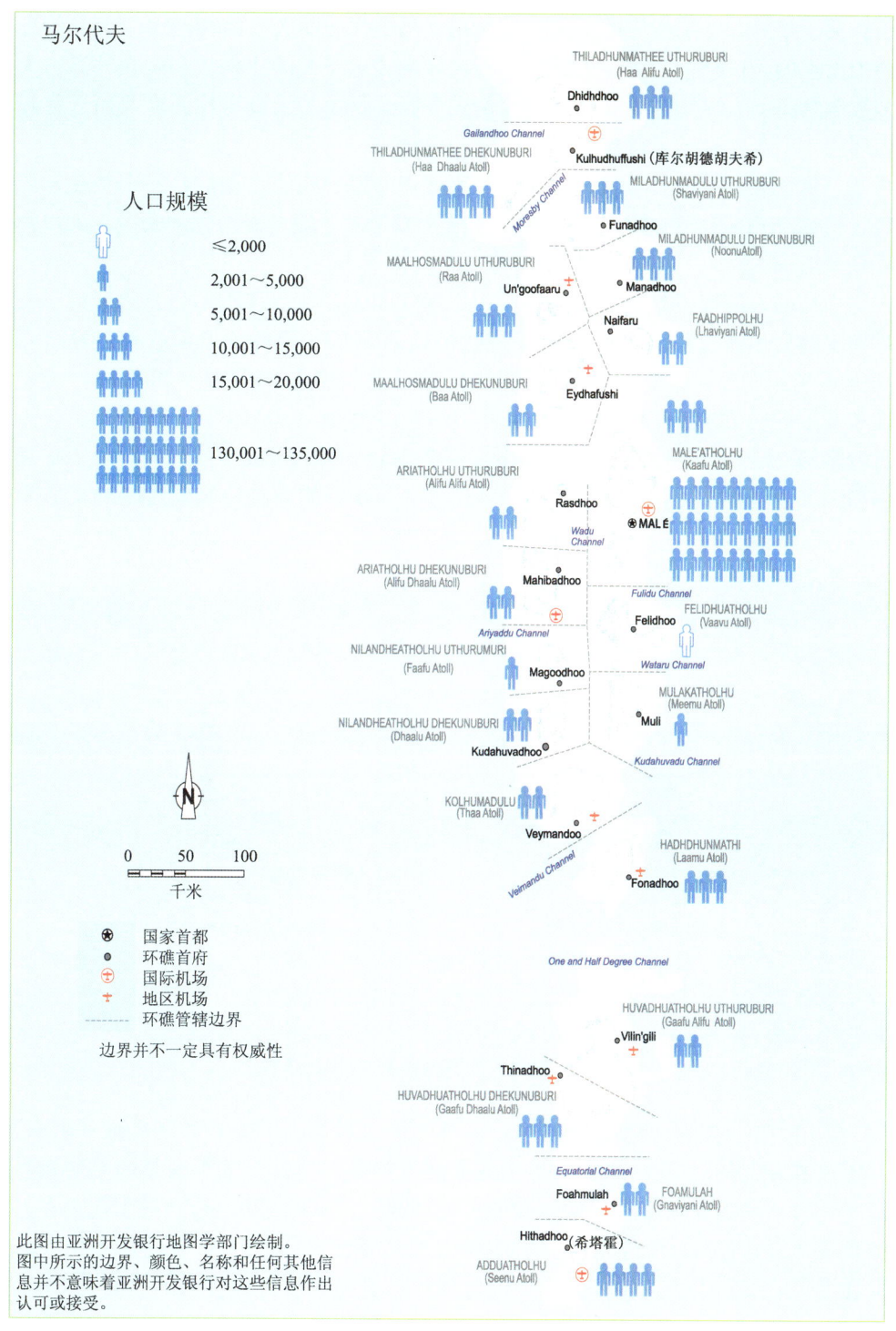

资料来源：亚洲开发银行地图部，根据国家统计局 2014 年的数据。

图 4.3 居民点分布图

关于年龄和性别构成的最新数据显示，马尔代夫的人口结构是一个典型的发展中国家的人口结构，青年人的比例相对较大，老年人的比例较小。在外岛，大多数年龄组的人口结构中女性所占比例较高，这是由于大量男性为就业而迁往较大环礁。图 4.4 显示了典型大小岛屿的人口结构。

马尔代夫有限的总可用土地面积对定居点的发展构成了挑战，特别是在外环礁。约 82% 有人居住的岛屿的面积小于 1 平方千米。随着城市化的发展，人口密度显著增加。

岛屿的人口规模与其脆弱性和贫困程度之间也存在内在联系。总的来说，人口较多的岛屿脆弱性较低，生活水平较高[①]。社区较小意味着政府在提供社会基础设施方面的成本较高，人们获得服务的交通成本较高（MPND，2007）。《脆弱性和贫困评估报告》（MPND & UNDP，1999；MPND & UNDP，2005）指出，人口较多的岛屿，社会脆弱性较低。根据人类综合脆弱性指数[②]，居民不足 200 人的岛屿，脆弱性平均指数为 5.3；居民超过 1,000 人的岛屿，脆弱性平均指数为 4.0；居民超过 2,000 人的岛屿，脆弱性平均指数为 2.4；居民超过 4,000 人的岛屿，脆弱性平均指数为 2.1。

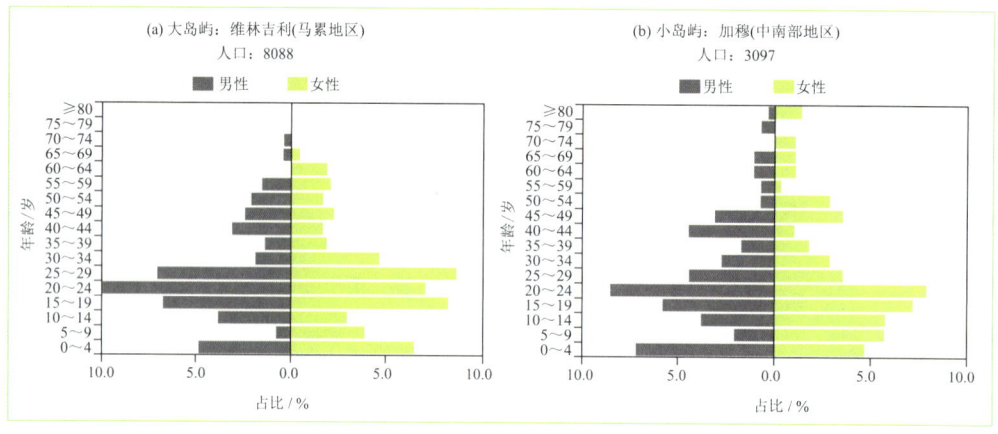

资料来源：基于国家规划部（2012a）的计算。

图 4.4　岛屿人口结构示例（2010 年）

2013 年，人类发展指数（HDI）将马尔代夫归类到中等人类发展水平国家，其指数值为 0.698。这一人类发展指数值高于中等人类发展水平国家的平均指数值（0.64）和南亚国家的平均指数值（0.558）（UNDP，2013a）。马尔代夫在人类发展方面显著的总体成果掩盖了潜在的不平等情况。2014 年《马尔代夫人类发展报告》展示了该国各区域的人类发展指数，强调了环礁和岛屿之间的差异。

---

① 除了两个过于拥挤的岛屿。
② 该指数从 12 个生活标准维度计算，得分越高越脆弱。

2014 年人类发展指数报告显示，马累依旧表现相对较好，其指数值为 0.734，但环礁（分为六个区域）的人类发展指数却在 0.59～0.64 之间。

4.3.2 经济与环境挑战

稀少且分散的人口会导致国内市场规模小，限制了利用规模经济的能力，使得提供公共服务的成本非常高。由于规模不经济（特别是在提供公共物品方面），马尔代夫等小国的政府规模往往相对较大。这些不经济现象会影响公共服务，例如国防、基础设施、公共卫生、公共教育或税收的征收。此外，在规模小的国内市场，国内竞争不会激烈。

从公共行政管理的角度来看，人口分散增加了提供公共服务的难度，而且单位成本很高，因为无论人口有多少，都需要提供这些服务。由于各定居点被海隔开，不论人口多少，每个岛屿都需要在基本的经济社会服务方面实现自给自足，如电力、水、排污系统、交通基础设施，行政、卫生保健以及宗教和教育设施。政府还需要降低面对自然灾害和海平面上升带来的风险时的脆弱性，这意味着要优先采取诸如保护海岸和减轻侵蚀等缓解措施[①]。经过多年的投资，一些有人居住的岛屿已经建立了基本的公共服务设施。然而，在提供更广泛和更优质的服务方面仍存在不足，需要大幅度改进。对于非常小的国家，交通和其他基础设施服务（如水、电等）的成本通常较高，这是因为进口投入的费用高昂和地处偏远。不同岛屿的电力成本不同（见表 2.21），如第 2 章和第 3 章所述，在马尔代夫建设国家电网是不可行的，每个岛屿都有自己的发电站和配电设施。基础设施的质量因岛屿的大小而异，小岛屿的发电机不合格，燃油效率较低，导致价格上涨，电力供应不可靠。

第 3 章说明了服务提供的不平等，其中强调了外环礁和岛屿接受中等和高等教育的机会不平等，因为教育设施主要集中在首都和一些主要环礁（见图 3.13）。同样，在五级保健服务转诊制度下，在外岛只有提供基本保健服务的全科医生，而环礁和地区医院则能进行更先进的手术。私营企业参与提供公用事业和公共服务受到规模不经济的限制，因此在小岛屿公用事业服务方面的私人投资主要是社区投资（例如发电厂和幼儿园）。

马尔代夫在教育方面的支出一直高于其他同等规模的国家。2011 年，马尔代夫的教育支出占 GDP 的 6.8%，而不丹的教育支出占 GDP 的 4.7%，斐济的教育支出占 GDP 的 4.1%。不过在 2012 年，马尔代夫的教育支出降至 GDP 的 5.9%。该国在卫生领域的支出也较多，2013 年的卫生支出占 GDP 的 10.8%。尽管公共开支占 GDP 的比例很高，但马尔代夫和其他小岛屿发展中国家一样，没

---

① 在有人居住的岛屿中，2011 年约有 90% 存在严重的海岸侵蚀（Azez，2014）。

有足够的人口来支持各种公共产品和服务。因此，提供相关保健服务的费用和保健服务的内容在全国各区域各不相同。2010年的家庭收支调查表明，各地区的人均每月医疗服务支出中，五～七区远远高于其他地区，这些区人口较少，位于马尔代夫南部（表4.2）。

表4.2 每项医疗服务的人均每月支出（2010年） 单位：拉菲亚

岛屿	相关服务支出
区域一： 哈阿里夫、哈阿达鲁和沙维亚尼	412.3
区域二： 诺鲁、拉阿、巴阿、拉维亚尼	76.3
区域三： 卡夫、北阿里夫、南阿里夫、瓦夫	817.6
区域四： 美慕、法夫和达哈鲁	487.8
区域五： 塔哈和拉姆	1443.9
区域六： 卡夫阿里夫、卡夫达哈鲁	1907.6
区域七： 加纳维亚尼和西努	2640.8

资料来源：基于国家规划部的计算（DNP，2012a）。

由于无法实现出口的多样化，马尔代夫的经济依赖于数量有限的产品。大多数小岛屿发展中国家的对外贸易占国内生产总值的比例很高。马尔代夫的经济在很大程度上依赖于旅游收入和出口新鲜加工金枪鱼。表4.3比较了马尔代夫和其他小岛屿经济体相较于其他经济体对贸易的依赖程度。从表中可以看出，与其他发展中国家和最不发达国家相比，马尔代夫的进出口占GDP的比例是很高的。在出口集中度方面，根据赫芬达尔－赫希曼指数，（见78页脚注）马尔代夫的出口集中度有所上升。马尔代夫的指数从20世纪80年代的0.35升至2013年的0.45（表4.4）。马尔代夫的出口比斐济和毛里求斯的出口更为集中，但比其他国家的出口要少。出口的目的地也很集中，大约一半的出口产品流向法国和泰国。主要出口产品成衣及鱼类占1980—2004年出口总收入的92%。但2005年纺织品和服装优惠协议终止后，服装在总出口中的份额下降到1%。

表 4.3 贸易依赖指数（2010—2013 年）

国家类型	出口占 GDP 的百分比/%	进口占 GDP 的百分比/%	出口和进口占 GDP 的百分比/%
所有国家	30.6	29.8	60.4
最不发达国家	31.1	36.7	67.8
中低收入国家	29.1	28.6	57.7
中上收入国家	29.6	27.6	27.2
小国家	51.1	65.5	116.7
马尔代夫	100.1	92.7	192.8

注：这些数值是 2010—2013 年期间出口、进口和贸易的平均值占 GDP 的比例。

资料来源：根据世界银行《世界发展指标》（2015 年 2 月 23 日查阅）进行计算。

表 4.4 出口集中度（1980—2013 年）

国家	1980 年代	1990 年代	2000 年代	2010 年	2013 年
巴巴多斯	0.28	0.20	0.19	0.17	0.26
斐济	0.53	0.35	0.25	0.20	0.23
马尔代夫	0.35	0.32	0.39	0.37	0.45
毛里求斯	0.45	0.30	0.26	0.19	0.22
帕劳	—	0.50	0.74	0.90	0.92
巴布亚新几内亚	0.46	0.39	0.38	0.42	0.37
萨摩亚	0.37	0.62	0.56	0.49	0.28
所罗门群岛	0.38	0.51	0.65	0.74	0.65
东帝汶	0.25	0.30	0.68	0.44	0.95
汤加	0.29	0.48	0.37	0.30	0.26
特立尼达和多巴哥	0.49	0.27	0.40	0.44	0.50
瓦努阿图	0.61	0.40	0.56	0.58	0.65

资料来源：根据世界银行《世界发展指标》（2015 年 2 月 23 日查阅）进行计算。

2013 年，鱼类和海鲜产品在出口中所占比重上升到 93%（图 4.5），集中度指数的增长说明出口缺乏多样化。

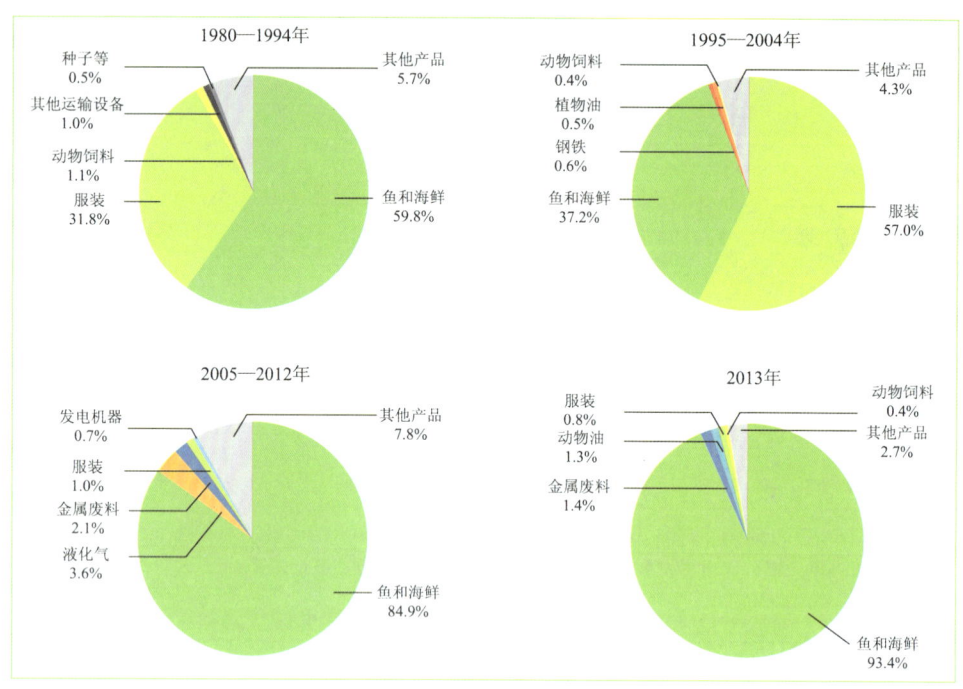

资料来源：UNSD，联合国贸易部（2015 年 4 月查阅）。

图 4.5　马尔代夫的主要出口产品（1980—2013 年）

尽管马尔代夫的经常账户在过去几年有了可观的增长，但其经常账户状况一直不稳定。该国应对外部威胁和从冲击中恢复的能力相当有限。消费和其他投入对进口的严重依赖损害了中长期增长的可持续性，特别是在外部冲击影响到近年来实现的宏观经济稳定的情况下。尽管解决经常账户波动的一个方法是使经济多样化，寻找新的出口产品和小众（利基）市场，但马尔代夫的自然资源有限，技术落后，基础设施薄弱，无法促进贸易，阻碍了该国增加出口的能力①。

出口高度集中化，贸易条款时常变动，也阻碍了中长期经济的可持续增长。其中较高的单位进口成本严重阻碍了马尔代夫的结构转型进程，加上贸易量稀少，加剧了许多岛屿地处偏远且孤立的问题。由于缺乏规模经济，加上许多岛屿地处偏远且远离市场，导致资源分配不够理想，缺乏促进新投资的动力。

如果运输成本增加了贸易成本，就不可能最大限度地扩大进入国际市场的机会和贸易开放的程度。小型经济体面临着巨大的投入、生产和交易成本，这些成本转化为更高的经营成本（Winters & Martins，2004）。一般来说，海运和公用事业是促进生产和贸易的因素，但这些因素却是偏远小型经济体的成本劣势（表

---

① 有一种观点认为，小国的出口潜力主要存在于某种形式的准租金（激励）市场，或者可以通过优惠或其他政府支持来创造。在这些经济体中，租金的存在似乎是企业家投资新业务的先决条件，否则运营成本高，不具可行性（Grynberg，2001）。

4.5)。与地域广阔、地理位置优越的经济体相比,这些不利因素降低了其贸易利润或收入。

表4.5 成本劣势汇总:成本与平均经济成本的百分比偏差　　　单位:%

成本项目	岛屿人口规模			
	微型岛	微小岛	临界值	小岛
空运	31.8	4.1	-1.8	-1.7
海运费	219.6	70.5	20.5	9.1
非熟练工资	60.1	31.6	13.6	6.6
半熟练工资	22.4	12.1	5.3	2.6
技能工资	38.0	20.3	8.9	4.3
电话(边际成本)	98.5	47.2	19.1	9.0
电力(边际成本)	93.1	47.0	19.7	9.4
水(边际成本)	0	0	0	0
燃料	53.8	28.3	12.3	5.9
个人航空旅行	115.7	56.8	23.3	11.0
地租	-3.5	-17.2	-14.2	-8.9

注:(1)人口最大值:微型岛—12,000居民,微小岛—200,000居民,临界值—1,600,000居民,小岛—4,000,000居民,普通岛—10,000,000以上居民。(2)这些数字是几种具体成本的平均值,如燃料或运输类型。
资料来源:Winters & Martins (2004)。

马尔代夫的地理位置虽然不像一些太平洋国家那么偏远,但其进出口成本更高。鉴于群岛的地理环境,即便是岛屿间的货物和人员流动,也主要通过海运。由于运输服务不频繁且效率低下,加上港口基础设施不足(见第2章),运输货物的成本很高。2014—2015年的《营商环境报告》调查显示,马尔代夫出口一个20英尺集装箱,成本高达1,625美元(表4.6)。该数字可能低估了实际成本,因其仅计算用20英尺整装集装箱的干货运输成本,这类产品的储运不需要制冷或其他特殊环境,不需要满足特殊的植物检疫或环境安全标准要求。而马尔代夫的金枪鱼出口可能并非如此。同样,该国进口货物的成本也相对较高。

表4.6 部分小岛屿发展中国家的进出口成本(2014年)

国家	出口/(美元/箱)	进口/(美元/箱)
斐济	790	753
马尔代夫	1,625	1,610
毛里求斯	675	710

续上表

国家	出口/（美元/箱）	进口/（美元/箱）
巴布亚新几内亚	1,335	1,350
塞舌尔	705	675
汤加	515	500
瓦努阿图	1,490	1,440

资料来源：世界银行（2014a）。

人口少而分散是导致政府机构庞大且不具备可持续发展能力的原因之一。两位学者 Cas 与 Ota（2008）使用了 42 个小国家（包括马尔代夫）的财政数据集，证明了政府规模和国家规模是负相关的，该结果具有统计学意义。作者提供的证据表明，在小国家和大国家样本中，国家规模与公共债务和外部公共债务金额之间存在反向关系。小国家[①]往往在商品和服务、工资和薪金以及资本投资方面有更高的政府支出。该文件还揭示了小国家的政府机构往往比大国家更加臃肿，这是由平均总支出和大多数支出子类别来衡量的。

2008 年《马尔代夫宪法》规定的政府结构扩大了官僚机构。宪法设立了 7 个省和 21 个行政区，还设立了一院制的议会——人民议会。于 2014 年 5 月 28 日任命的人民议会议员目前共 85 名，其任期为 5 年[②]。议员由多成员选区选举产生，代表人数由选区人口规模决定：前 5,000 名公民有 2 名代表，每增加 5,000 名公民则增加 1 名代表。

2010 年的《权力下放法案》创建了政府的三级管理机构，官僚体制进一步扩大[③]。此外，截至 2012 年底，司法机关共有 164 名法官和治安官（DNP，2013）。马尔代夫还设有 14 个部委和 7 个独立机构。截至 2012 年，马尔代夫共有公务员 17,657 人，其中男公务员 8,603 人，女公务员 9,054 人。41% 的公务员受雇于教育部门（DNP，2013）。

由于人口规模小、环礁偏远，前往主要岛屿和旅游胜地的机会有限，扩大经济活动的范围有限，因此渔业、农业和零售业无法维持当地经济，外岛和小岛屿的居民严重依赖政府就业机会作为收入来源。2009 年家庭收入和支出调查的数据显示，公务员占小岛就业劳动力的 70%，而环礁首府和人口较多的岛屿公务员比例则要低得多。同样，生活或工作在较大环礁和岛屿的人收入也较高，一部分原因是旅游业和旅游相关服务带来的收入。图 4.6 显示了一个具有代表性的小岛和一个较大的环礁首府岛屿的就业数据。

---

① 这里"小国家"定义为人口不超过 200 万的发展中国家和新兴市场国家。
② 人民议会网（2015 年 5 月查阅）。
③ 两个市议会、19 个环礁议会和 181 个岛屿议会每年从财政部获得预算资金，但同时拥有开拓经济收入来源的自主权（ADB，2011b）。

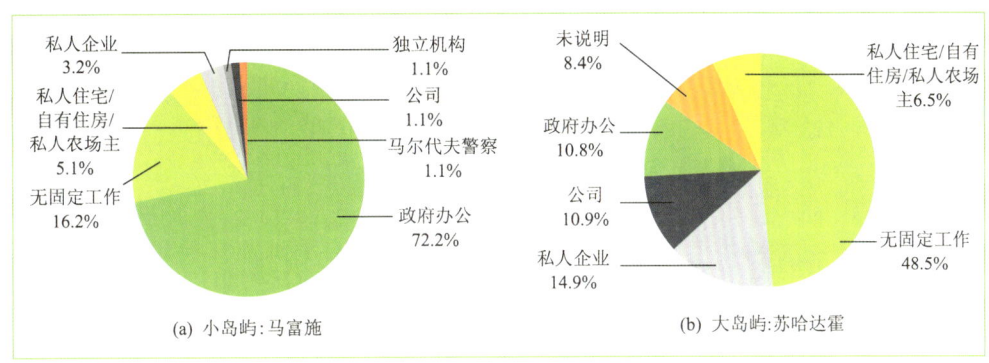

注:"无固定地点"主要指街头小贩。资料来源：基于国家规划部（2012a）的计算。

图 4.6　各部门就业情况（2010 年）

2009 年的《马尔代夫第四条协商条例》强调，根据国际标准，该国公共部门的就业和工资水平（图 4.7）非常高（IMF，2010a）。约 11% 的马尔代夫人口是公务员，与该次区域内外的国家相比，这一比例都相当高（图 4.8）。

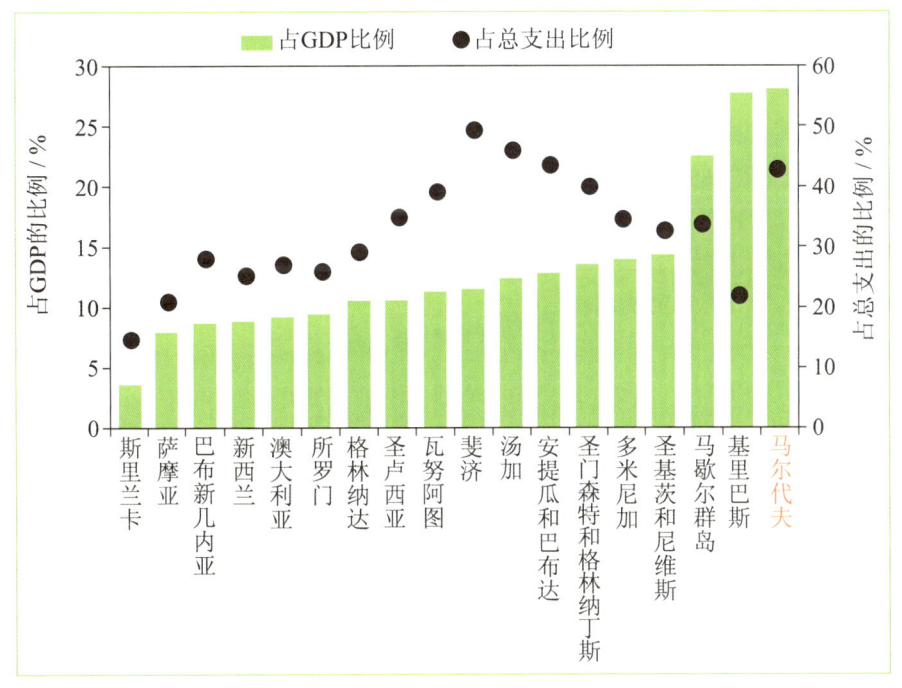

资料来源：国际货币基金组织（IMF，2010a）。

图 4.7　公职人员工资支出占 GDP 和总支出的比例

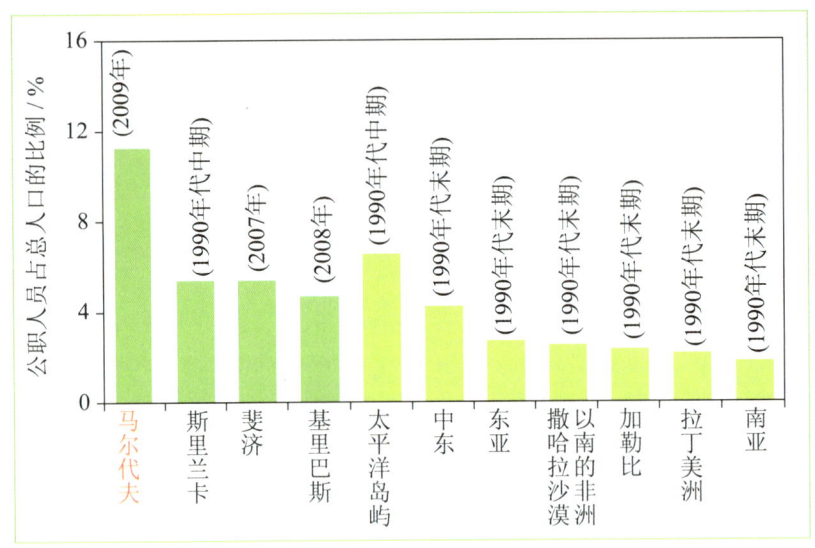

注：括号内所示为可获取数据的最近年份。资料来源：国际货币基金组织（2010a）。

图4.8　公职人员占总人口的比例

2012年，政府支出约占GDP的32%，远低于一些太平洋小岛屿国家（图4.9）。尽管如此，人们仍然担心财政赤字上升，主要是由于当前政府支出大幅增加，特别是自2008年开始公务员工资和薪酬增长很快（图4.10）。该国公务员薪酬或补偿约占当前政府支出总额的60%，但塞舌尔仅占29%，毛里求斯仅占

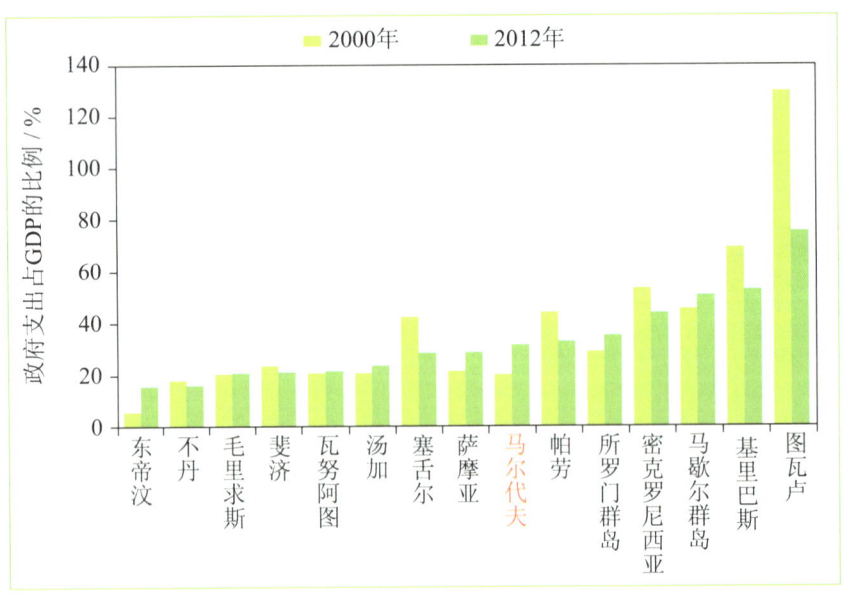

资料来源：毛里求斯和塞舌尔数据来自世界银行的《世界发展指标》（2015年4月查阅）；其他国家数据来自亚洲开发银行（2014b）。

图4.9　各国政府支出占GDP的比例（2000年和2012年）

36%（图4.11）。这促使政府启动由亚洲开发银行、国际货币基金组织和世界银行支持的紧急改革，实行财政整顿。通过调整工资、津贴和其他福利以及削减其他支出等措施，减少公共支出，使公共财政恢复到可持续水平。

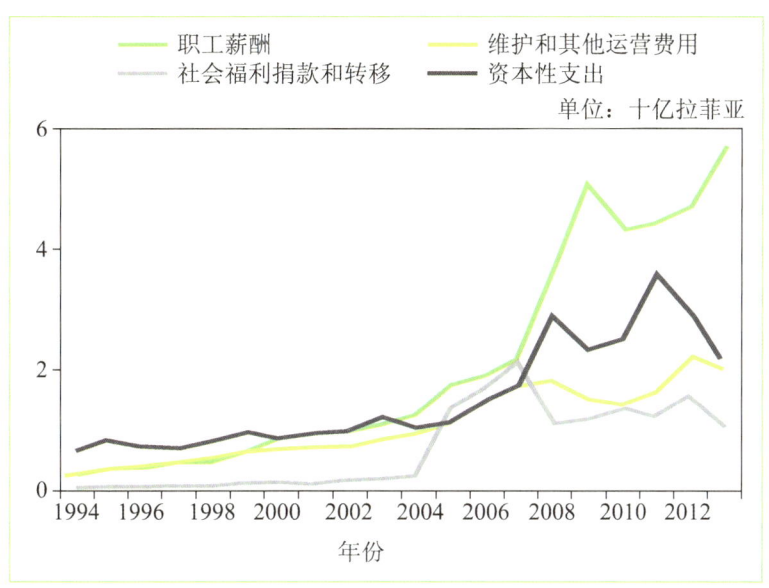

资料来源：国家规划部（不同年份）。

图4.10 马尔代夫政府支出情况（1994—2013年）

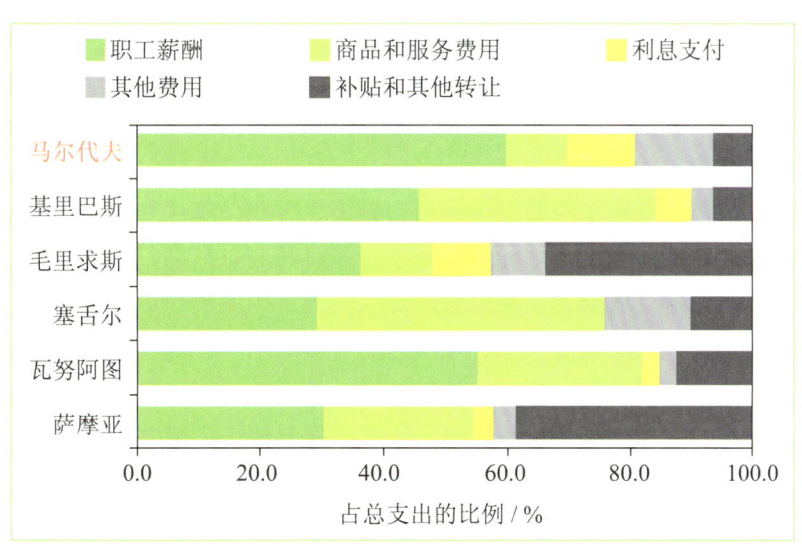

注：社会贡献计入职工薪酬，社会福利和转移计入补贴和其他转移。商品和服务费用等同于维修和其他运营费用。

资料来源：马尔代夫——马尔代夫货币管理局（MMA，2013）；瓦努阿图——瓦努阿图国家统计局，瓦努阿图国民账户，2012年年度报告；其他国家——世界银行，世界发展指标（2015年5月查阅）。

图4.11 各国政府支出构成（2012年）

此外，马尔代夫抵御气候变化和灾害风险的成本高昂，难以掌控。2004年马尔代夫遭受了破坏性最强的自然灾害——海啸。灾难数据库的数据显示，这场灾难导致102人丧生，约27,000人受灾。2007年，一波又一波高达3~4.5米的巨浪袭击了68个岛屿，造成1,600人流离失所，估计损失4.7亿美元[①]。如果要在所有有人居住的岛屿上建设抵御侵蚀和洪水的沿海保护及减灾设施，将花费巨大。按2004年价格估算，仅沿海保护费用就高达18亿美元，这对于小型经济体而言是一笔巨额费用（Shaig，2009）。

据预测，21世纪全球平均表面温度将显著上升，马尔代夫的海面温度也在上升。珊瑚对温度变化很敏感，全球温度升高可能导致珊瑚大量白化。马尔代夫的珊瑚礁有多种功能。它们起到缓冲作用，能保护海岸线免受巨浪的侵袭，还是渔民用来捕捉金枪鱼的活饵的栖息地，而金枪鱼则为该国的出口作出了重大贡献。珊瑚礁也是吸引游客的主要景点。随着马尔代夫境内人类活动的不断增加，如土地复垦、疏浚和垃圾倾倒，再加上全球气温不断上升，珊瑚生存受到威胁。

马尔代夫长期以来一直反对碳排放，认为碳排放是海平面上升的原因之一。该国80%以上的陆地都低于平均海平面1米，最高海拔只有2.4米。由于气候变化导致海平面上升，随着时间的推移，马尔代夫可能会消失。20世纪，全球海平面每年上升1~2毫米。政府间气候变化专门委员会预计，1990—2100年间，全球海平面将上升9~88厘米；最坏的情况下，马尔代夫将完全淹没在水下[②]。未来可能出现干旱和洪水等极端天气状况，热带气旋强度也将加剧。风暴潮高度预计会增加，甚至可能淹没马尔代夫最大的岛屿。由于岛屿面积小，大多数（如果不是全部）人类定居建筑都在海岸线附近。海平面上升、恶劣天气和风暴潮可能淹没住房和重要的基础设施。

未来预计极端气候事件的发生将更为频繁，因此马尔代夫等小岛屿经济体必须解决这一脆弱性问题，规划和投资一系列缓解和应对措施，以避免对财产、基础设施和国内经济造成损害，最重要的是预防更多生命被夺走。

随着马尔代夫追求经济发展，环境恶化日益加剧。在该国经济发展的早期阶段，人们生活方式很简单，对环境的影响微乎其微。然而，最近的社会经济发展和人口增长导致了该国环境显著恶化。由于生态系统十分脆弱，而且容易受到全球变暖和海平面上升的威胁，人们认识到必须进行环境管理和规划。

马尔代夫的环境包括一系列微妙、脆弱、复杂且独特的生态系统。其生物多样丰富，珊瑚礁生态系统是最具生产力的生态系统之一，从微小的浮游生物到大

---

① 来源于EM DAT数据库（2015年3月查阅）。
② 过去的数据显示，珊湖尔岛的海平面每年上升1.7毫米，而最高小时海平面每年上升约7毫米（Ministry of Environment and Energy，2011）。

型海洋哺乳动物都囊括在内。然而，该国陆地面积小，人口规模大，大部分岛屿几乎孤立，使其陆地和海洋生态系统变得脆弱。目前问题是由于人口密度高，且集中在少数几个岛屿上，加上旅游景点数量增加，使得环境管理更加困难。

已查明更为严重的环境问题包括：①据报道，在57个有人居住的岛屿和几个度假岛屿中出现了严重的海滩侵蚀情况；②珊瑚开采增加了风暴引起侵蚀和洪水的可能性；③疏浚损坏了珊瑚礁和海洋生物栖息地环境；④土地复垦使得岛屿更易受洪水影响；⑤消费增多，包括车辆数量大幅增加，导致路面严重压实，从而减少了天然含水层的补给；⑥缺乏可持续的固体废物、污水和石油处理系统，而这类系统是必要的，因为这些废物如果处置不当，可能污染地下水资源，破坏该国海洋栖息地；⑦人口日益增长，过度使用淡水含水层——目前，淡水资源处于临界水平，即使安装了海水淡化厂供应饮用水，含水层也将在未来几年内枯竭；⑧土壤退化，这是一个日益令人关切的问题，因为不断清除落叶和燃烧倾倒或毁坏落叶，会中断土壤养分的补给（Khaleel & Saeed，1997）。

投资渠道狭窄的金融业限制了金融资源调动。包括马尔代夫在内的大多数小岛屿发展中国家的金融市场都欠发达。由于国内金融市场疲软，马尔代夫在有效调动国内和国际融资方面仍然面临挑战。

目前，马尔代夫的银行业无法提供必要资金，以满足该国各方面发展需求。从历史上看，马尔代夫的大部分信贷都流向了大型企业和旅游业。无论是用于资本投资，还是用于满足长期流动资本需求，中小企业以及中低收入家庭都缺乏长期贷款支持。由于缺乏获取融资的有利环境，主要从事零售贸易的微型、中小型企业面临无法获取资金支持的挑战。难以获得贷款的一个关键原因是缺乏组织机构的信贷信息，这导致金融机构在贷款方面采取保守态度，收取很高的利率，并根据抵押品而不是现金流量作出贷款决定。第2章和第3章详细讨论了金融业，包括在马尔代夫进行融资所面临的挑战。

4.4 结论与展望

马尔代夫经济在过去20年里实现了显著增长。旅游业一直且将继续是该国的经济命脉。在海啸和全球经济危机之后，旅游收入受到严重影响，该国必须进行重建，同时寻找其他增长动力来支撑经济。由于受固有的地理结构和人口稀少等因素限制，马尔代夫财政赤字不断持续，经常账户和公共债务不断增加，宏观经济面临的挑战变得更加复杂。

为了解决所面临的经济和环境脆弱性问题，马尔代夫必须采取政策措施来提高和维持其增长，并增强其抵御外部和内部冲击的能力。

在宏观经济方面，政府必须继续进行财政整顿，以创造足够的财政空间。实现这一目标最有效的方法之一是：改善和改变政府支出构成；控制当前支出，特别是转账、补贴和工资的支出；维持足够的资本支出水平，以实现发展目标。这种战略要求针对最弱势的群体建立适当的社会安全网，因为减少公共产品和服务的经常支出对这一群体影响最大。虽然像马尔代夫这样的小岛屿发展中国家，可能无法将政府收入提高到其他发展中国家的水平，但必须加强国内税收动员工作，包括简化税收管理和海关程序，助力创造新的财政空间，支持更多与发展有关的支出。

通过提高政府机构规划能力及其实施政策和计划的能力来提高公共服务质量，同样尤为重要（Cas & Ota, 2008）。增强政策可信度的系列措施有助于：提高政府的整体效能，如提高其透明度；拥有可靠和最新的经济、社会和其他数据；定期在规划、设计和实施方案方面开展能力建设项目。

建立健全的结构性政策非常重要，因为在增强发展潜力的同时，还能增强长期抗冲击能力。实施一些改善商业环境的政策可以增强私营部门在该国投资的信心，可将要求决策者考虑如何改善企业监管环境作为一个良好的开端。金融深化措施和提升金融包容性的举措，还可以促进私营部门的发展，起到鼓励微型和小型企业的作用，这些都有助于解决增长包容性方面的问题。

资源匮乏和相关的高成本结构使马尔代夫的出口产品在国际市场上缺乏竞争力。尽管提供经济租金[①]会有所帮助，但考虑到财政状况，这种策略可能无法持续下去。寻找小众（利基）市场[②]是扩张市场的一个方法。但就其性质而言，如果处理不当，这些市场的存在可能是短暂的。利基市场活动能否成功，取决于贸易和公司层面的政策是否恰当，以及信息流动是否及时，国际市场联系是否有效。这将需要高效完善的信息通信技术以及营销网络，以此促进交易。

马尔代夫等小岛屿国家应考虑采用次区域方法，缓解目前困境，即规模小、土地面积分散所带来的挑战。次区域合作需要决心和努力，但有助于解决规模不经济问题。例如，在马尔代夫的次区域内统一规划法规和法律，可以降低交易成本，降低制定国家特定监管方法的必要性。促进次区域一体化，可以加强知识和经验的交流，从而为小岛屿国家所面临的共同问题提供次区域解决方案。

自然灾害夺去生命，破坏财产和基础设施，同时也扰乱经济活动，导致经济萎缩。为能及时应对灾害、减轻灾害风险，提前做好防范工作至关重要。而经济恢复能力的形成，需要将此类防范措施纳入宏观经济框架，使政府能够在需要时进行规划和提供资金支持，同时确保财政审慎。必须加强协调政府、捐助方、民

[①] 经济租金是实际支付给所有者的生产要素（如土地、劳动力或资本）与所有者预期的支付水平之间的正差额，因为它具有排他性或稀缺性。经济租金因市场不完善而产生；如果市场是完美的，它就不会存在，因为竞争压力会压低价格。

[②] 例如斐济成功地出口了水资源，让斐济水成为发达国家为之支付高价的产品之一。

间团体和私营部门之间的灾害预防协调,特别是在资金有限、行政能力相对较弱、应对此类事件的体制框架较薄弱的情况下。

在马尔代夫和其他小岛屿发展中国家实现和维持发展,是一项复杂而艰巨的任务。为了明确如何应对挑战,了解国内外因素所发挥的作用是至关重要的。必须通过持续投资来夯实国家经济基础,使其生产能力多样化。尤其是要开拓一些利基市场和服务的产品,或附加值高且内容丰富的经济活动,从而建立其经济的抗冲击能力。

第 5 章
政策建议

2005—2012 年期间，马尔代夫成功抵抗了主要自然灾害和全球性经济危机的打击，并且取得了可观的经济增长率。在此期间，马尔代夫经历了巨大的转变，从依赖渔业维持生计到发展成一个有着中等收入的低水平国家，其服务行业也在不断发展。致力于为旅游业发展提供有利商业环境的强烈决心，也推动了马尔代夫的发展。然而，发展带来的好处并没有在各部门与行业群体中均衡分布。许多环礁岛屿（特别是偏远的环礁岛屿）仍被忽视，就业机会极少。政府目前面临的关键经济问题是如何更好地：①使经济多样化，摆脱对旅游业的严重依赖；②让经济发展过程更具包容性。目前依赖外国直接投资旅游行业的经济模式，以及旅游行业或者其他服务行业和专业活动聘用外国劳动力的方式，并没有让那些技能水平较低、受教育程度较低和生活在偏远环礁岛屿上的人群获益。

要想理解马尔代夫所面临的政策抉择，就要先了解该国地形地貌对其经济发展的影响。马尔代夫的地形地貌决定了其经济所面临的制约因素和发展的可能性，这个作用举足轻重。马尔代夫主要由群岛组成，环境很容易受自然变化的影响，本来人口就不多，还分散在不同的岛屿上。上述因素加起来，要保障经济发展，同时还要兼顾包容性和可持续性，便难上加难。技术短缺、农业发展困难、互联互通匮乏、运输成本昂贵，使得该国在发展多元化经济和开发非传统型旅游业与渔业出口经济方面变得更加困难。防范自然灾害需要增加巨大开支，还要改善水运系统，都给政府资金预算带来了压力。此外，在世界石油价格持续上涨期间，该国仍依赖进口石油产品，还要保护消费者免受价格上涨带来的恶劣影响，如满足能源补贴方面的需求，政府经济压力剧增。政府资金预算本来已经十分紧张，这些新的需求更是雪上加霜。总体看来，所有这些需求带来的影响累积起来，已经导致巨额预算赤字，在过去 5～6 年间一直是个棘手的问题。填补这笔赤字，反过来又影响了给私营部门贷款所需成本以及获得财政支持的可能性，特别是在帮助那些中小微型企业（MSMEs）创造就业机会和提高收入等方面。

5.1 制约包容性发展的主要因素

本研究采用诊断法确定那些制约马尔代夫发展经济、解决贫困与收入不均等问题的最关键的因素。在一个经济体面临的许多问题中，并非所有问题都是主要障碍，从某种意义上讲，找不到解决办法，可持续性发展就不可能实现。由于马尔代夫地理特征独特，制约其经济包容性发展的主要因素，与为数不多的人口散居在连通不畅的岛屿上有关，这就意味着构建交通运输网效率低、成本高，或者无法构建交通运输网。反过来，上述因素又使得组织教育培训、将偏远地区纳入国民经济主体中以及建立发展可以支持本土经济活动的产业等，都举步维艰。更深层次地讲，针对不利的气候形势，政府需要投资进行防护和恢复经济，这也使得政府财政异常紧张。过去用来补贴预算赤字的方式，反过来又阻碍了完善金融中介体系的现代化进程。基于这些考虑，本书列举了下述可能制约经济可持续发展和包容性发展的主要因素：

（1）海上基础设施不充足、质量差。如果缺乏特别有效的运输基础设施，私人投资不会蓬勃发展，因为商业运营成本会保持较高水平。如此一来，投资回报率更低，就业发展受阻。与此同时，外岛与经济中心之间缺乏连通也阻碍了基本社会服务的展开。

（2）缺乏专业和高技术人才资源。质量差、不均等的高中、大学和职业技术教育条件限制了生产性行业的发展和体面的就业机会，尤其限制了跨岛的就业机会。

（3）宏观经济管理薄弱。财政债务长期存在，并且无法维持，公共债务不断增加。

（4）获得财政和其他生产性融资的机会极为有限。对于中小微型企业来讲，此项问题尤为突出。

为保持当前发展速度，马尔代夫的中期发展仍需应对更多挑战。

（1）来自政府部门与管理层面的挑战。政府在管理资源、提供公共服务、制定法制法规等方面的效度值得关注。因政府变动而导致的政治不确定性，以及与政府相关的交易中存在的不正当行为，也值得重视。

（2）与基础设施有关的问题。高昂的电价，对于开发其他电力供应来源的需求，以及供水和环境卫生系统等问题，都需要解决。

在任何经济体系中，特别是在发展中国家的经济体系中，上述两方面的问题都可能影响经济发展的前景。如果长从长远来看，关键的经济任务是促进经济基础多样化，这就需要更加熟练的劳动力群体，以及一个完善的基础设施系统。这个系统可以提供优质的连通服务，为本地投资提供充足资金，保证宏观经济环境稳定，能提供具有国际竞争力投资环境的制度基础。下文中列出的政策建议旨在解决短期、中期和长期的发展制约因素。这些问题之所以出现，根源在于国家地理位置以及宏观经济管理过程中出现的风险和制度问题。

5.2 实现包容性发展

5.2.1 配备充足的海运交通网

高效便捷的海上运输基础设施至关重要,对于马尔代夫这样的群岛国家来说更是如此。如果不改善海上运输条件,可能都无法维持马尔代夫目前的经济增长率。岛屿间连通性差也阻碍了经济的包容性发展,因为它会使经济发展变得更不平衡,也会增加环礁岛屿和马累之间的不对等性,并对马尔代夫进入区域市场和全球市场造成困难。由于岛屿与环礁之间的距离远,运输成本高,小岛屿上交易活动量处于低水平,降低了渡轮服务的盈利能力,并已导致关键海域运输基础设施投资不足。

配备充足的运输基础设施和运输服务,特别是海上运输,能够促进岛屿之间的连通,进而促进高效的国际及国内贸易,提高人口市场准入水平,吸引私人投资。马尔代夫政府现在已经认识到这是一个缩小马累与其他环礁岛屿之间差距的优先领域。综合性海运服务是一种选择,而这需要从改善港口基础设施和海运服务着手,还需要结合归化人口和联合发展措施。针对所需要的发展,海上运输总体规划(MTMP)已经提供了一个重要概述,更直接的短、中、长期发展措施如下所列。

1. 短、中期措施

(1)对全国海上运输基础设施进行全面评估,开展需求分析并进行可行性研究,确定优先实施的高优子项目,特别是那些已经在 MTMP 中确认过的项目。

(2)在商定的时间表内实施由 MTMP 推荐开展的机构和监管改革,如:①以管控为目的,建立更清晰、更高效的制度化管理体制;②设立独立和更有效的监管机构;③规划一个符合法规的制度框架,吸引私营部门参与基础设施开发、管理以及提供运输服务;④提高政府机构的办事能力,制定运输政策,管理和规范相关机构和部门;⑤制定明确的方针政策,指导私营部门参与规定范围内的海上运输项目(例如:建设区域港口基础设施、私有化港口运营和管理、提供海运服务等)。

(3)制订定期升级港口设备设施的计划,特别针对如何管理设施(港口起重机、终端拖车、伸缩式堆垛机和叉车等)和导航设备,以期提高工作效率和作业能力。

(4)建立监督系统,加强海上各运输环节之间的协作,高效完成项目计划,即通过建立一个监督系统来监督项目的实施并确保项目资金管理的透明度。

(5)检查并制订海上运输服务的定价策略,目的是平衡财务的可持续性、高效性和公平性，鼓励更多私营部门参与海上运输服务。

2. 中、长期措施

（1）开发并实施一个经济适用型、覆盖海陆空等领域的综合运输网络，改善人们的出行方式和货物流通方式，增强和促进国际联系，确保提供一套可靠和实惠的运输服务。这套服务应该从整体运输总规划中发展起来，这项总规划为所有运输模式的基础设施提供评估服务。

（2）修建适用于多种运输经营模式的基础设施，包括可以快捷有效地将货物和旅客从国际船只转运到内岛交通船的转运设施等。

（3）提供持续发展能力培训计划（包括招聘、培训、私人辅导和导师咨询等），加强和发展各相关机构的能力并将这些成果扩展到本地海运部门。

5.2.2 提高高中、大学和职业技术教育质量，增加教育机会

目前马尔代夫通过迅速扩大小学招生规模，普及了基础教育。下一个挑战就是要提高教育质量，培养出更多更好的大学毕业生和职业教育毕业生。迄今为止，马尔代夫尚未培养出足够的专业人士和技术工人为其现代化经济服务。

前面章节里的证据表明马尔代夫的教育质量需要提高，这是直接影响该国经济发展包容性的关键。政府最好将目前的工作重点放在提高教育质量以及增加教育机会上，特别是增加高中、大学和职业教育层次的教育机会，因为这是培养经济发展中所需要的专业和技术人员的关键。由于现有教育体制未能满足当地劳动力市场对教育、技术和培训的需要，雇主们主要是依靠外劳来填补职位空缺，因此当地年轻人失业率很高。

1. 短、中期措施

（1）筹备投资项目，提升或者扩大环礁岛屿和偏远岛屿上高级中学的基础设施，扩大受教育机会，特别是扩大中等教育的受教育机会。

（2）扩大奖学金项目的覆盖面。此项目目前由人力资源、青年及运动部提供，颁发给贫困的优秀高中生和大学生，特别是居住在偏远环礁岛上的优秀学生们。该奖学金项目适用于学位课程和非学位课程，以家庭收入和考试成绩等指标为审定标准。

（3）探索与推动创新型公私合作项目，鼓励私立大学办学者提供特许授权教育或者在线学习项目。

（4）通过教师综合发展计划提高教师能力，特别是提高那些未接受过培训

的本地教师的技能。提供在职教师现场培训和远程学习[①]项目。

（5）定期更新和设计高校以及职业技术教育课程，使之与国际惯例保持一致并且符合就业市场的技能需求。

（6）定期举行以检验学习成果为目的的全国考核，监测高中生和大学生们的表现，保障优质高中教育和高等教育水平。

（7）将私营部门中的实习和在职培训制度化，为毕业生就业和提供工作机会做好充分的准备。

2. 中、长期措施

（1）通过建立技术职业教育培训（TVET）行政机构，加强与巩固 TVET 系统，监督与协调所有 TVET 计划，促进全国所有地区的 TVET 培训活动。

（2）开发并实施认证体系，提高普通教育、职业教育和技术培训等机构的能力标准。

（3）考虑制订适当的奖励措施（物质或者非物质奖励），吸引年轻人从事教育行业，鼓励年轻人在环礁岛上工作（例如：提供有竞争力的工资、在环礁岛上提供教师住房、提供专业发展机会等）。

（4）利用信息和通信技术，将远程教学系统作为提供教育的手段，尤其是针对偏远岛屿人群的教育。

5.2.3 宏观经济风险：降低财政赤字及改善债务管理

疲软的财政状况削弱了 2000—2007 年马尔代夫采用的谨慎的宏观经济管理模式的作用。但是，为了提升宏观经济的稳定性，政府正致力于巩固财政并且实施了公共财政改革。由于政府需要优先考虑扩大运输基础设施建设和提供社会服务等方面的资本支出，现行的公共财政结构对中长期财政的可持续性提出了质疑。除非加强调整国内收入方式以增加财政空间，否则，高支出势必导致财政赤字和公共债务增加。需要提高政府支出效能，优先在应该支出的项目支出，减少反复支出中所增加的不必要开支。在收入方面，自 2011 年以来政府的税制改革已经取得重要进展。政府应该继续探索扩大税基的方法，加大力度改善税收管理工作，包括严格监督实施旅游商品税和服务税、商业利润税、一般商品税与服务税等。

为了改善公共财政管理水平，政府已经采取重要措施推进部分高度优先的改革项目。这些急需改革的项目在《马尔代夫 2010 年公共财务管理绩效报告》中

---

① 远程学习很适合在特别分散的马尔代夫群岛上进行，该学习模式可以减少出行成本，也可将教师缺席次数降至最低。

已经得到确认，该报告是基于《2009 年公共支出与财务问责制评估》（IMF，2010b）提出的。以下建议应该能助力实施报告中设想的改革方案。

1. 短、中期措施

（1）建立一个监督和管理财政风险的框架，让政府能够计划或者马上采取措施应对财政亏空、成本超支或非预算支出，特别是计划外支出。

（2）在公共会计制度下运用组件获取更加准确的预算报告并进行及时监控，加强与巩固现金流和债务管理系统。

（3）确定关键参数，指导政府各部处执行支出审核，制订优先支出计划。

（4）改善靶向机制，考虑将补贴发放和现金转移合理化，使国家预算中的漏洞最小化。

（5）考虑实施新税收措施，帮助扩大税收覆盖范围和提高收入，例如通过个人所得税，加收酒水、烟草、飞机燃油费、汽油以及车辆等税费，从而增加更多收入。研究增加非税收收入的可能性，例如提高精选物品和服务的进口关税，增加优质政府服务的收费。

2. 中、长期措施

（1）通过实施谨慎的财政政策，达到增加问责、减轻财政风险、支持政府致力整顿财政的目的，执行《政府财政责任法》（*The Fiscal Responsibility Law*）（2014 年）的规定，支持长期财政目标。政府需要制订中期战略，包括树立财政目标，明确后续收入来源或措施。中期战略也将有助于促进预算规划，并使政府能对新支出政策带来的财政影响进行更全面的评估。

（2）制订培训计划，解决政府工作人员所面临的公共财政管理中的人才匮乏问题。

（3）全面检讨政府部门的官僚主义作风，为政府能够发挥更多的作用与达到更高的效率寻找恰当的途径[①]。

（4）评估国有企业的整体表现，找出那些经营不善的企业，考虑将其私有化。

（5）定期检查正在执行的税收和非税收措施以及免税政策，确保这些措施和政策响应政府财政需求，以及对于企业和普通大众来讲是合理的。

---

① 为了精简官僚机构、减少公共部门的工资开支，政府制定了《自愿退休计划》。该计划的第一笔资金（1600 万美元）来自亚洲开发银行 2010 年的预算支持。该计划在 2011 年首次实施时供不应求，可考虑采用另一个类似的计划来减少公务员数量。

5.2.4　增加融资信贷渠道，重视中小微型企业

如果没有财政改革，经济发展的受益对象很可能范围有限，而缺乏融资渠道是制约商业部门经营发展的主要因素。财政支出成本高昂，要解决这一问题，政府必须坚持宏观经济和金融政策改革。相关措施包括：降低财政赤字和整顿财政业务；引入竞争机制，巩固银行系统；增加银行业务，因为银行业务不足将极大地限制中小微型企业的扩大和多样化发展。正如第2、3章所讨论的那样，马尔代夫广泛分散的岛屿及居民一直是阻碍在环礁岛上建立银行支行的原因，虽然手机银行技术的问世有望减少使用银行服务的限制，但适合手机银行交易服务的规范化律法和监管框架还没有完全建立，仅开通了支付功能和执行了反洗钱条例；马尔代夫仍需要等待马尔代夫货币管理局（World Bank，2014d）颁布消费者保护法和网络代理法。因此，一边是政府实施了马尔代夫手机银行计划，作为激活更多银行业务的机制；另一边则是手机支付系统虽然已经到位，但尚未正式投入运营（World Bank，2008）。偏远环礁岛上的居民，仍继续使用大量现金，浪费大量时间前往马累进行现金交易。

在第2章中提到，马尔代夫政府和马尔代夫货币管理局近年对金融部门实行了重大改革，如实施《马尔代夫银行法》（*The Maldives Banking Act*）（2010）和《伊斯兰银行业法规》（*The Islamic Banking Regulation*）、成立信贷信息局等，这些改革措施都有助于加强和巩固马尔代夫的金融体系。2011年完成的金融改革对市场流动资金进行了管理，允许中心汇率在中间价附近以20%的幅度上下波动，目的是缓解汇率压力。政府在2013年4月还颁布了《马尔代夫中小型企业法》，以此支持中小微型企业发展（UNDP，2013b）。2013年7月16日，马尔代夫总统成立了中小企业委员会，该委员会的任务就是制定国家综合战略以促进中小微型企业发展。政府还开展了"泛中小微型企业开发计划"，旨在扩大中小企业的融资渠道，通过给马尔代夫银行提供信贷额度机制，试验性地在指定区域内给予中小企业信贷援助，创建了一个中央动产资产登记处，为企业融资使用担保金提供了方便[①]。当然，政府还需要制定更多重要政策以降低获贷难度，让企业（尤其是中小微型企业）受益。

1. 短、中期措施

（1）检查并改进审慎条例（特别是单独借款人限额条例、资产分类和贷款

[①] 同时，成立了商业发展中心，中心提供有资质的培训、咨询和资源平台，帮助小型企业老板或者企业家着手在国内和国际市场中发展和竞争。为满足中小微型企业的特殊需求，中心还设计了一套成本分摊机制，并建立了相关的政府资助机构和商会。小中型企业可以登录网址 http://bdsc.com.mv，点击"成本分摊机制"链接，根据培训需求寻求资助。

损失条例以及外汇风险限额条例），鼓励银行给中小微型企业提供更多贷款。

（2）筹划有效的政府支持体制，如：信用担保机制；保险产品；流动资金库；商业促进服务，包括有组织地创建和实施市场联系制度；等等。

（3）采纳合理合法的框架，允许各种无分行形式的银行存在，例如：店内销售点系统（允许使用信用卡、借记卡或预付款等无现金付款方式）；网上银行（批准与银行或者支行的虚拟连接）；代理银行（银行支行外包）。除此之外，制定消费者保护指南，确保消费者和相关金融交易机构的权利、责任和义务。

（4）审查现有管控小额信贷制度并监督其运作，然后决定是否可以拓展其业务范围。引入更多业务发展服务项目，通过接纳储蓄合作社以及社区和村庄合作团体，扩大小额信贷机构的影响力。

（5）强化信贷信息局的作用，扩大其服务范围，收集并促进有关中小微型企业的信息共享，提高信息可信度，降低信贷风险，建立安全的交易登记处，提供不动产和动产信息。

（6）为中小微型企业提供技术支持服务，包括财务规划培训，金融产品开发和营销等服务。

（7）制定政策，巩固国家土地和住房市场，巩固债权人的权利和财产权，为企业家们，特别是中小企业企业家们创建抵押基地。

（8）为中小微型企业举办金融扫盲活动，开设培训课程，特别要帮助外环礁岛上的中小微型企业申请贷款和规划财务活动。

2. 中、长期措施

（1）借鉴国际上的优秀经验，继续加强马尔代夫财政局对金融财务的整体监管作用。

（2）采用常规压力测试，定期开展商业银行抗冲击（利率、汇率和不良贷款等）能力测试，确保消费者信心和银行服务的可持续性，特别是遭遇危机时。

5.3 应对关键的挑战

人们普遍认为，对所有类型的经济体来说，宏观经济不稳定，投资环境恶劣，（特别是）缺乏财产权利保护，都会影响经济发展的前景。因此，即使之前讨论过的关键制约因素都已解决，经济发展依旧可能受到威胁，除非新兴的治理和制度问题得以解决。

政治变革会导致政策的不确定性。当政府资源管理不善，抑或政府交易中违规行为持续存在时，政府的效率会下降。这些都可能会削弱公共投资方的影响力，增加私营部门的经营成本。如果缺乏充满活力的私营企业，经济多样化和提升包容性的目标将会很难实现。马尔代夫坚持民主政治的决心经受了近期政治动荡的考验，遵守法律规则和维护民主的进程也将继续发展。政府需要坚持已经开始实施的改革，推动国家投资环境改善。巩固政府机构并加强法治有利于获得生产性资产，促进提供高效的公共服务，尽量减少政府交易活动中出现的腐败或者违规行为带来的负面影响。

马尔代夫已经着手改进和整顿各方面的工作，包括在"2011—2015 政府部门战略行动计划"指导下提供现代化和创新性的公共服务，通过修订"反腐败条款"和引入新条款，提出扩大"反腐败委员会"权力和作用的议案。政府已经通过改进整顿管理手段和积极解决社区犯罪问题等形式优先加强了内部治理。

5.3.1 加强整顿与法治

1. 短、中期措施

（1）新组建独立法律机构，以提升工作人员的专业能力，特别是最高法院、总检察处、司法服务委员会、就业仲裁法庭、警察廉正委员会和总审计处等机构的工作人员。

（2）提供额外资源，运用现代化技术，助力建立替代争议解决机制，加快处理法院案件。

（3）增强公众对基本权利的认知，创建一个专门负责汇编出版法律和宣传司法决策的部门。

（4）加强机制建构，使得公众在认为自己的权利被剥夺时能够通过这些机制提出诉求。

（5）推行法律法规，明确产权，特别是那些与土地使用权有关的产权；鼓励投资，允许将土地用作以商业活动为目的的贷款抵押品。其他支持建立产权的举措包括：放宽土地转让的限制；简化企业或个人出售、租赁、遗赠、抵押和改善土地的流程；完成地籍调查；建立地产登记处，确保准确记录地产所有权信息；准许快速并廉价地处理土地转让，加强地产安全的保障。

2. 中、长期措施

（1）检查并在必要时改进法律教育和培训机构，加强法律专业的建设。

（2）创建一个有效的、以法庭为基础的替代争议解决机制，解决涉及民事法庭和家事法庭的仲裁、调解、和解等问题。

（3）通过发展替代系统，寻求促进司法可及性的途径，这将大幅度增加居民，尤其是环礁岛居民享受司法服务的机会。

5.3.2 加强行政部门服务

加强行政部门服务的短、中期措施如下。

（1）加强改进政府文职机关委员会，建立并执行行为准则，要求政府公务员具备相应资格和经历。

（2）确保机制到位，充分和有效利用政府资源：

- 定期审核公务员酬金，确保在规定生活水准内和其他经济指标下公务员酬金收入的合理性。
- 加强政府内部的监督机制，如监督公共采购的内部机制，保证审计总长的建议得以实施。
- 参照综合能力标准框架，研发一套符合培训需求的定期评估系统。

（3）升级政府文职机关委员会等所有行政机构、管理部门的网站，改进政府活动消息的传播。

5.3.3 制止违规交易，增强政府效能

1. 短、中期措施

（1）加强反腐败委员会工作的独立性，给委员会更大的权利，使其在获得政府批准前就可以自行启动调查和起诉（TI，2014），从而提高反腐效率。向委员会提供资金支持，资助委员会承担的托管职能或给予其财务独立的正式保证。

（2）遵照国际最佳反腐惯例，审查并强化惩治腐败的法律法规，重申国际协议和公约规定的义务，如《联合国反腐公约》。

（3）提高政府决策的透明度，例如采用电子采购方式完成政府部门间的交易活动，保证招标过程及授予合同期间信息全公开。

（4）建立问责和报告机制，要求所有公共部门的官员和员工提交收入、资产以及企业股份的清单，并对外公开，使政府官员为自己的行为负责。

（5）为所有公共部门的官员制订公开、全面和透明的行为准则，制作处理公共财政事务的标准化操作流程。任何因违反行为准则的处罚务必说明清楚并严格执行。

2. 中、长期措施

（1）促进商业协会（包括小型商业团体）参与关于政府交易事务的政策对话活动。

（2）支持媒体、非政府组织和其他民间组织参与监督公共采购和政府项目

的实施，并发挥积极作用。

（3）将公民教育与诚信价值观纳入国家教育课程体系。

5.4 应对小岛屿发展中国家的典型挑战

小岛屿发展中国家在促进发展，尤其是解决不平等问题的过程中，面临特殊的挑战。就这些国家而言，如果想促进发展并坚持发展道路，增强应对脆弱经济和环境的恢复力，就需要继续制定缓冲政策，努力实施实现全面经济发展的措施。

为获得宏观经济恢复力，需要充足的财政支持和外部缓冲条件来承受外部冲击。一些高度优先的举措包括：

- 制定一个中期财政框架，帮助确保优先项目预算到位，避免受到收入波动的影响；
- 精简税收管理程序，简化海关流程，加强国内资源的流动，增加财政收入，拓宽财政空间；
- 改善公共支出的架构，特别是在基础设施建设、教育、健康和社会保障等方面的支出，这些都是促进包容性发展的关键；
- 优先考虑政府支出的需要，合理化现有支出，维持现有水平或者更高层次发展所需要的资金支出；
- 制定应急预算，方便政府在面对冲击和灾难并急需临时增加公共开支用以支持经济时迅速做出反应；
- 在管理公共资源和提供服务的过程中要加强公共财政管理，当涉及总控、优先处理、问责和效率等问题时，因为这些问题都是政府实现工作目标的关键。

为了提高发展绩效，公营部门需要与私营部门建立强有力的伙伴关系。为了做到这一点，实施有利于改善营商环境的政策可以增强私营部门对该国投资的信心。这就需要：

- 设计、实施和维护财产权利保护法和政策；
- 确保创业成本合理、创业流程简单清晰；
- 为新加入者提供公平的竞争环境。

小岛屿发展中国家资源基础有限，相应的高成本结构又影响了其在国际市场上出口产品的竞争力。为了让小岛屿国家实现经济多样化并加强其竞争力，以下措施可以优先采纳：

- 精心制定政策，使得劳动密集型行业更加多元化，以此鼓励就业（例如除旅游行业外，鼓励其他行业如信息技术行业和金融服务行业的就业等）。
- 研究利基市场；提供恰当的贸易和公司层面的政策，包括有时限的奖励政策；促进与国际市场的联系。这些都需要发展与建立有效的信息通信技术和营销

- 通过解决瓶颈问题，减少或者消除因结构化因素带来的低效率问题（如运输或能源成本偏高、劳动力市场固化等）。
- 认真评估因汇率调整带来的影响。明确汇率兑换政策在提高竞争力方面的重要作用。
- 寻求次区域贸易与合作，帮助缓解规模不经济等挑战。可以采取分区域的方法，促进次区域国家法规法律的统一，降低交易成本并降低针对具体国家采取监管措施的必要性；同时还可以制定次区域方案，为小岛屿发展中国家解决普遍存在的问题。马尔代夫可以采纳"2014年南亚次区域经济合作战略"，因为马尔代夫和其他"南亚次区域经济共同体"成员国分享着共同贸易便利化的成果红利。

加强机构建设和改善整顿治理将永远是政府改革方案中的关键内容。为了帮助改善公共服务质量，解决某些小岛屿发展中国家面临的不平等问题，最优先的事项就是开展常规化能力建设工作，提高政府机关制定和完善相关制度的能力，使政府机关能够更好地规划工作和实施相关政策，提高公共服务质量。

自然灾害会危及人们的生命，破坏财产和基础设施；同时，也会干扰经济活动，使经济萎缩。运用缓解风险和应急反应机制，时刻准备好应对潜在的灾难非常重要。这种恢复能力的培养，需要将潜在的自然灾害纳入宏观经济框架中考虑，使政府在必要时能有计划地提供必需的公共支出，同时还要确保能严格管理财政支出。加强政府部门、捐助机构、民间团体和私营部门之间的合作对于应对自然灾害而言至关重要，对于弱小国家来讲尤其如此。

5.5 结论

马尔代夫相对强劲的经济发展已经大大减少了该国贫困人口数量，人民福利得以改善。然而，由于该国主要依赖旅游业来推动，其经济发展一直呈现高度周期性的特点，面对外来冲击时还很脆弱，也无法满足持续增长的年轻人口对于充足就业机会的需求。马尔代夫的自然资源有限，人口较少，其经济要向前发展，还需要更广泛的、可持续的、包容性更强的经济发展战略。交通运输基础设施至关重要，改进运输条件将有助于解决本国各地区的互联互通问题，降低经营成本。受过良好教育并且拥有娴熟技术的劳动力大军可以促进生产力增长，有助于帮助本国找到额外的经济利基市场。与其他国家一样，马尔代夫政府应该始终意识到维持财政稳定和确保金融中介体制充分运作的重要性，因为二者是确保经济发展中能获得公共和私人投资与支持的关键。

本研究旨在通过确定限制经济包容性发展过程中面临的关键性因素，支持与帮助马尔代夫政府制定高度优先政策。本书中提出了一些政策建议，以期帮助政府克服困难、实现包容性和可持续性发展。

参 考 文 献

[1] Adam, S. 2009. *Simulation and Analysis of Port Bottlenecks: The Case of Malé*. Canterbury: Lincoln University.

[2] AECOM and GMD Malé International Airport Pvt. Ltd. 2011. Draft Social and Environmental Impact Assessment: Malé International Airport Concession Project. Hong Kong.

[3] Ali, I., and H. Son. 2007. Measuring Inclusive Growth. *Asian Development Review*. 24 (1): 11–31.

[4] Asia Foundation. 2012. *Rapid Situation Assessment of Gangs in Malé*. Colombo.

[5] Asian Development Bank (ADB). 2005. Sector Assessment: Inclusive Micro, Small. And Medium-Sized Enterprises Development Project. http://www.adb.org/sites/default/files-linked/documents/43566-013-mid-ssa.pdf.

[6] Asian Development Bank (ADB). 2007. Maldives Country Report 2007. *Social Protection Index for Committed Poverty Reduction Volume* 16. Mandaluyong City.

[7] Asian Development Bank (ADB). 2008. Social Protection Index. Mandaluyong City.

[8] Asian Development Bank (ADB). 2011. *Maldives: Interim Country Partnership Strategy (2012–2013)*. Mandaluyong City.

[9] Asian Development Bank (ADB). 2011b. The Maldives Country Assistance Program Evaluation. Mandaluyong City.

[10] Asian Development Bank (ADB) .2012. *Republic of the Maldives: Updating and Improving the Social Protection Index*. Technical Assistance Consultant's Report. Mandaluyong City.

[11] Asian Development Bank (ADB). 2014a. *Asian Development Outlook* 2014: *Fiscal Policy for Inclusive Growth*. Mandaluyong City.

[12] Asian Development Bank (ADB). 2014b. *Key Indicators for Asia and the Pacific* 2014. Mandaluyong City.

[13] Asian Development Bank (ADB). 2014c. *Maldives: Interim Country Partnership Strategy (2014–2015)*. Mandaluyong City.

[14] Asian Development Bank (ADB). Social Protection Index Database. http://spi.adb.org/spidmz/index.jsp (accessed May 2015).

[15] Asian Development Bank (ADB). Statistical Database System (SDBS). http://sdbs.asiandevbank.org:8030/sdbs/index.jsp (accessed March- May 2015).

[16] ADB, Australian Agency for International Development (AusAID), and Australian Government, Department of Foreign Affairs and Trade (DFAT). 2013. Technical Assistance to Maldives for Maritime Transport Master Plan. Consultant's Report. Mandaluyong City.

[17] ADB, International Labour Organization (ILO), and Islamic Development Bank (IsDB). 2010. Indonesia: Critical Constraints to Development. *Country Diagnostics Studies*. Mandaluyong City.

[18] Azeez, A. 2014. Bill on Population Consolidation Drafted: Housing Minister. *Haveeru Online*. 6 August.

[19] Baulch, B., A. Weber, and J. Wood. 2008. *Social Protection Index for Committed Poverty Reduction*. Vol. 2: Asia. Mandaluyong City: ADB.

[20] Behzad, M. 2011a. *Integrated Employment Action Framework: Mapping of the Maldives Unemployment and Poverty Situation*. Malé. Report submitted to the Ministry of Human Resources, Youth, and Sports. Malé. 16 September.

[21] Behzad, M. 2011b. Rapid Assessment on Maldives Unemployment and Poverty Situation: for Developing Integrated Employment Action Framework. Report submitted to the Ministry of Human Resources, Youth and Sports. Malé. 24 July.

[22] Biswajit, M., and C. Mukhopadhyay. 2012. Public Spending on Education, Health Care and Economic Growth in Selected Countries of Asia and the Pacific. *Asia-Pacific Development Journal*. 19 (2): 37 – 62.

[23] Briguglio, L. 1995. Small Island Developing States and their Economic Vulnerabilities. *World Development*. 23 (9): 1615 – 32.

[24] Business Development Service Center. website. http://bdsc.com.mv.

[25] Cas, S., and R. Ota. 2008. Big Government, High Debt, and Fiscal Adjustment in Small States. *IMF Working Paper*. WP/08/39. Washington, DC: International Monetary Fund.

[26] City Population. Maldives. http://www.citypopulation.de/Maldives.html.

[27] Civil Service Commission, Government of Maldives. *Maldives Civil Service Strategic Plan* 2011 – 2015. Malé. library.csc.gov.mv/lib/files/CSCStratPlan.pdf.

[28] Department of Public Examinations. website. http://www.dpe.edu.mv.

[29] Department of National Planning (DNP). 2007. *Statistical Yearbook of Maldives* 2007. Malé.

[30] Department of National Planning (DNP). 2010. *Millennium Development Goals: Maldives Country Report*. Malé.

[31] Department of National Planning (DNP). 2011. *Statistical Yearbook of Maldives* 2011. Malé.

[32] Department of National Planning (DNP). 2012a. Household Income and Expenditure Survey 2009/2010. CD-ROM. Malé.

[33] Department of National Planning (DNP). 2012b. *Household Income and Expenditure Survey 2009/2010 Findings*. Malé.

[34] Department of National Planning (DNP). 2012c. *Statistical Yearbook of Maldives* 2012. Malé.

[35] Department of National Planning (DNP). 2013. *Statistical Yearbook of Maldives* 2013. Malé.

[36] Department of National Planning (DNP). 2014. *Statistical Yearbook of Maldives*. 2014. Malé.

[37] Department of National Planning (DNP). various years. *Statistical Yearbook of Maldives*. Malé.

[38] EM DAT. http://emdat.be/country_profile/index.html.

[39] Food and Agriculture Organization (FAO) of the United Nations. 2012. *Irrigation in Southern and Eastern Asia in Figures, AQUASTAT Survey*—2011. Rome.

[40] Government of Maldives. 1989. Law on Foreign Investment in the Republic of Maldives. http://www.maldiveshighcommission.org/images/Downloads/Law%20on%20Foreign%20Investments%20-%20Maldives%20-%20English.pdf.

[41] Government of Maldives. 2009. The Strategic Action Plan: National Framework for Development 2009 – 2013. Malé.

[42] Grynberg, R. 2001. Trade Policy Implications for Small Vulnerable States of the Global Trade Regime Shift. In D. Peretz, R. Faruqi, and E. Kissanga, eds. *Small States in the Global Economy*. London: Commonwealth Secretariat.

[43] Hausmann, R., and B. Klinger. 2006. Structural Transformation and Patterns of Comparative Advantage in the Product Space. *Center for International Development Working Paper*. No. 28. Cambridge, MA: Harvard University.

[44] Hausmann, R., C. Hidalgo, et al. 2011. *The Atlas of Economic Complexity: Mapping Paths to Prosperity*. Puritan Press.

[45] Hausmann, R., J. Hwang, and D. Rodrik. 2007. What You Export Matters. *Journal of Economic Growth*. 12 (1) 1–25. Hausmann, R., D. Rodrik, and A. Velasco. 2005. *Growth Diagnostics*. Cambridge, MA: John F. Kennedy School of Government, Harvard University.

[46] Human Rights Commission, Government of Maldives. 2009. *Rapid Assessment of the Employment Situation in the Maldives*. Malé.

[47] Hussain, D. 2008. Constitution of the Republic of Maldives. A functional translation at the request of Ministry of Legal Reform, Information and Arts. Republic of Maldives. Malé.

[48] Institute of Microfinance. n. d. Microfinance in SAARC Countries. Overview Report 2010. Dhaka.

[49] International Bureau of Education (IBE). 2011. Maldives World Data on Education. 7th edition 2010/11. http://www.ibe.unesco.org/fileadmin/user_upload/Publications/WDE/2010/pdf-versions/Maldives.pdf.

[50] International Business Publications (IBP) USA. 2012. Maldives: Doing Business in Maldives for Everyone Guide. Washington, DC.

[51] International Labour Organization (ILO). Social Security Inquiry database. http://www.ilo.org/dyn/ilossi/ssimain.schemes?p_lang=en&p_geoaid=462 (accessed May 2015).

[52] International Labour Organization (ILO). Key Indicators of the Labor Market, 8th Edition. http://www.ilo.org/empelm/what/WCMS_114240/lang-en/index.htm (accessed August 2012 to September 2014).

[53] International Labour Organization (ILO). International Standard Classification of Occupations. http://www.ilo.org/public/english/bureau/stat/isco International Monetary Fund (IMF). 2000. Monetary and Financial Statistics Manual. Washington, DC.

[54] International Labour Organization (ILO). 2010a. Maldives: Article IV Consultation. *IMF Country Report No. 10/8*. January.

[55] International Labour Organization (ILO). 2010b. Maldives: Public Financial Management—Performance Report. Washington, DC.

[56] International Labour Organization (ILO). 2013. Caribbean Small States: Challenges of High Debt and Low Growth. Washington, DC.

[57] International Labour Organization (ILO). 2015. Maldives 2014 Article IV Consultation—Staff Report. *IMF Country Report* No 15/68. March 2015.

[58] International Labour Organization (ILO). Financial Access Survey. http://fas.imf.org/ (accessed May 2015).

[59] International Labour Organization (ILO). International Finance Statistics (IFS). http://eli-

brary-data. imf. org/ (accessed March 2015). Iulaan. mv. website. http://v3. iulaan. mv (accessed August 2012 to September 2014).

[60] Job Maldives. website. http://www. job-maldives. com/2007/12/jobs-by-country. html (accessed August 2012 to September 2014).

[61] Khaleel, M., and S. Saeed. 1997. *Environmental Changes in the Maldives: Current Issues for Management.* In D. Nickerson and M. Maniku, eds. *Workshop on Integrated Reef Resources Management in the Maldives—Bay of Bengal Programme.* Madras: Bay of Bengal Programme. http://www. fao. org/docrep/x5623e/x5623e00. htm.

[62] Maldives Civil Aviation Authority. website. http://www. aviainfo. gov. mv/aerodromes. php (accessed June 2015).

[63] Maldives Monetary Authority (MMA). 2009. *Annual Economic Review* 2008. Malé. http://www. mma. gov. mv/aer/ aer08. pdf.

[64] Maldives Monetary Authority (MMA). 2012a. *Annual Economic Review* 2011. Malé.

[65] Maldives Monetary Authority (MMA). 2012b. *Financial Stability Review.* December 2012. 1 (1). Malé.

[66] Maldives Monetary Authority (MMA). 2013. *Annual Economic Review* 2012. Malé.

[67] Maldives Monetary Authority (MMA). 2014a. *Annual Economic Review* 2013. Malé.

[68] Maldives Monetary Authority (MMA). 2014b. *Annual Report* 2013. Malé.

[69] Maldives Monetary Authority (MMA). 2014c. *Monthly Statistics.* May 2014. Malé.

[70] Maldives Monetary Authority (MMA). 2014d. *Monthly Statistics.* June 2014. Malé.

[71] Maldives Monetary Authority (MMA). 2014e. Register of Banks. http://www. mma. gov. mv/banking/bankregister. pdf.

[72] Maldives Monetary Authority (MMA). 2015a. *Annual Economic Review* 2014. Malé.

[73] Maldives Monetary Authority (MMA). 2015b. *Monthly Statistics.* March 2015. Malé.

[74] Maldives Monetary Authority (MMA). 2015c. *Monthly Statistics.* April 2015. Malé.

[75] Maldives Monetary Authority (MMA). 2015d. *Monthly Statistics.* May 2015. Malé.

[76] Maldives Monetary Authority (MMA). n. d. Annual Report and Financial Statements 2011. Malé.

[77] Maldives Monetary Authority (MMA). various issues. *Monthly Statistics.* Malé.

[78] Maldives Monetary Authority (MMA). various years. *Annual Economic Review.* Male.

[79] Maldives Monetary Authority (MMA). Laws & Regulations. http://www. mma. gov. mv/laws. php (accessed March 2015).

[80] Maldives Monetary Authority (MMA). website. http://www. mma. gov. mv/fs. php (accessed July 2014 – May 2015).

[81] Maldives Police Service, Government of Maldives. Crime Statistics. http://www. police. gov. mv (accessed August 2012 to September 2014).

[82] Maldives Ports Limited. website. http://port. com. mv (accessed March 2015).

[83] *Maldives Times.* 2012. Aasandha Scheme to be Ceased in Private Hospitals. 30 April. http://www. maldivestimes. com/news/aasandha-scheme-be-ceased-private-hospitals.

[84] Maldives Transport Authority. website. http://motc. gov. mv/index. php/en (accessed August

2014).

[85] Maldives Transport and Contracting Company PLC. http：//www. mtcc. com. mv (accessed August 2014).

[86] Maldivian Airlines. http：//www. maldivian. aero (accessed November 2013).

[87] Masha, I., and C. Park. 2012. Exchange Rate Pass Through to Prices in Maldives. *International Monetary Fund Working Paper*. No. WP/12/126. Washington, DC. : International Monetary Fund.

[88] Ministry of Economic Development. website. http：//www. trade. gov. mv/? lid = 219 (accessed May 2015).

[89] Ministry of Education (MOE). 2007. *School Statistics* 2007. Malé.

[90] Ministry of Education (MOE). 2013. *School Statistics* 2013. Malé.

[91] Ministry of Education (MOE). 2014. *School Statistics* 2014. Malé.

[92] Ministry of Education (MOE). various years. *School Statistics*. Malé.

[93] Ministry of Environment and Energy (MEE). 2011. State of the Environment Maldives 2011. http：//apps. unep. org/ publications/pmtdocuments/-State of the Environment Report-Maldives-2011 Maldives SoER 2011. pdf. pdf.

[94] Ministry of Environment and Energy (MEE). 2012. *Maldives Scaling-up Renewable Energy Program (SREP) Investment Plan* 2013 – 2017. Malé.

[95] Ministry of Environment and Energy (MEE). 2013. *Fossil Fuel Taxation and Subsidy Policies*. A PowerPoint presentation at the Fossil Fuel to Renewable Energy Workshop. Domain Les Pailles, Mauritius. 12 – 16 May. http：//www. unosd. org/content/ documents/738Malvides. pdf.

[96] Ministry of Finance and Treasury. 2014a. *Budget in Statistics* 2014. Malé.

[97] Ministry of Finance and Treasury. 2014b. Functional Classification of Government Expenditure of the Budget in Statistics in 2014. Malé.

[98] Ministry of Health. 2013. *The Maldives Health Statistics* 2013. Malé.

[99] Ministry of Health. various years. *The Maldives Health Statistics*. Malé.

[100] Ministry of Health and Family. 2010. *Maldives Demographic and Health Survey* 2009. Malé.

[101] Ministry of Health and Gender. 2014. *Maldives Health Profile* 2014. Malé.

[102] Ministry of Housing and Environment. 2010. *Maldives National Energy Policy and Strategy*. Malé.

[103] Ministry of Planning and National Development (MPND). 2007. *Seventh National Development Plan* 2006-2010, *Creating New Opportunities*. Malé.

[104] Ministry of Planning and National Development (MPND). 2011. Infrastructure Map of Maldives, 4th edition. Malé. (http：//www. planning. gov. mv/en/npc/ Infrastructure-Map-4th-Edition- (30. 05. 2011). pdf.

[105] Ministry of Transport and Communication. 2013. New Domestic Airport opened in Thaa Thimarafushi. 3 September. http：//motc. gov. mv/index. php/en/press-office/news-release/item/66-new-domestic- airport-opened-in-thaa-thimarafushi.

[106] MPND and United Nations Development Programme (UNDP). 1999. *Vulnerability and Poverty Assessment* 1998. Malé.

[107] MPND and United Nations Development Programme (UNDP). 2005. *Vulnerability and Poverty*

Assessment 2004. Malé.

[108] National Bureau of Statistics. 2014. *Population and Housing Census* 2014. *Preliminary Results.* Malé. 13 November.

[109] Nazeer, A. 2011. India and Sri Lanka to be added to Maldives ferry network, says Transport Minister. *MinivanNews*.

[110] 13 January. http://minivannews.com/politics/india-and-sri-lanka-to-be-added-to-maldives-ferry-network-says-transport-minister-15056.

[111] People's Majlis. website. http://www.majlis.gov.mv/en (accessed May 2015).

[112] Rasheed, Z. 2014. President Ratifies Right to Information Act. *MinivanNews*. Jan 12. http://minivannews.com/politics/president-ratifies-right-to-information-act-74932 # sthash.WeBv8UPq.dpbs.

[113] Renewable Energy and Energy Efficiency Partnership Policy (REEEP). REEEP Database. http://www.reegle.info/policy-and-regulatory-overviews/MV (accessed May 2015).

[114] Rober, C. 2005. Human Resource Needs Study. Malé.

[115] Shaig, A. 2009. Settlement Planning for Natural Hazard Resilience in Small Island States: The Population and Development Approach. PhD thesis. James Cook University.

[116] Shaig, A. 2014. Population and Development Consolidation in the Maldives. Final report submitted to the Asian Development Bank under TA 7686. Mandaluyong City.

[117] Sinha, F. 2009. *State of Microfinance in Maldives*. Dhaka: Institute of Microfinance.

[118] Siriwardena, L., and W. Wijiwadena. 2009a. *SME Bank: An Analysis of Credit Infrastructure, Financial Issues and Strategy Volume* 1. Malé: United Nations Development Programme and Ministry of Economic Development and Trade.

[119] Siriwardena, L., and W. Wijiwadena. 2009b. SME Bank: *A Review of Lending Methodologies prevailing in Maldives Volume IV*. Malé: United Nations Development Programme and Government of Maldives, Ministry of Economic Development and Trade.

[120] South Asian Association of Regional Cooperation (SAARC) Finance. 2011. *Financial Stability in the Maldives*.

[121] Country Paper for the SAARC Finance Governor's Symposium on the Financial Stability. Kumarakom, Kerala. 10–11 June 2011.

[122] State Electric Company Limited (STELCO). website. http://www.stelco.com.mv/home2.php (accessed 6 May 2015).

[123] *The Times of India*. 2014. GMR Wins Arbitration Case against Maldives over Cancellation of Malé Airport Contract. 20 June. http://timesofindia.indiatimes.com/business/india-business/GMR-wins-arbitration-case-against-Maldives-over-cancellation-of-Male-airport-contract/articleshow/36858403.cms

[124] Transparency International. 2011. *Corruption Perception Index* 2011. Berlin.

[125] Transparency International. 2013. *Global Corruption Barometer Survey* 2013. Berlin.

[126] Transparency International. 2014. *Fighting Corruption in South Asia: Building Accountability*. Berlin. May.

[127] Transparency International. various years. *Corruption Perception Index*. Berlin.

[128] Transparency Maldives. 2014. National Integrity System Assessment, Maldives 2014. Malé. June.

[129] Transport Authority of Maldives. http://www.transport.gov.mv (accessed August 2014).

[130] United Nations Department of Economic and Social Affairs (UN DESA). https://sustainabledevelopment.un.org/index.php?menu=1522.

[131] United Nations Department of Economic and Social Affairs [UN DESA] and the Committee for Development Policy Secretariat. 2012. Committee for Development Policy Expert Group Meeting Review of the List of Least Developed Countries. 16-17 January. http://www.un.org/en/development/desa/policy/cpd/ldc_documents/maldives_monitoring_report_2012.pdf.

[132] United Nations Development Programme (UNDP). 2006. *Diagnostic Trade Integration Study*. Volume 1. November. New York.

[133] United Nations Development Programme (UNDP). 2007. *Overcoming Vulnerability to Rising Oil Prices—Options for Asia and the Pacific*. Bangkok: UNDP Regional Center.

[134] United Nations Development Programme (UNDP). 2012. *South – South Exchange on Effective Anti-Corruption Agencies, Bhutan-Maldives-Timor-Leste*. Bangkok: UNDP Regional Center.

[135] United Nations Development Programme (UNDP). 2013a. *Human Development Report* 2013. *The Rise of the South: Human Progress in a Diverse World*. New York.

[136] United Nations Development Programme (UNDP). 2013b. Law Passed in the Maldives to Support Small Businesses. http://www.mv.undp.org/content/maldives/en/home/presscenter/pressreleases/2013/04/14/law-passed-in-the-maldives-to-support-small-businesses-.html (accessed April 2015).

[137] United Nations Development Programme (UNDP). 2014. *Human Development Report* 2014. *Sustaining Human Progress: Reducing Vulnerabilities and Building Resilience*. New York.

[138] United Nations Development Programme (UNDP). Human Development Index Trends. http://hdr.undp.org/en/content/table-2-human-development-index-trends-1980-2013 (accessed September 2014).

[139] United Nations Educational, Scientific and Cultural Organization (UNESCO). 2009. Maldives Country Report— Facing Global and Local Challenges: The Dynamics for Higher Education. A paper for the Sub-regional Preparatory Conference for 2009 World Conference on Higher Education. New Delhi. 25 – 26 February.

[140] United Nations Statistics Division (UNSD). National Accounts Official Country Data. http://data.un.org/Explorer.aspx?d=SNA (accessed March 2015).

[141] United Nations Statistics Division (UNSD). United Nations Commodity Trade Statistics Database (Comtrade). http://comtrade.un.org/db/default.aspx (accessed April 2015).

[142] US Energy Information Administration. International Energy Statistics. http://www.eia.gov/cfapps/ipdbproject/IEDIndex3.cfm (accessed May 2015).

[143] Vanuatu National Statistics Office. *National Accounts of Vanuatu: 2012 Annual Report*. Port Vila.

[144] Vermillion Transport. http://www.vermilliontransport.com (accessed August 2014).

[145] Weiss, J. 2010. Changing Trade Structure and its Implications for Growth. *World Economy*.

November.

[146] Winters, L., and P. Martins. 2004. *When Comparative Advantage is not Enough: Business Costs in Small Remote Economies.* London: Center for Economic Policy Research and Center for Economic Performance, London School of Economics.

[147] World Bank. 2005. Maldives Tsunami Impact Recovery. Joint Needs Assessment by World Bank-ADB-UN System. 8 February 2005. http://siteresources.worldbank.org/INTMALDIVES/Resources/mv-na-full-02-14-05.pdf.

[148] World Bank. 2006a. *Not If but When: Adapting to Natural Hazards in the Pacific Islands Region.* A Policy Note. Washington, DC.

[149] World Bank. 2006b. *The Maldives: Sustaining Growth and Improving the Investment Climate.* April. Washington DC.

[150] World Bank. 2008. Maldives Mobile Banking Project, Project Appraisal Document. Washington, DC.

[151] World Bank. 2010. *Worldwide Governance Indicators: Methodology and Analytical Issues.* September. Washington, DC.

[152] World Bank. 2011. Enhancing the Quality of Education in the Maldives: Challenges and Prospects. *South Asia Human Development Sector Discussion Paper Series.* Washington, DC.

[153] World Bank. 2012a. *Doing Business 2013: Smarter Regulations for Small and Medium Enterprises.* Washington, DC.

[154] World Bank. 2012b. *Human Capital for a Modern Society—General Education in the Maldives: An Evolving Seascape.* Washington, DC.

[155] World Bank. 2013. *Doing Business 2014: Understanding Regulations for Small and Medium-Size Enterprises.* Washington, DC.

[156] World Bank. 2014a. *Doing Business 2015: Going Beyond Efficiency.* Washington, DC.

[157] World Bank. 2014b. Implementation Completion and Results Report for the Maldives Phone Banking Project. Washington, DC.

[158] World Bank. 2014c. *Maldives: A Country Snapshot.* Washington, DC.

[159] World Bank. 2014d. Maldives Mobile Phone Banking Project, Implementation Completion and Results Report (Report No. ICR00003034). Washington, DC.

[160] World Bank. website. Webpage on Maldives Mobile Phone Banking Project. http://www.worldbank.org/projects/P107981/maldives-mobile-phone-banking-project?lang=en (accessed 23 December 2012).

[161] World Bank. various years. *Logistics Performance Index (LPI).* Washington, DC.

[162] World Bank. Doing Business. http://www.doingbusiness.org (accessed May 2015).

[163] World Bank. Education Statistics. http://data.worldbank.org/data-catalog/ed-stats (accessed 5 May 2015).

[164] World Bank. World Development Indicators (WDI). http://data.worldbank.org/data-catalog/world-development-indicators (accessed August 2012 to June 2015).

[165] World Bank. Worldwide Governance Indicators. http://data.worldbank.org/data-catalog/worldwide-governance-indicators (accessed May 2015).

[166] Zahuva, F. 2015. Ifuru Airport has been inaugurated by President Yamin. Haveeru Online. 28 May. http://www.haveeru.com.mv/news/60693.

[167] Zhuang, J. 2008. Inclusive Growth toward a Harmonius Society in the People's Republic of China: Policy Implications. *Asian Development Review* 25 (1 and 2). Manila: ADB.

[168] Zhuang, J., and I. Ali. 2010. Poverty, Inequality and Inclusive Growth in Asia. In J.

[169] Zhuang, ed. *Poverty, Inequality and Inclusive Growth: Measurement, Policy Issues, and Country Studies.* Mandaluyong City: Anthem and ADB.

缩 略 语 表

ACC（Anti-Corruption Commission）反腐败委员会	MPND（Ministry of Planning and National Development）计划和国家发展部
ADB（Asian Development Bank）亚洲开发银行	MNQF（Maldives National Qualifications Framework）马尔代夫国家资格框架
AusAID（Australian Agency for International Development）澳大利亚国际开发署	MoWASS（Ministry of Women Affairs and Social Security）妇女事务和社会保障部
DFAT（Department of Foreign Affairs and Trade）外交贸易部	MRR（minimum reserve requirement）最低储备金要求
DNP（Department of National Planning）国家规划部	MSMEs（micro, small and medium enterprises）中小微型企业
GDP（gross domestic product）国内生产总值	MTMP（Maritime Transport Master Plan）海上运输总体规划
HDI（human development index）人类发展指数	NDP（National Development Plan）国家发展规划
HIES（Household Income and Expenditure Survey）家庭收支调查	NER（Net Enrolment Rate）净入学率
IBE（International Bureau of Education）国际教育局	NGO（nongovernment organization）非政府组织
ILO（International Labour Organization）国际劳工组织	NPL（nonperforming loans）不良贷款
IMF（International Monetary Fund）国际货币基金组织	RCA（revealed comparative advantage）显示出比较优势
INIA（Ibrahim Nasir International Airport）易卜拉欣·纳西尔国际机场	Rf（rufiyaa）拉菲亚
ITN（Integrated Transport Network）综合运输网络	RoRo（roll-on, roll-off）滚装
JICA（Japan International Cooperation Agency）日本国际合作署	SAARC（South Asian Association of Regional Cooperation）南亚区域合作协会
MCH（Malé Commercial Harbour）马累商业港	SAP（Strategic Action Plan）战略行动计划
MMA（Maldives Monetary Authority）马尔代夫货币管理局	SDBS（Statistical Database System）统计数据库系统
MNH（Malé North Harbour）马累北港	SIDS（small island developing states）小岛屿发展中国家

续上表

SPI（social protection index）社会保障指数	UNDP（United Nations Development Programme）联合国开发计划署
SREP（Scaling-up Renewable Energy Program）扩大可再生能源计划	UNESCO（United Nations Educational, Scientific and Cultural Organization）联合国教科文组织
STELCO（State Electric Company, Limited）国家电力有限公司	US（United States）美国
TI（Transparency International）国际公开组织	UNSD（United Nations Statistics Division）联合国统计司
TVET（technical and vocational education and training）职业技术教育培训	WDI（World Development Indicators）世界发展指标
UNComtrade（United Nations Commodity Trade）联合国商品贸易	WGI（Worldwide Governance Indicators）全球治理指标
UN DESA（United Nations Department of Economic and Social Affairs）联合国经济和社会事务部	

部分地名汉英对照表

Addu（Seenu）	阿杜（西努）
Ari Atoll Dhekunu（Alif Dhaal）	南阿里夫
Ari Atoll Uthuru（Alif Alif）	北阿里夫
Ariyaddu Channel	阿利雅杜海峡
Dharavandhoo	达拉万杜岛
Dhidhdhoo	迪杜
Equatorial Channel	赤道海峡
Eydhafushi	埃达富希
Faadhippolhu（Lhaviyani）	法迪福卢（拉维亚尼）
Felidhé Atoll（Vaavu）	费利杜（瓦夫）
Felidhoo	费利杜
Fonadhoo	富纳杜
Fua Mulaku（Ñaviyani）	福阿穆拉库（加纳维亚尼）
Fulidu Channel	福利杜海峡

续上表

Funadhoo	福纳杜
Fuvahmulah	福阿穆拉（富瓦赫穆拉岛）
Gahaafaru	卡夫环礁
Gailandhoo Channel	盖兰杜海峡
Gan	甘岛
Hadhdhunmathi（Laamu）	哈杜马蒂（拉姆）
Hanimaadhoo	哈达卢岛
Hithadhoo	希塔杜
Hulhule	瑚瑚尔岛
Hulhumale	胡鲁马累
Huvadhu Atoll Dhekunu（Gaafu Dhaalu）	南苏瓦迪瓦（卡夫达哈鲁）
Huvadhu Atoll Uthuru（Gaafu Alif）	北苏瓦迪瓦（卡夫阿里夫）
Ifuru	伊福鲁岛
Kaadedhdhoo	卡道杜岛
Kaashidhoo	卡斯杜岛
Kadhdhoo	卡德胡岛
Kolhumadulu（Thaa）	科卢马杜卢（塔哈）
Kooddoo	库多岛
Kudahuvadhooo	库达胡瓦杜
Kudahuvadu Channel	库达胡瓦杜海峡
Kulhudhuffushi	胡杜夫斯
Maalhosmadulu Dhekunu（Baa）	南马洛斯马杜卢（巴阿）
Maalhosmadulu Uthuru（Raa）	北马洛斯马杜卢（拉阿）
Maamigili	马米基里（玛米吉利岛）
Magoodhoo	马古杜
Mahibadhoo	马西巴杜
Malé Atoll（Kaafu）	马累环礁（卡夫）
Manadhoo	马纳杜
Maradhoo	马拉杜
Mathandhoo	马珊杜
Miladhunmadulu Dhekunu（Noonu）	南米拉杜马杜卢（诺鲁）

续上表

Miladhunmadulu Uthuru（Shaviyani）	北米拉杜马杜卢（沙维亚尼）
Milandhoo	米兰杜
Moresby Channel	莫尔斯比海峡
Mulah	穆拉
Mulaku Atoll（Meemu）	穆拉库（美慕）
Muli	穆利
Naalafushi	纳阿拉福希
Naifaru	奈法鲁
Nilandhé Atoll Dhekunu（Dhaalu）	南尼兰杜（达哈鲁）
Nilandhé Atoll Uthuru（Faafu）	北尼兰杜（法夫）
Nilandhoo	尼兰杜
Rasdhoo	拉斯杜
Thiladhunmathi Dhekunu（Haa Dhaalu）	南蒂拉杜马蒂（哈阿达鲁）
Thiladhunmathi Uthuru（Haa Alif）	北蒂拉杜马蒂（哈阿里夫）
Thilafushi	斯拉夫士
Thimarafushi	蒂马拉福岛
Thinadhoo	蒂纳杜
Ukulhas	乌库拉斯
Ungoofaaiu	乌古法鲁
Veimandu Channel	韦曼杜海峡
Veyvah	威瓦
Vilingili	维林吉利
Wadu channel	瓦杜海峡
Wataru Channel	瓦塔鲁海峡

马尔代夫概况图

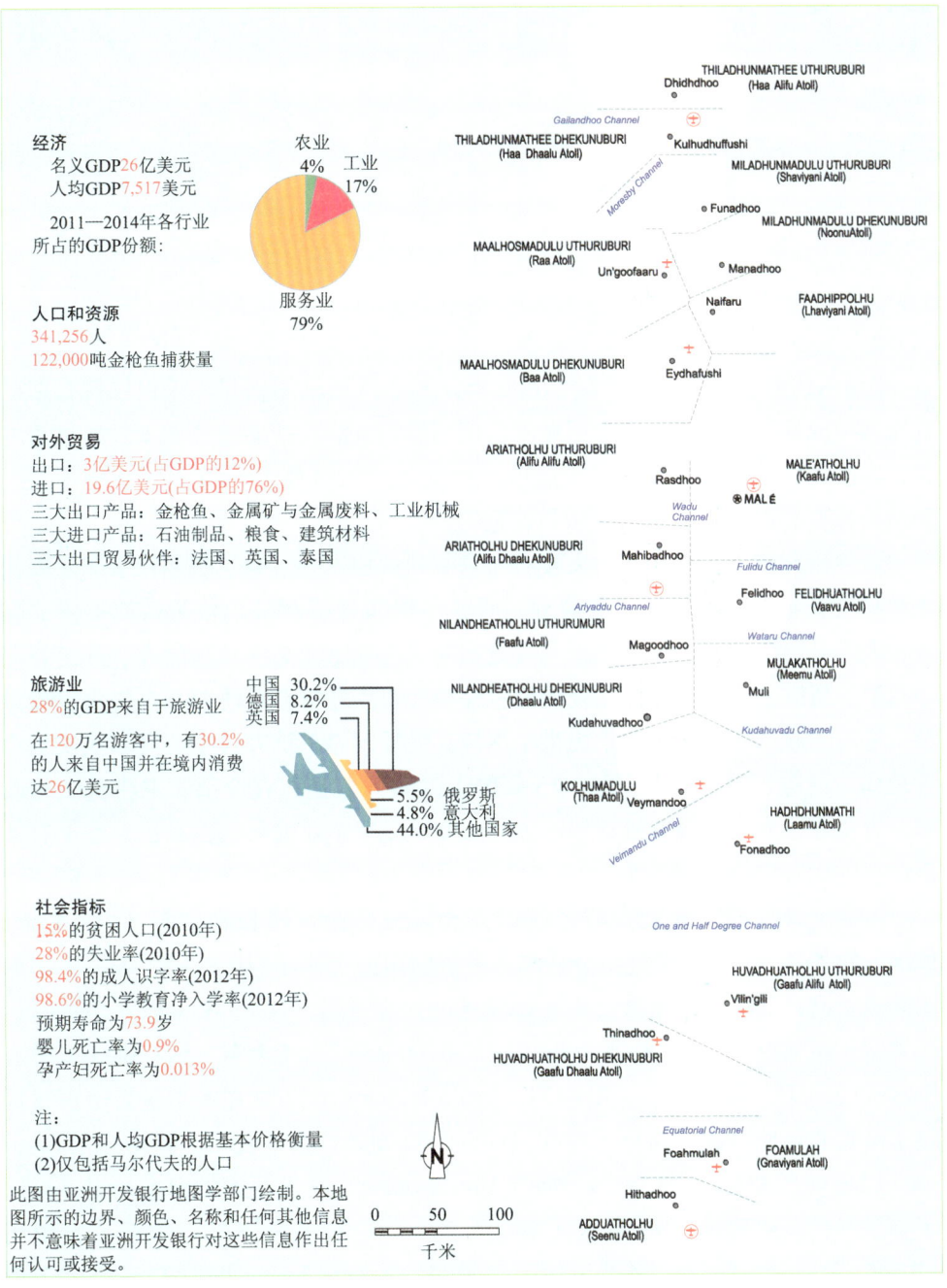

致　谢

"马尔代夫可持续发展研究"是亚洲开发银行倡议的项目。该倡议旨在帮助其发展中成员国加强规划和分析能力，使用诊断方法，帮助这些国家找出可持续和包容性经济增长的制约因素。这项研究受到"区域技术援助 7686：诊断增长和结构转型的关键制约因素"项目的资助。

该项研究得益于与马尔代夫政府和主要利益相关方（包括民间社会、发展伙伴和私营企业）的一系列协商进程。研究小组非常感谢马尔代夫政府提供的支持，尤其是财政部部长阿卜杜拉·吉哈德阁下，他密切关注该项研究，并进行热心指导。研究小组还要感谢总统办公室经济和青年理事会对研究结果提出宝贵意见，还有财政部在研究过程中提供了支持。另外，向总统办公室、马尔代夫货币管理局、经济发展部、教育部、环境和能源部、渔业和农业部、卫生部、内政部、青年和体育部、国家统计局、民间团体、私营企业的代表们，以及参加有关研讨会的代表机构表示感谢。

本研究是在亚洲开发银行经济研究和区域合作司司长朴信阳（Cyn-Young Park）的监督下，由一个经济分析和业务资助司的工作小组完成的。编写本书的团队成员有朴信阳、南启镛（Kee-Yung Nam）和查姆（Maria Rowena M. Cham）。瓦莱丽·布莱克曼·默瑟（Valerie Blackman-Mercer）、考卡布·纳克维（Kaukab Naqvi）和保罗·罗德利奥·哈利利（Paulo Rodelio Halili）在本书最后定稿时提供了宝贵的意见。吉尔伯特·兰托（Gilbert Llanto）、卡佐托西·查塔里（Kazutoshi Chatani）和艾哈迈德·沙伊格（Ahmed Shaig）三人组成的专家小组，提供了背景资料。阿玛多·福隆达（Amador Foronda）、里贾娜·萨尔维·巴罗玛（Regina Salve Baroma）、阿琳·伊万格里奥（Arlene Evangelio）和洛蒂·奎奥（Lotis Quiao）提供了研究援助。经济方面的内容编辑由约翰·韦斯（John Weiss）负责，吉尔·盖尔·德维拉（Jill Gale de Villa）编辑了整本文稿，确定其排版风格。迈克尔·科特斯（Michael Cortes）负责版面布局、封面设计和排版。帕兹（Maria Melissa Gregorio de la Paz）、卡拉鲁安（Ricasol Cruz Calaluan）、托伦蒂诺（Rhina Lopez Tolentino）和布拉克（Gee Ann Carol Burac）提供了行政和文秘工作的支持。最后，感谢发起这项研究的穆罕默德·埃尚·汗（Muhammad Ehsan Khan）和南亚部的同事们——洪·金（Hun Kim）、迪韦斯·莎兰（Diwesh Sharan）、塞哈尔·博努（Sekhar Bonu）、甘比尔·巴塔（Gambhir Bhatta）、Huiping Huang 和马萨托·纳卡内（Masato Nakane），他们对报告提出宝贵意见，推动与政府的合作，促进了研究进展。